Stefan Beiersmann

Die einfache Anleitung

Samsung Galaxy

Alle Funktionen verständlich erklärt

11., aktualisierte Auflage

Stiftung Warentest

Inhaltsverzeichnis

21

Der erste Blick: Sperrbildschirm, Startbildschirm und Schnellzugriffe erklärt.

57

Apps erweitern Ihr Samsung um viele smarte Funktionen. Sie finden alle Apps im Google Play Store.

63

Dank Widgets sehen Sie mehr Details auf Ihrem Startbildschirm.

107

Richten Sie auf Wunsch einen KI-Assistenten auf Ihrem Samsung ein.

136

Ein VPN schützt Sie und Ihre privaten Daten.

151

So sichern Sie Ihre Daten vor Verlust – und stellen sie wieder her, falls doch etwas passiert.

Der erste Überblick

Das Smartphone ist für die meisten Menschen heute ein alltäglicher Begleiter. Telefonieren, Messaging, soziale Medien und Shopping sind ohne Smartphone kaum noch denkbar – in einigen Bereichen werden sie inzwischen fast zur Notwendigkeit. Egal was Sie mit Ihrem Smartphone erledigen wollen, Samsung bietet für alle Gelegenheiten und in allen Preislagen Geräte an, die sich regelmäßig unter den besten von uns getesteten Handys finden.

Die Samsung-Galaxy-Modelle

Mit mehreren Modellreihen und Preisen zwischen 100 und 2 200 Euro wirbt Samsung hierzulande um die Gunst der Kunden und bietet damit für jeden ein passendes Smartphone an.

- **Galaxy S** sind Samsungs Premium-Produkte, die stets über die neueste Technik und Software verfügen.
- **Galaxy Z** sind Samsungs faltbare Smartphones, die ebenfalls aktuelle Technik und die neueste Software bieten.
- **Die Galaxy-A-Smartphones** decken alle Preislagen ab – hier werden Einsteiger und auch anspruchsvolle Käufer fündig.
- **Die Xcover-Serie** bietet robustere Modellgehäuse.

Bei allen Smartphones setzt Samsung auf Googles Mobilbetriebssystem Android und die selbst entwickelte Oberfläche One UI. Samsungs eigene Anwendungen wie E-Mail, Internet, Galerie, Kalender und Kontakte stehen für alle Geräte zur Verfügung – unabhängig vom Preis. Teurere Geräte bieten Kunden vor allem eine bessere Hardwareausstattung. Der Prozessor ist schneller und leistungsfähiger, Arbeits- und Gerätespeicher sind größer, die Kameras leistungsfähiger und die Displays heller und schärfer.
Wer mehr Ausstattung für weniger Geld möchte, muss nur etwas Zeit mitbringen. Die Preise für Samsung-Smartphones sinken schon in den ersten Monaten nach

Verkaufsstart um 20 bis 30 Prozent. Wer sein Smartphone vorrangig zum Telefonieren und für Messenger-Dienste nutzt und vor allem erreichbar sein möchte, wird mit einem Galaxy A glücklich werden. Ansprüche in Bezug auf Kamera oder mobile Spiele kann die Samsung-Mittelklasse problemlos befriedigen. Wer seinem Smartphone besonders viel abverlangt und alle Möglichkeiten nutzen möchte, orientiert sich in Richtung Galaxy S oder Galaxy Z.

Die aktuelle Generation: Galaxy S25, S25+ und S25 Ultra

Erneut hat sich Samsung darauf beschränkt, dass Design der Vorgänger zu verfeinern. Samsung setzt also wieder bei allen drei Geräten auf eine Rückseite aus gehärtetem Glas. Auf der Rückseite ragen die einzelnen Kameralinsen aus dem Gehäuse hervor. Beibehalten wurde auch die Anlehnung der Ultra-Variante an die eingestellte Note-Reihe. Der S-Pen im Gehäuse ist weiterhin dem S25 Ultra vorbehalten. Eine wichtige Neuerung ist auch wieder der Prozessor. Hier setzt Samsung bei allen Modellen auf den aktuellen Premium-Prozessor von Qualcomm, den Snapdragon 8 Elite. Ein hochauflösendes QHD-Display spendiert Samsung dem Ultra- und dem Plus-Modell – lediglich das S25 muss sich mit einem Full-HD-Display zufriedengeben.

Die Vorgänger: Galaxy S24, S24+, S24 Ultra

Wer sich kein S25 leisten möchte, findet das S24 im Handel schon ab etwa 590 Euro. Die Generation des Jahres 2024 ist dank des bereits ausgelieferten Updates auf Android 15 softwareseitig auf demselben Stand wie das aktuelle Galaxy-Modell S25.

Auch bei der Hardware sind die Vorteile der S25-Reihe zumindest bei einer durchschnittlichen Nutzung im Alltag kaum zu spüren. Damit ist es eine starke Konkurrenz für die aktuellen Modelle, zumal sich Preisunterschiede von rund 200 Euro zugunsten des S24 ergeben.

Ältere Galaxy-Modelle

Im Handel sind auch noch zahlreiche ältere Samsung-Smartphones erhältlich, darunter der Modelljahrgang 2023 von Galaxy S, Galaxy Z und Galaxy A. Unter Umständen sind diese Smartphones trotz ihres Alters eine Alternative, die sich vor allem preislich bemerkbar macht. Umso mehr als Samsung ältere Smartphones inzwischen vier Jahre lang mit Android-Funktionsupdates und fünf Jahre lang mit reinen Sicherheitsupdates versorgt.
Ein 2023 mit Android 13 ausgeliefertes Galaxy S23 hat etwa bereits die Updates auf Android 14 und Android 15 erhalten und wird in den kommenden Jahren auch noch mit Android 16 und Android 17 versorgt werden – um danach noch bis Anfang 2028 regelmäßig Sicherheitspatches zu beziehen.

Die faltbaren Smartphones: Samsung Galaxy Z Fold und Galaxy Z Flip

Die Galaxy-Fold-Smartphones mit faltbarem Display haben sich inzwischen mit den beiden Modellreihen Z Fold und Z Flip auch bei Verbrauchern etabliert.
Z Fold steht dabei für ein Faltsystem, das sich wie ein Buch öffnen lässt, wohingegen sich Z Flip wie die von früher bekannten Klapphandys einfaltet – heute natürlich mit modernstem Display.
Zwar sind die Preise mit rund 800 bis hin zu über 2 000 Euro immer noch sehr hoch, Verbraucher entdecken aber inzwischen die Vorteile wie kompaktere Abmessungen (Galaxy Z Flip) und größere Displays für mehr Produktivität wie das Ausführen von Apps in zwei Fenstern nebeneinander.

Modellübersicht der Samsung-Galaxy-Produktfamilie

Produktmerkmal	Galaxy S25 Ultra	Galaxy S25+	Galaxy S25	Galaxy S24 Ultra
Prozessor	64-Bit Octa-Core	64-Bit Octa-Core	64-Bit Octa-Core	64-Bit Octa-Core
Arbeitsspeicher	12 GByte	12 GByte	12 GByte	12 GByte
Interner Speicher	256/ 512 Gbyte/ 1 TByte	256/512 GByte	128/256 / 512 GByte	256/ 512 Gbyte/ 1 TByte
Erweiterbarer Speicher	nein	nein	nein	nein
Displaydiagonale	6,9 Zoll	6,7 Zoll	6,2 Zoll	6,8 Zoll
Displayauflösung	1440 x 3120 Pixel	1440 x 3120 Pixel	1080 x 2340 Pixel	1440 x 3120 Pixel
Kameraauflösung: Rückseite/Front	200, 50, 50, 10 Megapixel/ 12 Megapixel	50, 10, 12 Megapixel/12 Megapixel	50, 10, 12 Megapixel/12 Megapixel	200, 50, 12, 10 Megapixel/ 12 Megapixel
Autofokus/LED-Fotolicht	ja/ja	ja/ja	ja/ja	ja/ja
Mobilfunkstandards	5G, LTE, UMTS, GSM	5G, LTE, UMTS, GSM	5G, LTE, UMTS, GSM	5G, LTE, UMTS, GSM
SIM-Kartenformat/Dual-SIM	Nano-SIM, eSIM / ja	Nano-SIM, eSIM / ja	Nano-SIM, eSIM / ja	Nano-SIM, eSIM / ja
Konnektivität	Wi-Fi 7, Bluetooth 5.4, NFC, USB-C 3.2	Wi-Fi 7, Bluetooth 5.4, NFC, USB-C 3.2	Wi-Fi 7, Bluetooth 5.4, NFC, USB-C 3.2	Wi-Fi 7, Bluetooth 5.4, NFC, USB-C 3.2
Akkukapazität	5000 mAh	4900 mAh	4000 mAh	5000 mAh
Telefonierdauer	k. A.	k. A.	k. A.	k. A.
Internetnutzung 4G	k. A.	k. A.	k. A.	27 h
Kabelloses Laden	ja	ja	ja	ja
Staub-/wassergeschützt	ja, IP68	ja, IP68	ja, IP68	ja, IP68
Abmessungen (in mm)	162,8 x 77,6 x 8,2	158,4 x 75,8 x 7,3	146,9 x 70,5 x 7,2	162,3 x 79 x 8,6
Gewicht	214 g	190 g	162 g	232 g
Qualitätsurteil	k. A.	k. A.	k. A.	GUT (1,6)

(Stand: Frühjahr 2025)

Galaxy S24+	Galaxy S24	Galaxy Z Flip 6	Galaxy A56 5G	Galaxy A16
64-Bit Octa-Core	64-Bit Octa-Core	64-Bit Octa-Core	64-Bit Octa-Core	64-Bit Octa-Core
12 GByte	8 GByte	12 GByte	8 GByte	4 GByte
256/512 GByte	128/256 GByte	256 / 512 GByte	128/256 GByte	128 GByte
nein	nein	nein	nein	ja, bis zu 1,5 TByte
6,7 Zoll	6,2 Zoll	6,7 Zoll	6,7 Zoll	6,7 Zoll
1440 x 3120 Pixel	1080 x 2340 Pixel	1080 x 2640 Pixel	1080 x 2340 Pixel	1080 x 2340 Pixel
50, 10, 12 Megapixel/12 Megapixel	50, 10, 12 Megapixel/12 Megapixel	50, 12 Megapixel/10 Megapixel	50, 12, 5 Megapixel/12 Megapixel	50, 5, 2 Megapixel/13 Megapixel
ja/ja	ja/ja	ja/ja	ja/ja	ja/ja
5G, LTE, UMTS, GSM	5G, LTE, UMTS, GSM	5G, LTE, UMTS, GSM	5G, LTE, UMTS, GSM	LTE, UMTS, GSM
Nano-SIM, eSIM / ja	Nano-SIM, eSIM / ja	Nano-SIM, eSIM / ja	Nano-SIM, eSIM / ja	Nano-SIM/ja
Wi-Fi 6E, Bluetooth 5.3, NFC, USB-C 3.2	Wi-Fi 6E, Bluetooth 5.3, NFC, USB-C 3.2	Wi-Fi 6, Bluetooth 5.3, NFC, USB-C 3.2	Wi-Fi 6, Bluetooth 5.3. NFC, USB-C 2.0	WLAN 802.11 ac, Bluetooth 5.3, NFC, USB-C 2.0
4900 mAh	4000 mAh	4000 mAh	5000 mAh	5000 mAh
k. A.	k. A.	k. A.	k. A.	k A.
26 h	25 h	k.A.	k. A.	k. A.
ja	ja	ja	nein	nein
ja, IP68	ja, IP68	ja, IPx8	ja, IP67	nein
158,5 x 75,9 x 7,7	147 x 70,6 x 7,6	85,1 x 71,9 x 14,9	162,2 x 77,5 x 7,4	164,4 x 77,9 x 7,9
196 g	167 g	187 g	198 g	200 g
GUT (1,7)	GUT (1,9)	GUT (2,1)	k. A.	GUT (2,5)

Grundlagen der Bedienung

Auf der rechten Gehäuseseite des S25 finden Sie eine große und eine kleine Taste. Erstere regelt die Lautstärke (oben: lauter, unten: leiser). Letztere schaltet das Gerät ein, sperrt und entsperrt das Display, aktiviert den digitalen Assistenten oder schaltet alternativ das Gerät aus (Funktionstaste).
Der SIM-Kartenhalter ist in die Unterseite integriert und wird mit dem der Verpackung beiliegenden Werkzeug entfernt. Samsung setzt auf Nano-SIM-Karten. Hat Ihre aktuelle SIM-Karte ein anderes

Samsung Galaxy S25

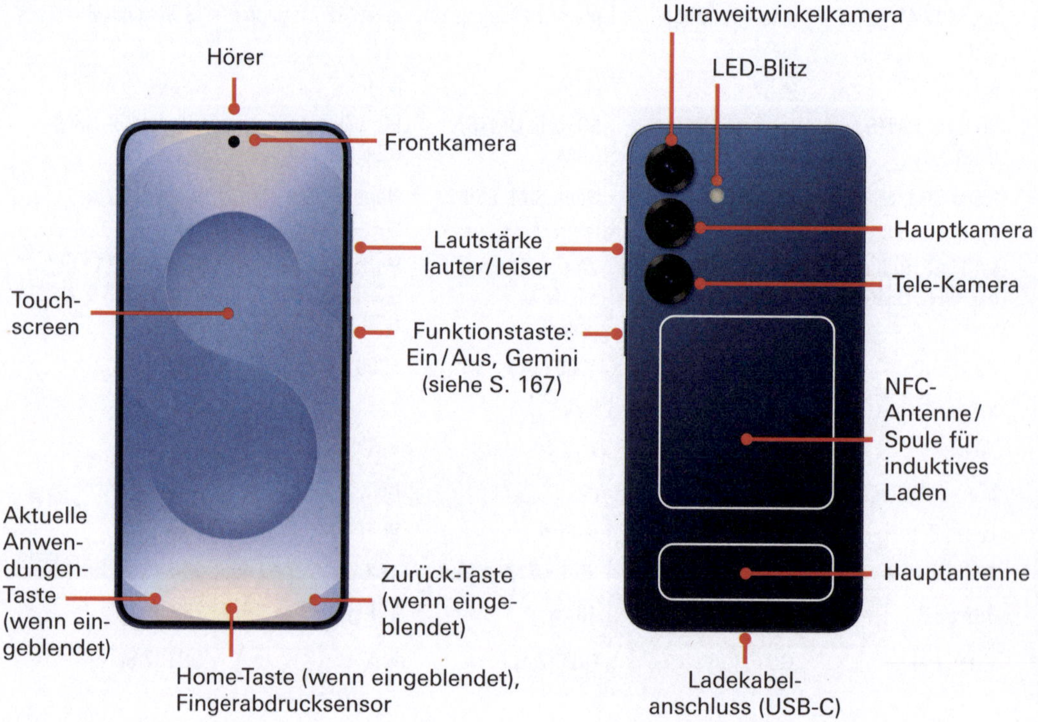

Format, wenden Sie sich an Ihren Mobilfunkanbieter für eine passende Karte. Auch das S25 bietet im SIM-Kartenhalter keinen Platz für eine Speichererweiterung per microSD-Karte.
Vorne oben befinden sich die Kamera sowie die Öffnung des Hörers, die auch als zweiter Lautsprecher dient. Rechts und links daneben sind unter Glas diverse Sensoren. Im unteren Bereich des Displays, ebenfalls unter Glas, ruht der auf Ultraschall basierende Fingerabdruckscanner, mit dem sich das Smartphone und sensible Apps mit hohen Sicherheitsanforderungen entsperren lassen. In die Rückseite sind die Hauptkamera und das LED-Blitzlicht integriert.

Samsung Galaxy S24

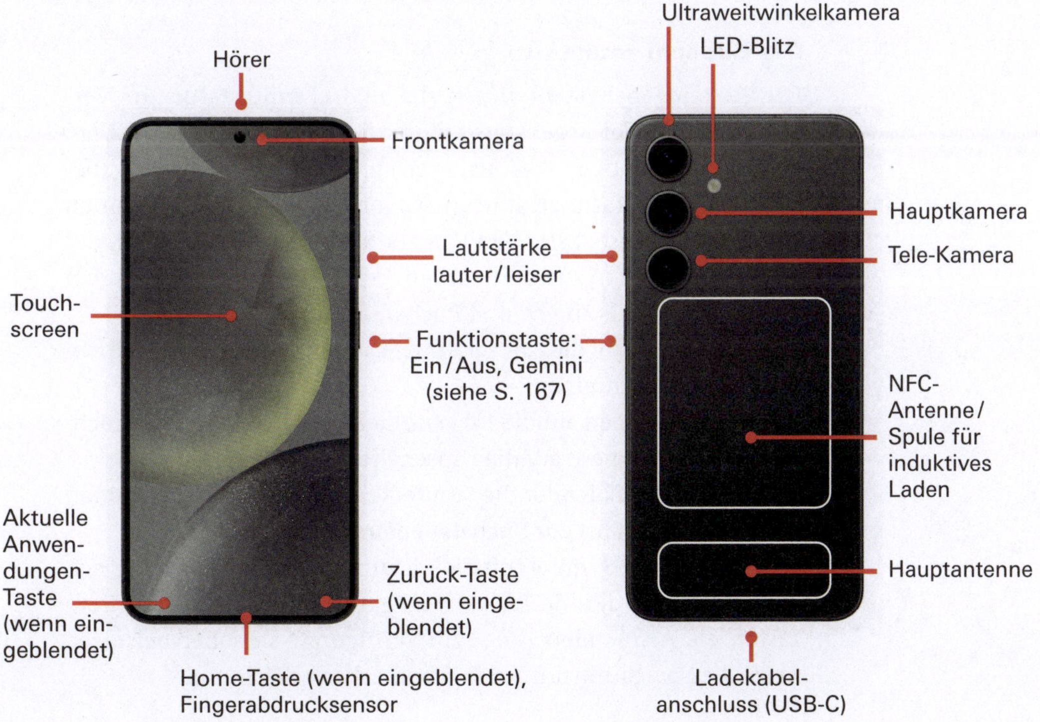

Tippen und Wischen

Das Smartphone bedienen Sie fast ausschließlich mit den Fingern über den berührungsempfindlichen Bildschirm: den Touchscreen.

- **Einfaches Tippen** startet eine Anwendung oder löst eine Aktion aus.
- **Tippen und Halten** löst alternative Aktionen aus oder öffnet ein Kontextmenü.
- **Wischen** von links nach rechts oder von oben nach unten blättert durch eine Ansicht, öffnet eine neue Ansicht oder verschiebt den Bildschirminhalt (scrollen).
- **Die Kneif-Geste** mit zwei Fingern, die auf dem Display platziert und auseinandergezogen werden, vergrößert den Bildschirminhalt. Das Zusammenziehen verkleinert die Ansicht wieder.

Die Bildschirmtastatur

Für Texteingaben steht Ihnen die Bildschirmtastatur zur Verfügung, die in der Regel stets automatisch eingeblendet wird, sobald Sie sie benötigen. Ansonsten reicht ein Tippen in das Eingabefeld, um die Tastatur zu starten. Am oberen Rand zeigt sie Ihnen Vorschläge zu Ihrer aktuellen Eingabe an. Tippen Sie auf einen der Vorschläge, um ihn zu übernehmen. Im Bereich darunter befinden sich die Tasten für Ziffern und Buchstaben.

- Drücken Sie auf die *Umschalttaste*, um nur den nächsten Buchstaben großzuschreiben.
- Zweimal Tippen auf die *Umschalttaste* aktiviert die Großbuchstaben, bis Sie erneut auf die Umschalttaste drücken.
- Die *!#1*-Taste blendet die Sonderzeichen ein. Erneutes Tippen auf diese Taste führt zur Buchstabeneingabe zurück.
- Das *Zahnrad*-Symbol ruft die Tastatureinstellungen auf. Je nach Anwendung, in der die Tastatur aufgerufen wird, stehen weitere Tasten wie *Weiter* oder *Öffnen* zur Verfügung – sie sollen beispielsweise die Navigation durch Eingabemasken erleichtern.

Text kopieren und einfügen

1 Tippen und halten Sie auf einen Text, um ihn zu markieren.

2 Verschieben Sie die Endpunkte der Markierung, um sie zu verkleinern oder zu vergrößern.

3 Erneutes Tippen und Halten auf die Markierung blendet das Menü zum Kopieren des Texts ein.

4 Tippen und halten Sie in ein anderes Eingabefeld, um über das Menü den Text einzufügen.

Das Betriebssystem Android

Die aktuelle Android-Version 15 ist schon auf dem Galaxy S25 vorinstalliert. Auch zahlreiche Smartphones der Modellreihen Galaxy S, Galaxy Z und Galaxy A haben die Aktualisierung bereits erhalten. Im Laufe des Jahres 2025 wird das Update auch für weitere Modelle aller Baureihen zur Verfügung stehen, weswegen Android 15 die Grundlage dieses Buchs ist.

Regelmäßige Sicherheitsupdates

Google stellt nicht nur jedes Jahr eine neue Android-Version zur Verfügung, sondern auch jeden Monat neue Sicherheitsupdates. Samsung gehört zu den wenigen Herstellern, die sich zur Bereitstellung dieser Updates verpflichtet haben.

Samsung kommt bei vielen Smartphones dieser Zusage monatlich nach, bei einigen älteren und günstigeren Geräten nur vierteljährlich. Zudem dürfen Sie über einen Zeitraum von sieben Jahren (ab Modelljahr 2025) nach Verkaufsbeginn eines Smartphone-Modells mit regelmäßigen Updates rechnen, bei älteren Modellen nur vier oder fünf Jahre lang. Die Galaxy-A-Serie erhält, ab dem Galaxy A16, sechs Jahre Sicherheitsupdates.

Einschalten & Ersteinrichtung

Nachdem Sie Ihr Galaxy ausgepackt und die Schutzfolie entfernt haben, können Sie es mit der *Funktionstaste* an der rechten Gehäuseseite einschalten (ca. drei Sekunden drücken und halten).

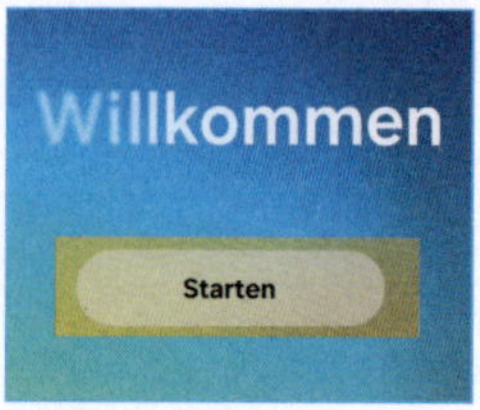

Ihr Gerät begrüßt Sie beim Hochfahren mit einem Samsung-Logo. Wenige Sekunden später folgt bereits die Abfrage der SIM-PIN (falls eine Karte eingesetzt wurde). Tippen Sie nun auf die weiße Start-Schaltfläche am unteren Bildrand, um den Standort bzw. die Sprache auszuwählen, in der Sie das Smartphone nutzen wollen.

▶ **Tippen Sie** auf die gewünschte Sprache.

▶ **Bestätigen Sie** die Sprachauswahl mit *Weiter*.

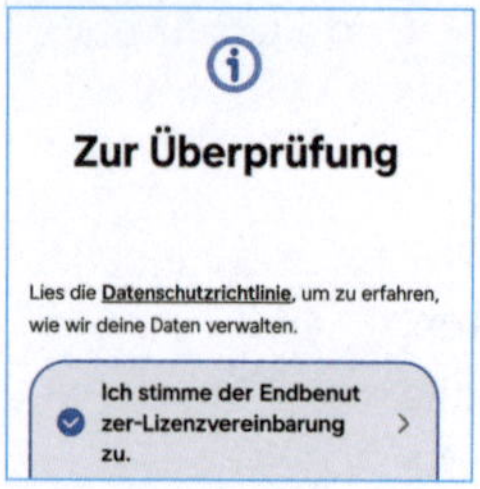

Während Sie den Endbenutzer-Lizenzvertrag durch Antippen des *Kreises* absegnen müssen, ist die Übermittlung von Diagnosedaten freiwillig. Weitere Informationen zu diesen Punkten erhalten Sie über den nach *rechts gerichteten Pfeil*. Zum Abschluss tippen Sie wieder auf *Weiter*.

Ersteinrichtung mit Datenübernahme

Nun geht Samsung davon aus, dass Sie bereits über ein Smartphone verfügen und die Daten auf Ihr neues Gerät übertragen wollen. Unterstützt werden jegliche Android-Smartphones und -Tablets sowie iPhones und iPads von Apple. Während der Datenübertragung werden Sie zudem durch die weiteren Schritte der Ersteinrichtung geleitet.

Datenübernahme mit Android-Geräten

Tippen Sie auf *Galaxy- oder Android-Gerät* und scannen Sie anschließend den QR-Code mit Ihrem alten Gerät.
Bestätigen Sie auf dem alten Gerät die Einrichtung und auf dem neuen Gerät ihre Identität durch Eingabe der PIN des

alten Geräts, damit vorhandene Nutzerkonten auf das neue Gerät übertragen werden können.
Weiter geht es nun auf dem neuen Gerät mit der automatischen Einrichtung einer WLAN-Verbindung. Die dazu benötigten Daten liefert Ihr altes Smartphone. Anschließend werden weitere Vorbereitungen für die Datenübertragung getroffen. Sollten Sie zwischenzeitlich zur Anmeldung bei Ihrem Google- oder Samsung-Konto aufgefordert werden, geben Sie bitte die erforderlichen Daten ein. Die eigentliche Übertragung wird dann mit einem Klick auf *Weiter* gestartet. In diesem Dialog können Sie den Vorgang noch über die Schaltfläche *Nicht kopieren* abbrechen.
Der Datentransfer erfolgt über die Samsung-App Smart Switch, deren Nutzung Sie mit *Weiter* genehmigen müssen. Falls Smart Switch auf Ihrem alten Gerät nicht vorhanden ist, können Sie die App über den Google Play Store installieren. Wie Sie eine App installieren, wird auf Seite 58 erklärt. Sobald Sie Smart Switch die benötigten Berechtigungen erteilt haben, tippen Sie auf *Drahtlos*, um eine Verbindung zwischen Ihrem neuen und Ihrem alten Gerät herzustellen. Nun müssen Sie nur noch auswählen, welche Daten übernommen werden sollen. Sie können alle Daten übertragen lassen oder auch nur bestimmte Daten wie Nachrichten und Apps.
Falls Sie bestimmte Daten wie beispielsweise Bilder nicht übertragen wollen, tippen Sie auf *Individuell* und dann auf *Weiter*, um Haken bei den gewünschten Kategorien zu setzen.
Der *nach rechts gerichtete Pfeil* zeigt Ihnen zudem an, welche Daten zu dieser Kategorie gehören.

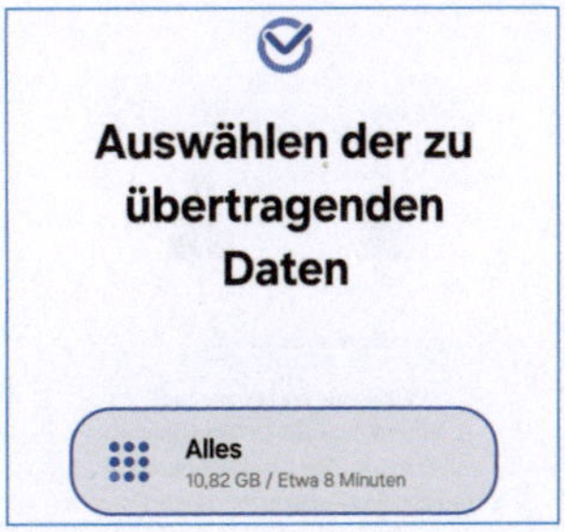

Scrollen Sie nach unten und tippen Sie auf *Übertragen*, um den Vorgang zu starten.
Falls Sie auch die Daten des *sicheren Ordners* übernehmen wollen, werden Sie auch aufgefordert, diesen auf Ihrem alten Gerät zu entsperren.

Datenübernahme mit iPhones

Falls Sie ein iPhone oder iPad haben und dessen Daten auf Ihr neues Samsung Galaxy-Smartphone übertragen wollen, tippen Sie auf *iPhone/iPad*.

1 Richten Sie eine WLAN-Verbindung ein, indem Sie Ihr WLAN in der Liste antippen und das Netzwerkkennwort eingeben.

2 Geben Sie nun die Anmeldedaten für Ihr Google-Konto ein, um dieses hinzuzufügen.

3 Tippen Sie auf *Weiter*, um die Datenübertragung zu starten, oder auf *Nicht kopieren*, um den Vorgang abzubrechen. Vorher müssen Sie noch den Datenschutzhinweisen zur App Smart Switch zustimmen und die benötigten Berechtigungen erteilen.

4 Die eigentliche Verbindung zwischen Galaxy-Smartphone und iPhone erfolgt per Kabel. Dafür benötigten Sie bisher ein USB auf Lightning-Kabel oder einen Lightning-Adapter – alle iPhones ab 2023 besitzen ebenfalls einen USB-C-Anschluss.

5 Falls Sie kein passendes Kabel zur Hand haben oder die Kabelverbindung nicht funktioniert, können Sie die Daten auch drahtlos übertragen. Dafür benötigen Sie auf Ihrem iPhone die SmartSwitch-App von Samsung, die Sie im App Store erhalten.

6 Für die drahtlose Übertragung müssen Sie den QR-Code auf ihrem neuen Galaxy-Smarthone mit Ihrem iPhone scannen.

7 Auf Ihrem iPhone werden Sie nun aufgefordert, der Verbindung zu vertrauen.
8 Wählen Sie die Daten aus, die Sie übertragen wollen.
9 Tippen Sie am unteren Bildrand auf *Übertragen*.
10 Alternativ lassen sich die Daten des iPhones über Smart Switch auch per iCloud übertragen. Dafür sollten Sie auf Ihrem iPhone die Daten zuerst per iCloud sichern.
11 Auf Ihrem Galaxy-Smartphone müssen Sie sich dann mit Ihrem Apple-Konto anmelden und dann die zu übertragenden Daten auswählen.

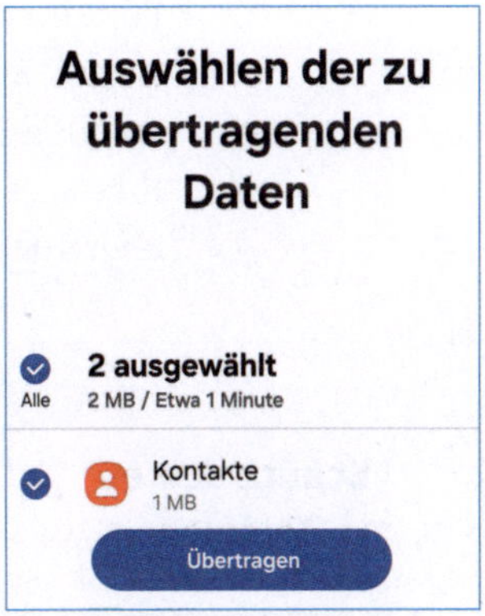

Einrichtung ohne Datenübernahme

Falls Sie kein altes Smartphone haben oder aber dessen Daten nicht auf Ihrem neuen Gerät haben wollen, überspringen Sie die Datenübernahme. In dem Fall geht es mit der Einrichtung des WLAN und des Google-Kontos weiter. Beachten Sie, dass Google ab Werk Daten von Apps automatisch in Ihrem Google-Konto sichert. Sobald Sie eine App erneut installieren, werden auch diese Daten wiederhergestellt.

Das Google-Konto

Auf dem neuen Smartphone dürfen Sie nun Ihr Google-Konto einrichten. Falls Sie das Konto vom Altgerät übertragen haben, ist dieser Punkt bereits erledigt. Oder Sie erstellen ein neues Google-Konto, wofür Sie unter anderem Ihren Namen und Ihr Geburtsdatum hinterlegen müssen. Bei der Vergabe von E-Mail-Adressen unterscheidet Google übrigens nicht zwischen Groß- und Kleinbuchstaben. Auch Punkte werden nicht berücksichtigt. Für Google entspricht die Adresse mueller.birgit@gmail.com also der Adresse MuellerBirgit@gmail.com.

Für eine optimale Nutzung von Android benötigen Sie ein Google-Konto. Es gibt Ihnen Zugriff auf alle Angebote des Unternehmens wie den E-Mail-Dienst Gmail, den Speicherdienst Drive, einen Online-Kalender, Messaging und vieles mehr. Das Google-Konto ist aber auch die Eintrittskarte in den Play Store, also Googles Online-Marktplatz für Apps. Zwar kann man ein Android-Smartphone grundsätzlich auch ohne Play Store nutzen, empfehlenswert ist das aber nicht.

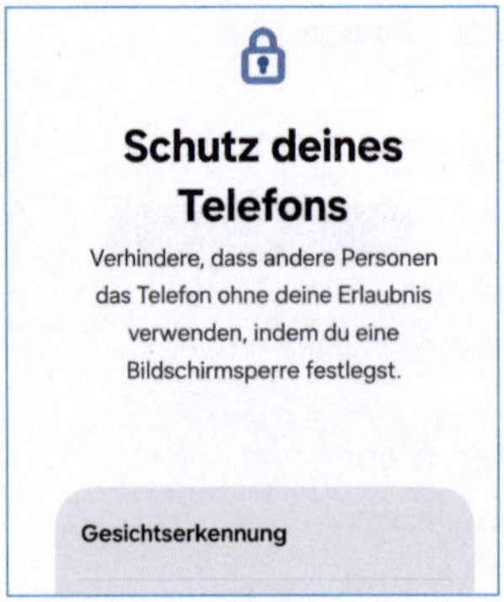

Telefon schützen

Sie werden auf Ihrem Smartphone künftig wahrscheinlich umfangreiche persönliche Daten speichern wie Adressen, E-Mails, Fotos, Textnachrichten, Videos und vielleicht sogar Bank- und / oder Gesundheitsdaten – Informationen, die nicht in die Hände Unbefugter fallen sollten. Daher fordert Sie Ihr Galaxy schon während der Ersteinrichtung auf, das Telefon zu schützen. Da hier sehr viele unterschiedliche Funktionen zur Verfügung stehen, jeweils mit eigenen Vor- und Nachteilen, beschränken wir uns jetzt auf den bestmöglichen Basisschutz: eine PIN (Alternative, siehe S. 140).

1 Tippen Sie auf *PIN*. Geben Sie eine mindestens vierstellige Zahlenkombination ein, je länger, desto besser.

2 Setzen Sie bei *PIN bestätigen*, ohne auf OK zu tippen, einen Haken. Das beschleunigt die PIN-Eingabe, da Sie diese anschließend nicht mehr bestätigen müssen, sondern mit der Eingabe der letzten Ziffer automatisch Ihr Gerät entsperren. Einen Nachteil hat diese „Erleichterung" für Nutzerinnen und Nutzer: Unbefugte können so zumindest die Länge Ihrer PIN erraten.

3 Tippen Sie auf *Weiter*. Geben Sie Ihre gewählte *PIN* erneut ein.

4 Nun müssen Sie sich noch kurz mit dem Kleingedruckten von Google auseinandersetzen. Bestätigen Sie die Verwendung von Standortdaten – die WLAN-Suche und das Senden von Nutzungs- und Diagnosedaten können Sie indes ablehnen.

5 Google bietet auch eine Datensicherung auf Google Drive an. Sie können Fotos und Videos sowie weitere Gerätedaten automatisch im Hintergrund auf Google-Server hochladen. Beachten Sie bitte, dass ein Google-Konto lediglich 15 GByte kostenlosen Speicher bietet – Fotos und Videos können diesen Rahmen schnell sprengen.

6 Google fragt bei der Ersteinrichtung auch, welche Suchmaschine und welchen Browser Sie nutzen möchten. Das Unternehmen kommt damit einer Aufforderung der EU nach. Gegen die Auswahl von Google zur Suche spricht an dieser Stelle nichts. Eine gute Wahl für den Standardbrowser ist Samsung Internet.

7 Anschließend stellt Google den persönlichen Assistenten Gemini vor. Seine Einrichtung können Sie an dieser Stelle überspringen.

Das Samsung-Konto

Schließlich fordert Sie Samsung noch auf, ein Samsung Account einzurichten – falls es nicht vom Altgerät übertragen wurde.

Damit erhalten Sie Zugriff auf den App-Store von Samsung, die Passwortverwaltung Samsung Pass und eine weitere Online-Datensicherung, die Vorteile gegenüber der Online-Sicherung von Google bietet.

1 Melden Sie sich mit Ihrem Samsung-Konto an, indem Sie Nutzernamen (E-Mail-Adresse) und Kennwort eingeben und jeweils mit dem *blauen Pfeil* bestätigen.

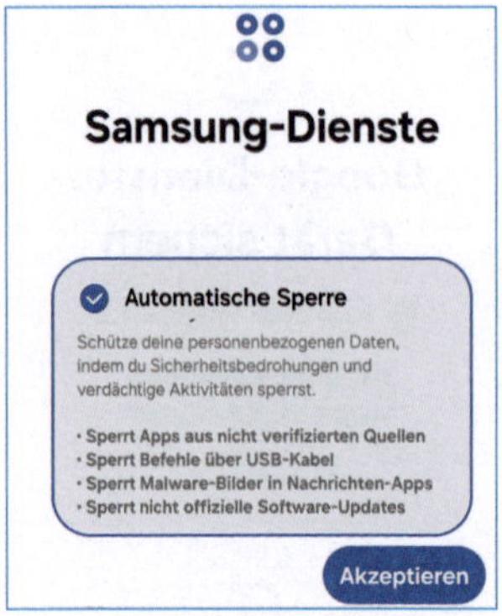

Sie können sich alternativ auch mit Ihrem Google-Konto bei Samsung anmelden.

2 Danach werden Ihnen weitere optionale Samsung-Dienste angeboten. Wählen Sie die gewünschten Dienste aus und tippen Sie auf *Akzeptieren*.

3 Eine wichtige Neuerung der Galaxy-S-Serie sind die KI-Funktionen Galaxy AI, die Ihnen in zahlreichen Samsung-Apps zur Verfügung stehen. Aber auch der Assistent *Google Gemini* kann Ihnen helfen, Ihr Gerät zu bedienen.

4 Zum Schluss können Sie noch einige optionale Dienste von Samsung auswählen. Während Sie die automatische Sperre unbedingt aktivieren sollten, können Sie auf den personalisierten Dienst und auch die persönliche Daten-Intelligenz verzichten.

5 Wählen Sie nun noch zwischen dem hellen oder dem dunklen Anzeigemodus, um die Einrichtung abzuschließen. Ihr neues Smartphone ist nun startklar. Tippen Sie auf *Startbildschirm*. Falls die Übertragung der Daten auch schon abgeschlossen ist – darüber informiert Sie Ihr altes Gerät –, können Sie die Kabelverbindung trennen.

6 Die Meldung zur Suche nach einem Mobilfunktarif können Sie mit *Abbrechen* ausblenden. Falls bereits eine SIM-Karte eingelegt wurde, erscheint außerdem automatisch die SIM-Kartenverwaltung, die über *OK* beendet wird.

7 Nun sehen Sie erstmals den Startbildschirm. Beachten Sie, dass im Hintergrund noch weitere Daten verarbeitet und Apps installiert werden. Gönnen Sie Ihrem neuen Galaxy S25 also am besten eine Pause, bis es alle Arbeiten abgeschlossen hat.

Die Bedienoberfläche One UI

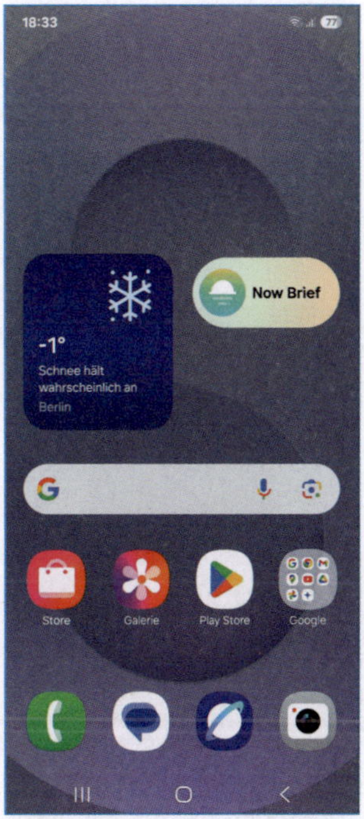

Samsung passt die Oberfläche des von Google entwickelten Android-Betriebssystems nach seinen eigenen Vorstellungen und seiner eigenen Designnote an. Samsung nennt das Design One UI, wobei UI für User Interface (englisch: Nutzeroberfläche) steht.
Auf dem Galaxy S25 befinden sich Android 15 und One UI Version 7. Ausgewählte ältere Galaxy-Smartphones erhalten wahrscheinlich noch in der ersten Hälfte 2025 das Update.

Der Startbildschirm

Er ist die Zentrale und erste Anlaufstelle: Hier finden Sie die wichtigsten Informationen und App-Verknüpfungen und er ist jederzeit über den Home-Button erreichbar (siehe auch „Einstellungen des Startbildschirms", Seite 67).

Der Startbildschirm setzt sich aus folgenden Elementen zusammen:

- **Die Statusleiste** am oberen Bildrand zeigt die Uhrzeit und mit Symbolen wichtige Informationen an.
- **Darunter ist der große Bereich** für App-Verknüpfungen und Widgets. Samsung zeigt dort ab Werk in der Regel das Wetter-Widget, die Google-Suchleiste und Verknüpfungen zu einigen vorinstallierten Apps an.
- **Das Anwendungs-Dock** unten nimmt die Apps auf, die auf jedem Startbildschirm verfügbar sein sollen.

▶ **Die Navigationsleiste** mit dem Button für den schnellen *Wechsel zwischen Anwendungen*, dem *Home-Button* und dem *Zurück-Button*.

Die Statusleiste

Die Statusleiste informiert Sie mittels Symbolen über wichtige Funktionen und Benachrichtigungen. Ganz links wird die aktuelle Uhrzeit angezeigt. Ganz rechts gibt ein *Batterie*-Symbol Auskunft über den Ladestand des Akkus. Links davon sehen Sie Symbole für die aktive Internetverbindung, die mobile Datenverbindung und/oder die aktive WLAN-Verbindung.

Es werden, falls aktiv, auch Symbole für *Bluetooth*, den (*stummgeschalteten*) *Lautsprecher*, *aktive Downloads*, *verpasste Anrufe* und *Benachrichtigungen von Apps* angezeigt.

Die Schnellzugriffe

Wischen Sie von rechts oben nach unten über die Statusleiste, um die Schnellzugriffe einzublenden.

Weitere Symbole erscheinen durch Antippen des *Balkens* am unteren Rand der Schnellzugriffe. Mithilfe der Schnellzugriffe können Sie durch einfaches Antippen beispielsweise *WLAN* oder *Bluetooth* ein- und ausschalten, das Telefon *stummschalten*, die *Taschenlampe* ein- und ausschalten oder den *Blaufilter* aktivieren. Wenn Sie ein Symbol antippen und halten, öffnen sich indes die zugehörigen Einstellungen, um beispielsweise ein neues WLAN hinzuzufügen oder den Energiesparmodus zu konfigurieren.

Mit dem *Regler* unterhalb der Symbole verändern Sie die Bildschirmhelligkeit. Tippen und halten Sie den Regler für weitere Optionen. Hier können Sie nun die automatische oder adaptive Helligkeitssteuerung deaktivieren, was aber meist nicht nötig ist.

Das *Zahnrad*-Symbol in der rechten oberen Ecke ist eine Abkürzung zur *Einstellungen*-App. Links daneben ist das Symbol zum Ausschalten des Geräts.

Die Einstellungen der Schnellzugriffe erreichen Sie über das *Stift*-Symbol links neben dem Symbol zum Ausschalten des Geräts. Sie können darüber die Symbole neu anordnen oder die Zahl der angezeigten Symbole ändern.

Benachrichtigungen

Wenn sie von links oben nach unten wischen, blenden Sie die Benachrichtigungen ein. Ein Klick auf eine Benachrichtigung führt Sie zu der jeweiligen App.

Wischen Sie über die Benachrichtigung (egal in welche Richtung), um sie zu löschen, ohne zu der App zu wechseln. Stattdessen können Sie aber auch auf eine freie Stelle tippen. Dann wird die Benachrichtigung geschlossen und bleibt erhalten.

Weitere Informationen zum Konfigurieren von App-Benachrichtigungen finden Sie übrigens im Kapitel „Benachrichtigungen von Apps anpassen“, ab Seite 75.

Und falls Sie versehentlich von rechts oben gewischt und die Schnellzugriffe statt der Benachrichtigungen geöffnet haben, wischen Sie einfach von links nach rechts über den Bildschirm, um zu den Benachrichtigungen zu wechseln. Sie können natürlich auch von rechts nach links wischen, um von den Benachrichtigungen zu den Schnellzugriffen zu kommen.

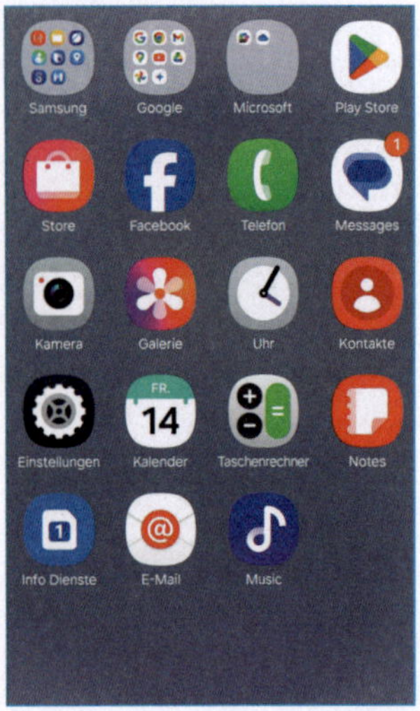

Der App Drawer – die Übersicht zu allen Apps

Mit einem Wisch von oben nach unten oder unten nach oben über den Startbildschirm öffnen Sie den App Drawer – das Wiederholen dieser Geste bringt Sie übrigens jederzeit zum Startbildschirm zurück. Er bietet Ihnen eine Übersicht über alle installierten Apps. Wenn Sie viele Apps gespeichert haben, erstreckt er sich über mehrere Seiten, die Sie mit einer Wischgeste von rechts nach links aufrufen.

Wischen in die andere Richtung erlaubt es, durch die einzelnen Seiten des App Drawers zu blättern. Die Punktmarkierung am unteren Bildrand zeigt stets an, auf welcher Seite Sie sich befinden. Eine Anleitung für die Einrichtung des App Drawers finden Sie unter „Apps platzieren", Seite 61.

Die Navigationsleiste

Das letzte wichtige Bedienelement bildet die Navigationsleiste am unteren Bildrand. Dies können Sie auch durch eine Gestensteuerung ersetzen, dazu mehr auf Seite 85.

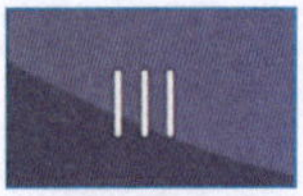

- **Das linke Symbol** zeigt eine Übersicht der zuletzt geöffneten Apps. Durch Wischen nach links und rechts blättern Sie durch die Liste. Tippen Sie einen Eintrag an, um die App in den Vordergrund zu holen beziehungsweise zu öffnen. Über *Alle schließen* löschen Sie die Liste der zuletzt geöffneten Apps. Die in der Liste gezeigten Apps sind übrigens nicht automatisch im Hintergrund aktiv.
- **Das mittlere Symbol** ist der *Home-Button*. Er ruft jederzeit den Startbildschirm auf.
- **Der rechte Button** bringt Sie zurück zum vorherigen Bildschirm oder Menü oder auch zur zuvor betrachteten Webseite.

Der Sperrbildschirm

Bei längerer Inaktivität schaltet Ihr Galaxy-Smartphone automatisch das Display ab. Schalten Sie es wieder ein, gelangen Sie zunächst auf den im Hintergrund aktivierten Sperrbildschirm.

Das Display schalten Sie über die Funktionstaste wieder ein. Bei den Premium-Modellen wie Galaxy S und Galaxy Z können Sie alternativ auch doppelt auf den Bildschirm tippen. Um das Telefon zu nutzen, müssen Sie es nun noch mit Ihrer gewählten Sicherheitsmethode entsperren – also Ihren Fingerabdruck hinterlassen, ein Muster zeichnen, einen Zahlencode eingeben oder Ähnliches.

Sie können zwei vordefinierte Anwendungen starten, ohne das Gerät vorher zu entsperren. Ab Werk sind das die Telefon-App und die Kamera. Darüber hinaus informiert Sie der Sperrbildschirm über wichtige Nachrichten und Ereignisse.

Wenn Sie wissen wollen, wie Sie den Sperrbildschirm personalisieren, schlagen Sie bitte Seite 70 auf.

Weitere wiederkehrende Bedienelemente

Es gibt zwar keine einheitlichen Standards für Bedienelemente von Smartphone-Apps, aber einige Dinge haben sich dennoch im Laufe der Zeit unabhängig vom Anbieter oder Entwickler der App etabliert.

Dazu gehört beispielsweise das *Hamburger*-Symbol zum Aufruf des App-Menüs. Bei Samsung-Apps wird es in Form von *drei übereinander angeordneten Punkten* dargestellt, die in der rechten oberen Ecke zu finden sind. Häufig sieht man auch drei übereinanderliegende Balken, die schon eher an das namensgebende Gericht erinnern und links oder rechts oben zu finden sind.

Die *drei Balken* nutzt Samsung in einigen Apps zusätzlich zu den drei Punkten für ein zweites Menü. Andere Entwickler verwenden drei nebeneinander angeordnete Punkte – Google setzt seit vergangenem Jahr auf das *Profilbild* als Menü-Icon.

Darüber hinaus setzen viele Apps auf Registerkarten (auch Tabs genannt), um eine App in verschiedene Bereiche aufzuteilen. Die Telefon-App beispielsweise kennt Registerkarten für das Anrufprotokoll und die Kontakte. Die Registerkarten befinden sich oft am oberen Bildrand – bei Samsung mit der One UI inzwischen fast immer am unteren Bildrand, um die Bedienung mit dem Daumen zu erleichtern.

Ansonsten versuchen viele Anbieter, bereits bei Nutzerinnen und Nutzern etablierte Symbole und Bedienelemente zu übernehmen. So haben fast alle Browser *Pfeil*-Symbole für die Navigation vor und zurück. Sollte das Tippen auf ein Element nicht die gewünschte Aktion auslösen oder ein Bedienelement nicht erkennbar sein, versuchen Sie es mit Tippen und Halten oder mit Wischen.

Abschlussarbeiten nach der Datenübernahme

Auf Ihrem neuen Galaxy-Smartphone befinden sich nun unter anderem alle Fotos, Videos, Downloads, Dokumente und Apps, die auf Ihrem alten Gerät gespeichert bzw. installiert sind. Auch sind Sie bereits in einigen Apps mit Ihrem Benutzernamen und Passwort angemeldet. Dazu gehören, falls von Ihnen auf Ihrem Altgerät eingesetzt, Google Gmail und Microsoft OneDrive.

Sollten bei einigen Apps Ihre Anmeldedaten fehlen, kann Samsungs Passwortmanager Samsung Pass, der ab Seite 147 beschrieben wird, eine große Hilfe sein. Sollten Sie ihn schon auf Ihrem alten Galaxy-Smartphone genutzt haben, hat die Einrichtung der App auf Ihrem neuen Handy oberste Priorität. Denn Samsung Pass

Info

Fast 500 getestete Smartphones – das bietet unser Produktfinder für Smartphones unter der URL www.test.de/Handys, den Sie für 4,90 Euro freischalten können. Die Geräte werden dafür von uns anonym im Handel eingekauft. Weder Pressemuster noch Vorserienmodelle kommen in den Test. Im Test werden die Grundfunktionen wie Sprachqualität, Netzempfindlichkeit, WLAN-Verbindung, Rechenleistung und Ortung mit 30 Prozent bewertet. Kamera und Video gehen mit 20 Prozent in die Wertung ein, das Display, der Akku und die Handhabung zu jeweils 15 Prozent sowie die Stabilität zu 5 Prozent. Alle subjektiven – also nicht auf Messungen beruhenden – Bewertungen werden jeweils von drei Experten vorgenommen.
Die aktuelle Modellreihe der Galaxy-Smartphones liegt wie immer auf den vordersten Plätzen. Display, Netzempfindlichkeit und Sprachqualität arbeiten auf gewohnt hohem Niveau. Prozessor und Kamera bieten im Vergleich zum Vorgängermodell sogar noch leichte Verbesserungen. Unser Fazit: Ein starker Nachfolger.

stellt Ihnen anschließend für alle dort hinterlegten Apps die Anmeldedaten automatisch zur Verfügung.
Eine wichtige Ausnahme ist übrigens WhatsApp. Es hat eine eigene Datensicherung, die Sie über die Einstellungen der App auf dem alten Gerät anstoßen müssen, bevor Sie sich auf Ihrem neuen Gerät bei WhatsApp anmelden.

Die Grund-funktionen

Apps sind das Herzstück eines Smartphones. Mit ihnen lässt sich praktisch alles erledigen – vom Online-Shopping bis zum Behördengang. Auf bestimmte Grundfunktionen wie Telefon, SMS, Kalender und Adressbuch können Smartphones allerdings bis heute nicht verzichten.

Die Anruf-App: Telefon

Das Telefonieren – also unterwegs erreichbar sein und jederzeit selbst anrufen können – ist wohl immer noch die wichtigste Funktion eines Smartphones. Auch deswegen platziert Samsung die Telefon-App ab Werk im Anwendungs-Dock, und zwar ganz nach links und damit an erster Stelle.

Grundsätzlich haben Sie drei Möglichkeiten, Anrufe zu starten:

- über die *Wähltastatur*
- aus der *Anrufliste* heraus
- durch Auswahl eines *Kontakts*

Die klassische Methode: Wähltastatur

Beim ersten Start der App sollte direkt die Tastatur angezeigt werden. Ansonsten können Sie sie jederzeit über die Registerkarte *Tastatur* am unteren Bildschirmrand aufrufen.

1 Geben Sie die gewünschte Rufnummer über die Tastatur ein.

2 Während der Eingabe werden Ihnen möglicherweise Vorschläge angezeigt. Ist die richtige Nummer dabei, können Sie sie durch Antippen auswählen.

3 Tippen Sie nach Eingabe der Telefonnummer auf das *Hörer*-Symbol, um den Anruf zu starten.

4 Korrigieren Sie Ihre Eingabe mit der *Löschtaste* rechts vom *Hörer*-Symbol.

5 Alternativ starten Sie mit dem *Kamera*-Symbol links vom *Hörer*-Symbol ein Videotelefonat per Google Meet. Sollte auf Ihrem Galaxy-Smartphone Google Meet nicht installiert sein, wird links das *Nachrichten*-Symbol für eine SMS angezeigt.

Die Anrufliste

In der Anrufliste, die Sie über die Registerkarte *Letzte* am unteren Bildrand aufrufen, werden alle Telefonate gespeichert, egal ob ankommend oder ausgehend. Auch die verpassten Anrufe finden Sie hier.

▶ **Einen Anruf, den Sie gestartet haben,** erkennen Sie am *Hörer*-Symbol mit dem nach rechts oben zeigenden Pfeil.

▶ **Ein angenommenes Gespräch** hat folglich einen Pfeil, der auf den Hörer zeigt.

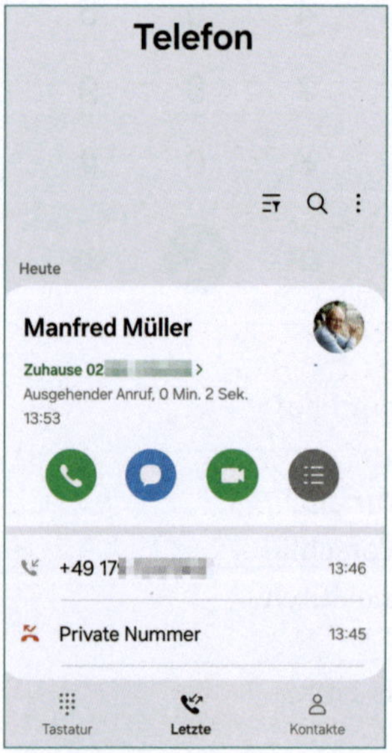

▶ **Das rote Hörersymbol** mit dem gekrümmten Pfeil wiederum steht für einen verpassten Anruf.

▶ **Tippen Sie auf den Eintrag,** um sich die zugehörige Nummer anzeigen zu lassen.

▶ **Darunter sehen Sie** Symbole für *Telefonanruf*, *SMS* und *Videotelefonat* – ein Tippen auf eines der Symbole löst die entsprechende Aktion aus.

▶ **Das *Menü*-Symbol** rechts wiederum blendet den vollständigen Anrufverlauf mit diesem Kontakt/dieser Nummer ein. Außerdem können Sie hier eine Rufnummer sperren oder eine neue oder private Telefonnummer mit einem Tag, also einem Namen oder einer Nummer versehen.

▶ **Alternativ können Sie** auch über einen Eintrag in der Anrufliste wischen: Von links nach rechts startet einen Anruf, von rechts nach links öffnet den Dialog zum Schreiben einer SMS (siehe „Die SMS-App“, S. 34).

Die Kontakteliste

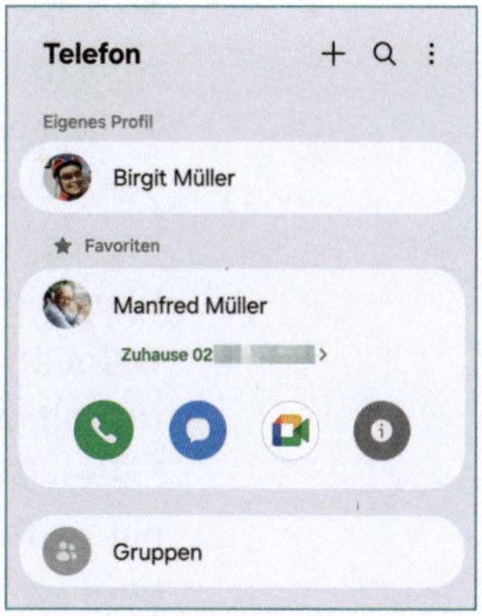

Die Telefon-App hält auch eine Liste aller auf Ihrem Smartphone verfügbaren Kontakte für Sie bereit. Auch hier gilt wieder:

- **wischen nach rechts:** Anruf starten
- **wischen nach links:** SMS schreiben
- **antippen:** Details einblenden, um zu telefonieren, eine SMS zu schreiben oder einen Videoanruf zu führen.

Alle Details eines Kontakts lassen sich mit einem Klick auf sein *Symbol/Profilbild* einblenden. Auch aus dieser Ansicht heraus können Sie einen Anruf starten oder eine SMS schreiben. Zudem können Sie, falls der Kontakt mehrere Telefonnummern hat, eine Standard-Nummer festlegen, die gewählt wird, wenn Sie in der Listenansicht über den Eintrag wischen. Tippen und halten Sie die gewünschte Nummer und wählen Sie *Als Standard festlegen*. Die Standardnummer wird anschließend unterhalb des Profilbilds angezeigt.

Über das *Lupen*-Symbol am oberen Bildrand können Sie eine Person oder eine Nummer suchen – es werden auch Einträge in der Anrufliste berücksichtigt, die nicht im Adressbuch gespeichert sind. Die *drei Punkte* rechts der Lupe öffnen das Menü. Darüber ändern Sie die Kontakteinstellungen und Einstellungen der Telefon-App (siehe „Einstellungen der Telefon-App“, Seite 33).

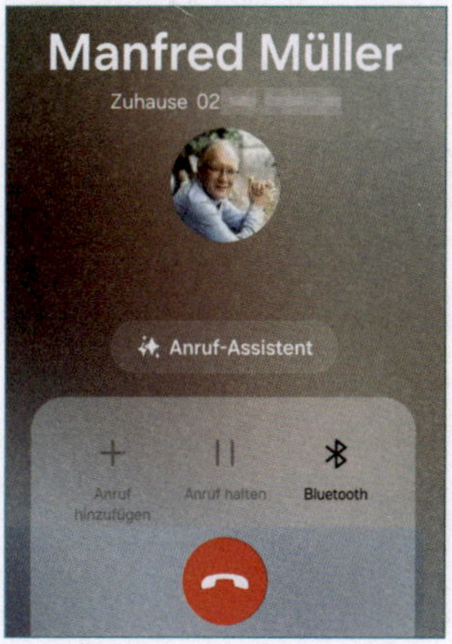

Ausgehendes Telefonat

Sobald Sie den Wahlvorgang starten, stehen Ihnen mehrere Optionen zur Verfügung:

- Tippen Sie auf *Bluetooth*, um eine Verbindung zu einer Freisprecheinrichtung oder einem Headset herzustellen.

- Über das *Lautsprecher*-Symbol aktivieren Sie die interne Freisprecheinrichtung Ihres Smartphones.
- Mit einem Klick auf *Tasten* blenden Sie die Wähltastatur ein, um beispielsweise den Telefonassistenten einer Hotline oder Ihre Mailbox zu steuern.

Wurde das Gespräch angenommen, können Sie einen weiteren Teilnehmer zu dem Anruf hinzufügen (*+*-Zeichen), einen Videoanruf mit dem Teilnehmer starten (*Kamera*-Symbol) oder den Anruf halten (*Pause*-Symbol). Das *rote Hörer*-Symbol beendet das Telefonat. Außerdem wird rechts oben bei laufendem Gespräch ein Menü (*drei Punkte*) angeboten, über das Sie eine Nachricht an den Kontakt schicken können oder sich dessen Details einblenden lassen beziehungsweise eine nicht gespeicherte Nummer zu einem Kontakt hinzufügen können.

Eingehendes Telefonat

Klingelt Ihr Telefon, müssen Sie das *grüne Hörer*-Symbol nach rechts/oben ziehen, um das Gespräch anzunehmen. Ziehen Sie das *rote Hörer*-Symbol nach links/oben, um den Anruf abzuweisen. Ist die Telefon-App geöffnet, wird stattdessen eine Benachrichtigung am oberen Bildrand eingeblendet, über die Sie den Anruf beantworten oder ablehnen können. Sobald Sie das Gespräch

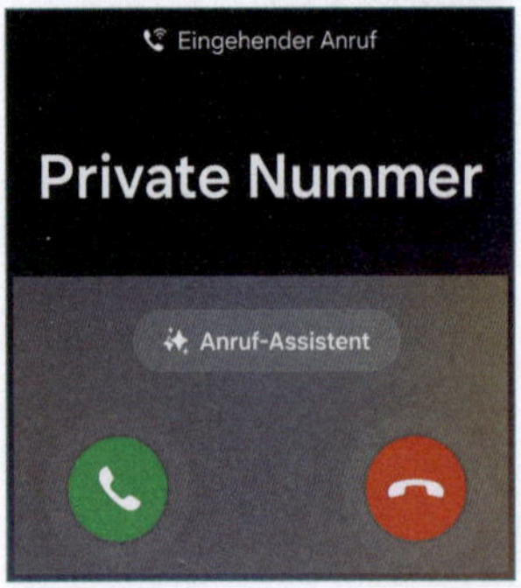

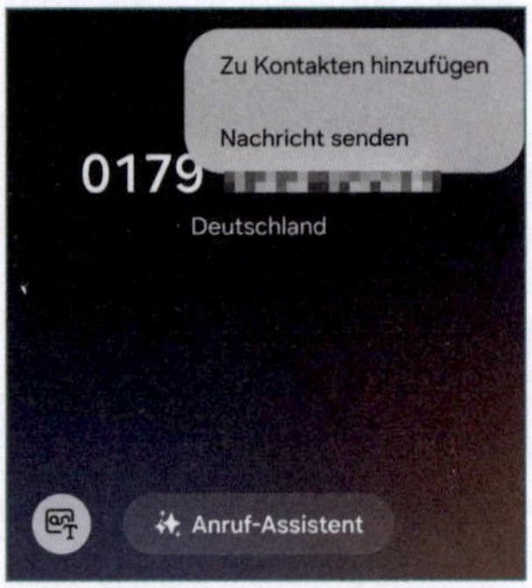

angenommen haben, stehen Ihnen dieselben Funktionen wie bei einem ausgehenden Telefonat zur Verfügung.

Einstellungen der Telefon-App

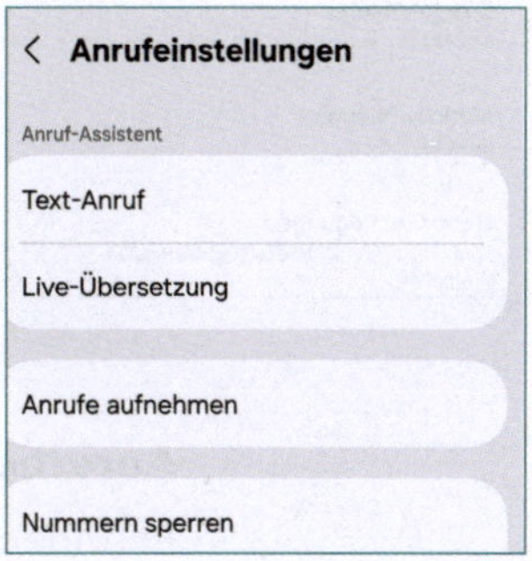

Unabhängig von der gewählten Registerkarte (*Tastatur*, *Letzte*, *Kontakte*) können Sie über das Menü rechts oben (*drei Punkte*) die Einstellungen der App aufrufen. Hier richten Sie unter anderem die Rufnummernsperre ein, um von bestimmten Nummern keine Anrufe zu erhalten. Die zu sperrenden Nummern können frei eingegeben oder auf der Anrufliste sowie den Kontakten ausgewählt werden. Die Funktion *Anrufer-ID und Spam-Schutz* soll Sie aktiv vor unerwünschten Anrufen schützen. Sie basiert allerdings auf einem Dienst eines Drittanbieters, der dafür auf Ihre Kontakte- und Anrufdaten zugreift.

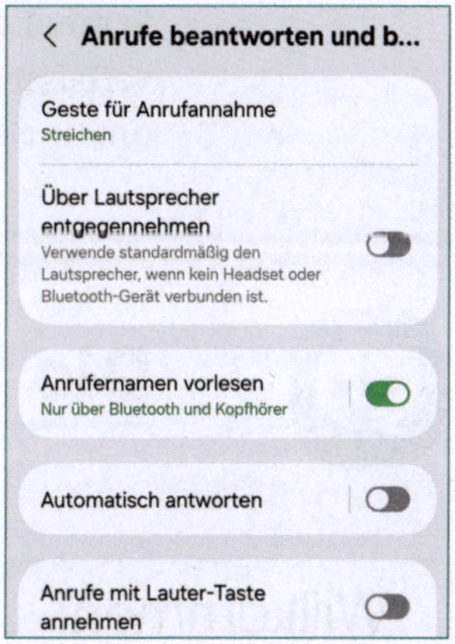

Sie können auch festlegen, wie Sie Anrufe beantworten und beenden wollen. Ihr Smartphone sagt auf Wunsch während des Klingelvorgangs den Namen des Anrufers an oder nimmt Anrufe automatisch nach einer voreingestellten Zeit entgegen. Ebenfalls können Sie Anrufe mit der *Lauter*-Taste annehmen und mit der *Funktionstaste* beenden.

Viele Mobilfunkanbieter unterstützen zudem die Funktion *WLAN-Anrufe*. Ist sie aktiv, wird in der Statusleiste ein *Hörer*-Symbol mit den typischen *WLAN-Funkwellen* angezeigt. Nun telefonieren Sie, sobald eine Verbindung mit einem WLAN-Netz besteht, über das drahtlose Netzwerk und nicht über das Mobilfunknetz. Diese Technik soll vor allem die Erreichbarkeit in Gebäuden verbessern. Bitte beachten Sie, dass für WLAN-Telefonate unter Umständen besondere Regeln gelten, die auch von Ihrem Tarif abhängig sein können.

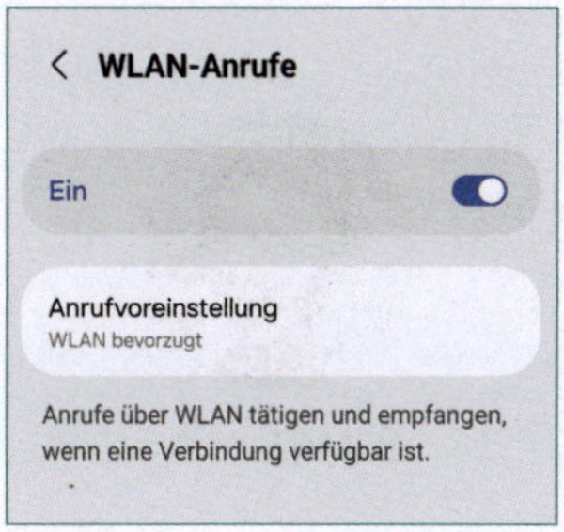

Anrufbeantworter bzw. Mailbox einrichten

Je nach Einstellung landen Anrufer auf der Mailbox, falls Sie nicht erreichbar sind, das Gespräch ablehnen oder Sie bereits im Gespräch sind. Unter welchen Bedingungen Anrufe dort landen, müssen Sie über Ihren Mobilfunkanbieter konfigurieren. In der Telefon-App legen Sie fest, wann und wie Sie über neue Nachrichten auf Ihrem Anrufbeantworter informiert werden.

Anrufbeantworter bzw. Mailbox abhören

Befinden sich Nachrichten auf Ihrer Mailbox, werden Sie von Ihrem Mobilfunkanbieter per SMS informiert. Zudem zeigt das Symbol der Telefon-App durch eine Zahl an, wie viele Anrufe Sie verpasst haben. Tippen und halten Sie die *1* auf der Wähltastatur, um Ihre Mailbox anzurufen und Nachrichten abzuhören.

Die SMS-App: Messages

Direkt neben die Telefon-App platziert Samsung im Anwendungs-Dock inzwischen die Google-App Messages statt der eigenen Nachrichten-App. Sie ist auch nicht mehr vorinstalliert, weswegen Google Messages nun die Standard-App für SMS auf Samsung-Smartphones ist – zumal der Funktionsumfang sehr ähnlich ist. Beim ersten Start der Nachrichten-App bestätigen Sie Ihr Google-Konto.

Anschließend sehen Sie eine Übersicht der gesendeten und empfangenen Nachrichten. Tippen Sie auf eine Nachricht, um die Konversation zu öffnen und eine

Nachricht an den Absender zu schicken oder die Konversation zu löschen.

SMS schreiben

Tippen Sie auf das *Nachrichten*-Symbol unten rechts und wählen Sie einen oder mehrere Empfänger aus, indem Sie Namen oder Telefonnummern in das Feld am oberen Bildrand eingeben. Falls Sie eine Nachricht an mehrere Kontakte verschicken wollen, tippen Sie auf *Gruppe erstellen*.

1 In das untere Feld können Sie den Nachrichtentext eingeben. Über das *Emoji*-Symbol am rechten Rand des Eingabefelds können Sie Emoji oder Grafiken einfügen.
2 Versenden Sie die SMS über den *Pfeil* rechts.
3 Sobald die Chatfunktion bzw. Rich Communications Services (RCS) aktiviert sind, können Sie über die Symbole *Bild-/Kamera* und *Plus-Zeichen* links des Eingabefelds auch Fotos und Dateien verschicken. Das *Wellen*-Symbol rechts des Eingabefelds startet eine Sprachaufnahme, die sich ebenfalls per SMS verschicken lässt.

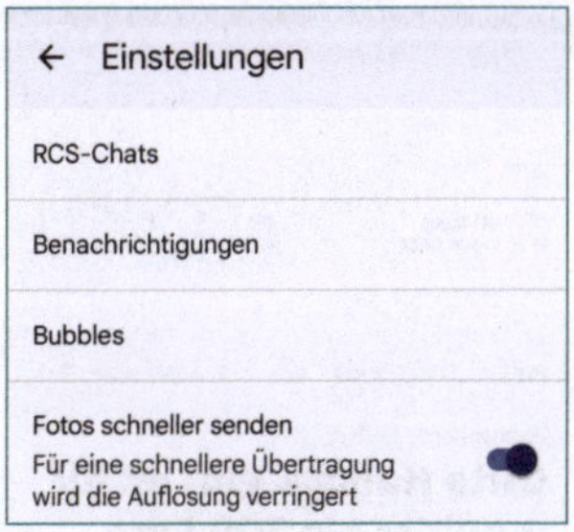

Einstellungen der Messages-App

Sie sind über ihr *Profilbild* rechts oben erreichbar. Legen Sie fest, wie Sie von der App benachrichtigt werden. Weitere Details finden Sie unter „Benachrichtigungen auf dem Sperrbildschirm“, Seite 72, und „Benachrichtigungen von Apps anpassen“, Seite 75.

Wichtig sind außerdem die Chat-Einstellungen (RCS-Chats). Ab Werk ist die Chat-Funktion aktiv. Falls nicht, sollte sie sich nach einer gewissen Zeit automatisch aktivieren. Dahinter verbirgt sich der Nachfolger der SMS namens *RCS (Rich Communications Services)*, der auch

den Versand von Sprachnachrichten und Bildern erlaubt – ähnlich wie bei WhatsApp. Chat-Nachrichten werden zudem über WLAN oder Mobilfunk übertragen, also auf das Datenvolumen Ihres Mobilfunktarifs angerechnet und nicht als SMS. SMS werden nur noch dann verschickt, wenn der Mobilfunkanbieter des Empfängers die Chat-Funktion nicht unterstützt – oder wenn keine Datenverbindung zur Verfügung steht.
Falls Sie generell lieber SMS verschicken wollen, müssen Sie die Chat-Funktion ausschalten.

Die Browser-App: Internet

Eine der wenigen Apps, die Samsung auch für Smartphones anderer Hersteller anbietet, ist der hauseigene Browser, der schlicht auf den Namen *Internet* hört. Eigentlich ist er nur eine Variante von Google Chrome, die Samsung jedoch mit einigen interessanten Zusatzfunktionen versieht – weswegen Internet auch außerhalb der Samsung-Welt immer mehr Freunde findet.

Sollte Internet auf Ihrem Galaxy-Smartphone nicht vorinstalliert sein, finden Sie den Browser im Google Play Store oder im Samsung Galaxy Store. Beim ersten Start können Sie Internet auch direkt zum Standardbrowser machen, indem Sie auf *Fortsetzen* tippen.

Im Internet surfen

Auf den ersten Blick hat Samsung das Design von Chrome nicht großartig verändert.

▶ **Am oberen Bildrand** befindet sich die Adressleiste, in die Internetadressen und Suchbegriffe eingegeben werden.

▶ **Am unteren Bildrand** bietet Internet eine Symbolleiste, die den Zugriff auf wichtige und häufig genutzte Funktionen vereinfacht.

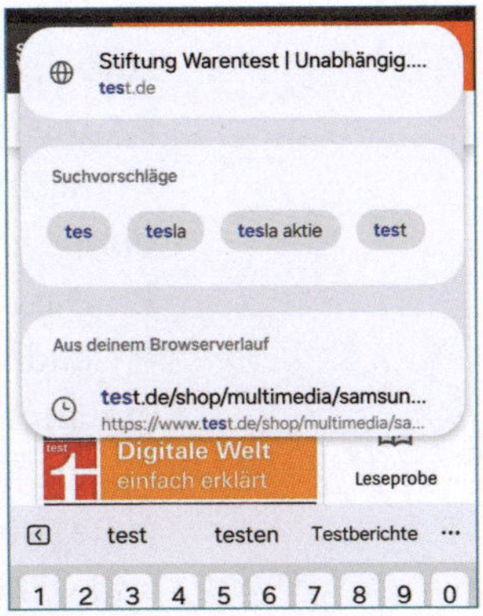

Eine Webseite aufrufen

Tippen Sie in die Adressleiste am oberen Bildrand und geben Sie über die Tastatur, die sich automatisch öffnet, den Namen der Webseite ein, die Sie besuchen wollen. Beenden Sie die Eingabe mit *Öffnen*. Sie können auch auf einen der während der Eingabe erscheinenden Vorschläge tippen oder auf das *Mikrofon* am rechten Rand der Adressleiste, falls Sie den Namen der Webseite per Sprache eingeben wollen.
Das *Schloss*-Symbol neben dem Namen der Webseite zeigt übrigens an, dass die Verbindung zwischen Internet und der Seite verschlüsselt ist. Zudem wird dadurch bestätigt, dass Sie tatsächlich mit der gewünschten Seite und nicht mit einer Fälschung verbunden sind. Dies ist besonders wichtig, falls Sie im Internet einkaufen oder Bankgeschäfte erledigen.

Die Lieblings-Webseiten: Lesezeichen

Seiten, die Sie häufig besuchen oder sich einfach nur für eine spätere Verwendung „merken" wollen, können Sie zu den Lesezeichen bzw. Favoriten hinzufügen.

1 Tippen Sie dafür einfach auf den *Stern* in der Adressleiste.

2 Dieser färbt sich anschließend gelb ein und zeigt so an, dass diese Seite zu den Favoriten gehört.

3 Die gespeicherten Favoriten rufen Sie über das *Stern*-Symbol in der Symbolleiste am unteren Bildrand auf.

- Die *Symbolleiste* ermöglicht vor allem die Navigation vor und zurück (Pfeiltasten am linken Rand).
- Das *Haus*-Symbol ruft die voreingestellte Startseite auf.
- Rechts daneben ist das *Galaxy-AI*-Symbol, über das Sie KI-Funktionen wie einen Übersetzer aufrufen können.
- Das *Stern*-Symbol öffnet die Favoriten.
- Zudem können Sie mehrere Registerkarten gleichzeitig nutzen, indem Sie auf das *Tab*-Symbol rechts neben dem *Favoriten*-Symbol tippen. Durch Wischen nach rechts schließen Sie einzelne geöffnete Registerkarten. Oder Sie tippen auf die *drei Punkte* oben rechts und wählen *Alle Registerkarten schließen*.

Zum Schutz der Privatsphäre: Der geheime Modus

Die Tab-Übersicht ist auch der Zugang zum geheimen Modus. Bei dessen erster Verwendung legen Sie bitte fest, ob Sie ihn mit einem Passwort sperren wollen. Im geheimen Modus wird vor allem der Browserverlauf nicht gespeichert. Wird der geheime Modus beendet, löscht *Internet* alle während der Sitzung gespeicherten Daten.

Sobald Sie jedoch ein Passwort für den geheimen Modus vergeben haben, was unter Chrome übrigens nicht möglich ist, können Sie eine geheime Browsersitzung unterbrechen und zu einem späteren Zeitpunkt fortsetzen. In dem Fall bleibt die Sitzung aktiv – sie ist aber weiterhin „geheim", weil durch Ihr Passwort geschützt.

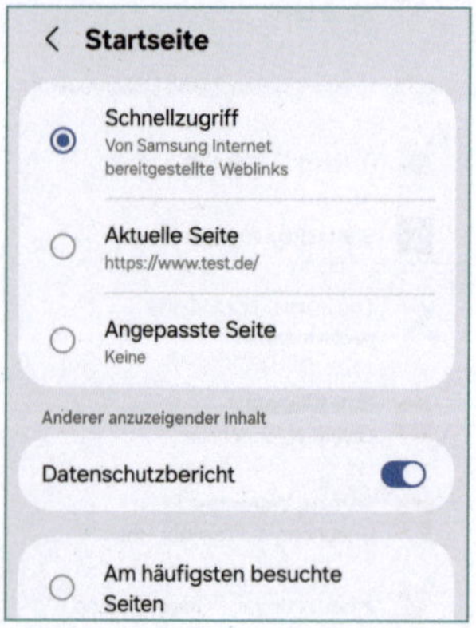

Personalisierung des Browsers

Sie können den Samsung-Browser selbstverständlich auch an Ihre Wünsche und Vorlieben anpassen.

1 Als Erstes widmen wir uns der individuellen Startseite. Rufen Sie dafür über das Menü die *Einstellungen* des Browsers auf.

2 Tippen Sie auf *Startseite*.

3 Wählen Sie *Schnellzugriff*.

4 Aktivieren Sie bei Bedarf den Datenschutzbericht, den Nachrichten-Feed oder die am häufigsten besuchten Seiten.

5 Verlassen Sie mit der *Zurück*-Taste das Menü und beenden Sie über das *Tab*-Symbol alle geöffneten Registerkarten.

6 Tippen Sie nun auf *Neue Registerkarte*, um die Schnellzugriffe einzublenden.

7 Dort sind bereits verschiedene Seiten hinterlegt. Tippen und halten Sie ein Symbol, um den Bearbeitungsmodus zu aktivieren – oder tippen Sie rechts oben auf *Bearbeiten*.

8 Tippen Sie auf die Symbole, die Sie löschen wollen, und bestätigen Sie den Vorgang durch *Löschen*.

9 Im Bearbeitungsmodus lassen sich Schnellzugriffe umbenennen.

10 Tippen Sie nun auf das *Plus*-Zeichen, um den Schnellzugriffen eine beliebige Seite hinzuzufügen. Die Eingabe schließen Sie mit *Speichern* ab.

11 Alternativ können Sie eine Webseite aufrufen und in die Adressleiste tippen, um die Schnellzugriffe von dort zu bearbeiten. Ein Klick auf *Hinzufügen* legt einen Schnellzugriff für die aktuelle Seite an. Diese Methode ist vor allem für Unterseiten einer Webseite geeignet.

Das Browser-Menü

Hierüber greifen Sie direkt auf *Lesezeichen*, *Downloads*, *Verlauf* und *Gespeicherte Seiten* zu. Den Funktionsumfang können Sie mit Add-ons erweitern.

▶ *Mehr Add-ons herunterladen* führt Sie vom Add-ons-Menü zum Galaxy Store, der derzeit nur wenige Erweiterungen bereithält. Interessant ist der Reputationsservice *Web Of Trust* (WOT), der Sie aktiv vor möglicherweise gefährlichen Webseiten warnt.

▶ **Untertitel** für Samsung *Internet* stellt Ihnen Untertitel für Onlinevideos zur Verfügung.

▶ **Der Übersetzer** unterstützt Sie bei der Nutzung fremdsprachiger Webseiten.

Ohne Onlineanzeigen surfen mit Werbesperren

Die Werbesperren im Add-on-Menü erlauben es Ihnen, einen Werbe-Blocker (Ad-Blocker) zu installieren bzw. diesen bei Bedarf aus- und wieder einzuschalten.

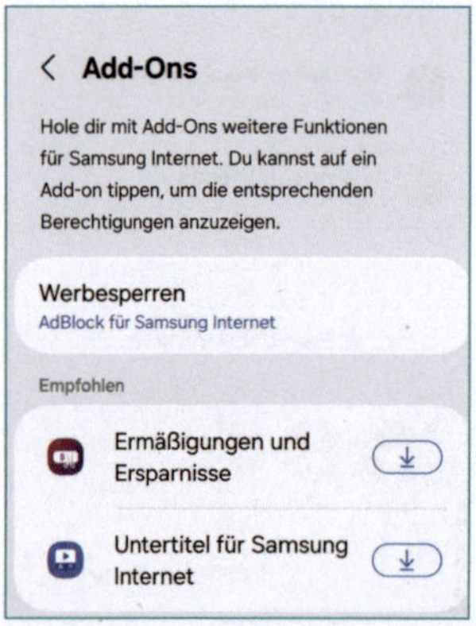

1 Tippen Sie auf *Werbesperren* und laden Sie einen der Werbeblocker über *Pfeil nach unten* herunter.

2 Ein aktiver Werbeblocker erscheint anschließend oberhalb der von Samsung empfohlenen Anbieter.

3 Tippen Sie auf den *Regler*, um den Werbeblocker bei Bedarf auszuschalten. Einige Webseiten verweigern Ihnen möglicherweise bei aktivem Werbeblocker den Zugriff auf ihre Inhalte.

4 Die Werbesperren lassen sich auch direkt über das Browser-Menü aufrufen.

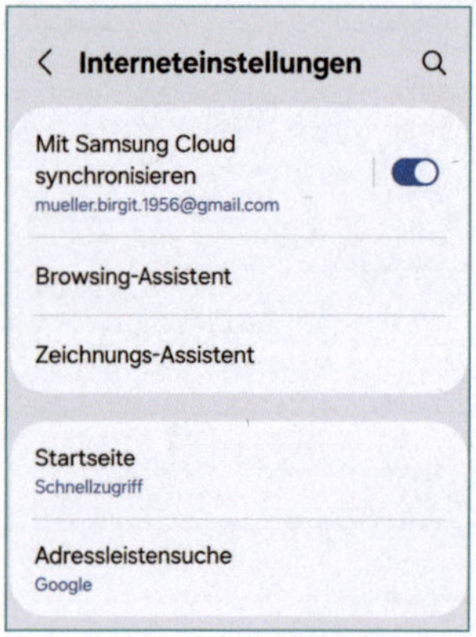

Die Browser-Einstellungen

Weitere Anpassungen nehmen Sie über die *Einstellungen* im Browser-Menü vor.

▶ **Aktivieren Sie** den Punkt *Samsung Cloud*, um Lesezeichen, Schnellzugriffe und andere Browserdaten mit Samsungs Servern zu synchronisieren – und damit auch zu sichern. Beim Wechsel von einem Samsung-Smartphone zum anderen werden automatisch die Daten auf das neue Gerät übertragen. Bei Bedarf sollten Sie die Synchronisation auf WLAN beschränken.

▶ **Über den Punkt** *Persönliche Browserdaten* können Sie die Browserdaten löschen oder nachträglich die Sperre für den geheimen Modus festlegen oder ändern.

▶ **Über** *Datenschutz-Dashboard-Browser* erhalten Sie Einblick in die Datenschutzeinstellungen. Hier können Sie das *Smarte Anti-Tracking* einschalten und *Rückwärtsumleitungen blockieren*. So kann die Zurück-Funktion des Browsers nicht missbraucht werden, um Sie heimlich zu betrügerischen Webseiten umzuleiten.

▶ **In den** *Nützlichen Funktionen* können Sie einstellen, dass Videos auf Webseiten nie automatisch starten, was Ihr Datenvolumen unterwegs entlastet. Der Videoassistent blendet indes eine zusätzliche Schaltfläche ein, mit der sich Videos im Vollbildmodus öffnen lassen.

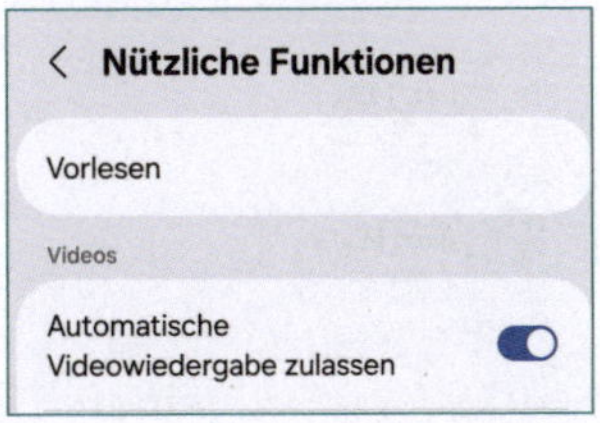

Die Adressbuch-App: Kontakte

Adressen, die Sie bereits in einem Google- oder Samsung-Konto hinterlegt haben, werden automatisch in der Kontakte-App angezeigt, die Sie im App Drawer finden. Die App übernimmt zudem Onlineadressbücher anderer Anbieter wie Microsoft. Sie können aber auch ein rein lokales Adressbuch nutzen, das nicht mit einem Onlineanbieter synchronisiert wird.

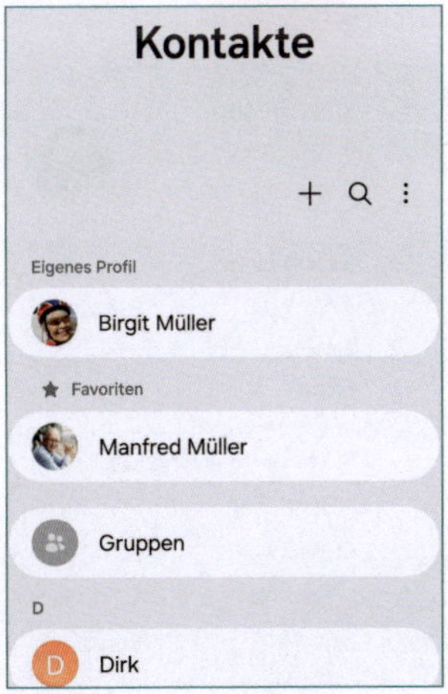

Speicherort: Telefon, SIM oder online?

Kontakte auf dem *Telefon* zu speichern, empfiehlt sich nicht: Bei einem technischen Defekt sind diese Daten verloren. Die *SIM* ist zwar eine Alternative, weil sie bei einem defekten Gerät oft noch gerettet werden kann,

sie erlaubt aber nur die Speicherung einer Telefonnummer und E-Mail-Adresse pro Kontakt. Bei Diebstahl oder Verlust ist die SIM-Karte einfach weg.

Der große Vorteil eines *Onlinekontos* ist, dass Sie Ihre Kontakte nur ein einziges Mal erfassen müssen und sie Ihnen anschließend überall zur Verfügung stehen: auf Smartphone, Tablet, PC, Notebook und jedem anderen Gerät mit Internetzugang. Kaufen Sie ein neues Gerät, müssen Sie lediglich das Konto einrichten – Kontakte (und andere Daten) landen automatisch darauf. Auch sind die Kontakte stets gesichert. Selbst bei Verlust oder Diebstahl des Smartphones sind sie nicht weg.

Im Gegenzug müssen Sie Ihre Kontakte allerdings einem Drittanbieter anvertrauen, wobei große Anbieter wie Google, Microsoft und Samsung, trotz aller auch berechtigten Kritik am Umgang mit unseren Daten, als vertrauenswürdig eingestuft werden sollten.

Adressen bearbeiten

Beim Start zeigt Ihnen die Kontakte-App Ihr Profil und darunter eine Liste mit all ihren Kontakten an. Oben rechts befinden sich das *Lupen*-Symbol für die Suche, das *Plus*-Zeichen für einen neuen Kontakt und die *Menü*-Buttons (*drei Striche* links, *drei Punkte* rechts).

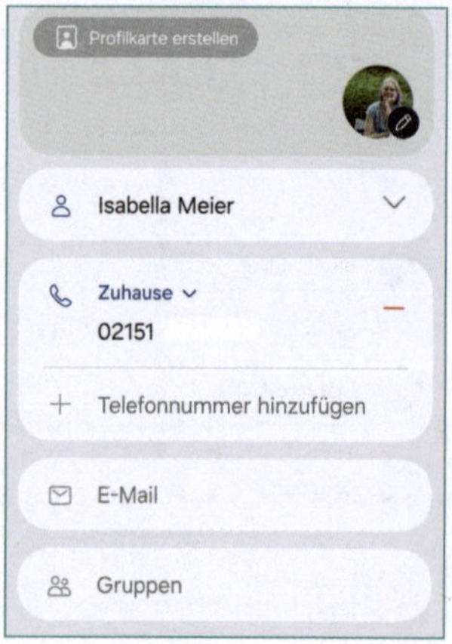

▶ **Tippen Sie auf einen Eintrag,** um sich die Details anzeigen zu lassen.

▶ **Über die Symbole** *Telefon*, *SMS*, *Videoanruf* und *E-Mail* können Sie direkt mit der Person kommunizieren – es wird die über den Symbolen angezeigte Telefonnummer verwendet.

▶ **Darunter sehen Sie,** welche Informationen wie weitere Telefonnummern, E-Mail-Adressen, Anschriften oder auch Geburtstag hinterlegt sind.

▶ **Tippen Sie in der Menüleiste** am unteren Bildrand auf *Bearbeiten*, um die Informationen zu ändern, zu löschen oder weitere Daten hinzuzufügen. Sie können beispielsweise auch zwischen privaten und geschäftlichen Daten unterscheiden oder auch einen Hochzeitstag erfassen. Die Bearbeitung des Kontakts schließen Sie mit *Speichern* ab.

▶ **Tippen Sie ganz unten** auf *Verlauf*, um eine Liste der Telefonate, SMS und E-Mails mit dieser Person anzuzeigen.

Die Bedienung der Kontakte-App entspricht ansonsten der Telefon-App. Wischen Sie von links nach rechts über einen Eintrag, um den Kontakt anzurufen. Ein Wisch von rechts nach links erzeugt eine neue SMS.

Einen neuen Kontakt erfassen

Wenn Sie eine Person zu Ihrem Adressbuch hinzufügen wollen, müssen Sie auf das *Plus*-Zeichen oben rechts tippen.

1 Tippen Sie oberhalb des Symbolbilds für das Kontaktfoto auf das voreingestellte Konto, um den Speicherort für diesen Kontakt zu wählen (anderes Onlinekonto, Telefon oder SIM-Karte).

2 Geben Sie nun alle Daten wie Name, Telefonnummer, Anschrift oder E-Mail-Adresse in die vorgesehenen Felder ein.

3 Tippen Sie beispielsweise bei einer Telefonnummer auf *Mobil*, um die Art des Anschlusses festzulegen.

4 Tippen Sie auf *Mehr anzeigen*, um weitere Daten wie Geburts- und Hochzeitstag zu erfassen.

5 Über das *Symbolbild für das Kontaktfoto* ganz oben lässt sich ein Profilfoto hinterlegen. Wählen Sie zwischen einer vorgeschlagenen Grafik, einem Galeriebild oder der Kamera, um ein Foto aufzunehmen.

6 Schließen Sie die Eingabe mit *Speichern* ab.

Eigenes Profil anlegen und bearbeiten

Sollten Sie bei der Ersteinrichtung des Samsung-Kontos kein Profil angelegt haben, können Sie dies nun nachholen. Tippen Sie dafür auf Ihren Namen oberhalb der Kontakteliste und anschließend auf *Bearbeiten*.

1 Starten Sie über das *Kamera*-Symbol die Kamera und nehmen Sie ein Foto oder ein Selbstportrait auf, um es als Profilfoto zu verwenden. Alternativ können Sie auch auf *Galerie* tippen und dort ein Foto auswählen oder eines der vorgeschlagenen Profilbilder verwenden.

2 Geben Sie die persönlichen Details ein, die Sie in Ihrem Profil hinterlegen wollen.

3 Nun können Sie noch persönliche Beziehungen zu Personen in Ihrem Adressbuch eingeben oder medizinische Notfallinformationen hinterlegen. Damit Ersthelfer diese Informationen sehen können, müssen Sie den Punkt *Auf Sperrbildschirm anzeigen* aktivieren. Die Eingabe eines ICE-Notfallkontakts kann ebenfalls sinnvoll sein. Ihr Smartphone unterstützt nämlich eine Notruffunktion, mit der Sie an dieser Stelle hinterlegte Kontakte in einem Notfall anrufen können.

4 Zum Abschluss der Eingaben tippen Sie am unteren Bildrand auf *Speichern*.

5 Künftig können Sie jederzeit auf Ihr Profil tippen, um es anzuzeigen oder zu bearbeiten.

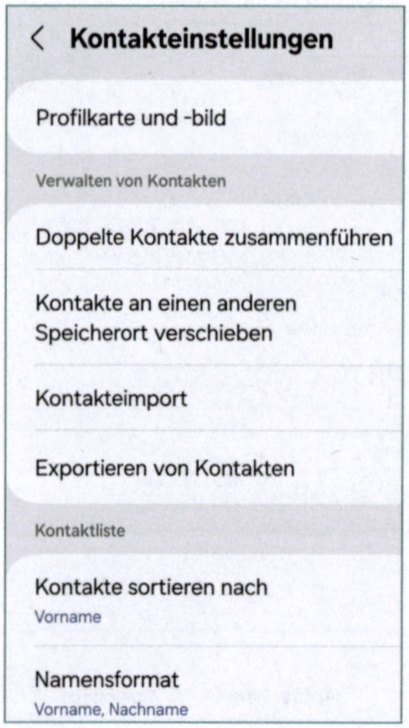

Verwalten von Kontakten

Die *Kontaktverwaltung* finden Sie in den Einstellungen der Kontakte-App (*drei Punkte oben rechts*). Dort können Sie doppelte *Kontakte zusammenführen*, lokal gespeicherte Einträge in ein Google- oder Samsung-Konto verschieben oder eine manuelle Synchronisation anstoßen.

Kontakte importieren

Falls Sie bereits ein elektronisches Adressbuch haben, das aber nicht mit einem Onlinekonto verknüpft ist, können Sie es unter Umständen auf Ihr Smartphone übertragen. Voraussetzung ist, dass das Adressbuch das sogenannte vCard-Format (VCF-Datei) unterstützt.
In dem Fall können Sie Ihre Adressen in eine VCF-Datei exportieren, die Datei auf Ihr Smartphone kopieren und anschließend über die Kontaktverwaltung importieren. Als weitere Quellen werden auch Google Drive und Microsoft OneDrive unterstützt.

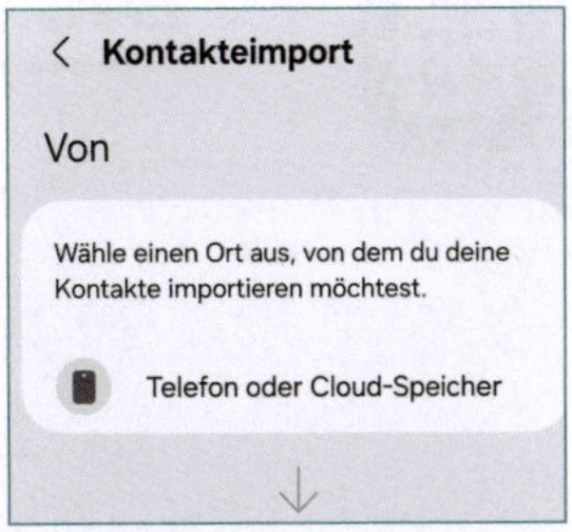

Einstellungen der Kontakte-App

Im linken Menü tippen Sie auf *Ansicht nach Speicherort*, um auszuwählen, welche Kontakte Sie sich anzeigen lassen wollen. Voreingestellt sind *Alle Kontakte*. Tippen Sie darauf, um nur die Kontakte eines bestimmten Kontos anzuzeigen oder eine angepasste Kontakteliste zu erstellen.
Weitere Optionen finden Sie in den Einstellungen. Es lassen sich die Sortierreihenfolge und das Namensformat einstellen. Ab Werk sortiert die App alle Kontakte nach dem Vornamen. Sie können auch festlegen, dass am Anfang der Adressliste die häufig kontaktierten Personen angezeigt werden.

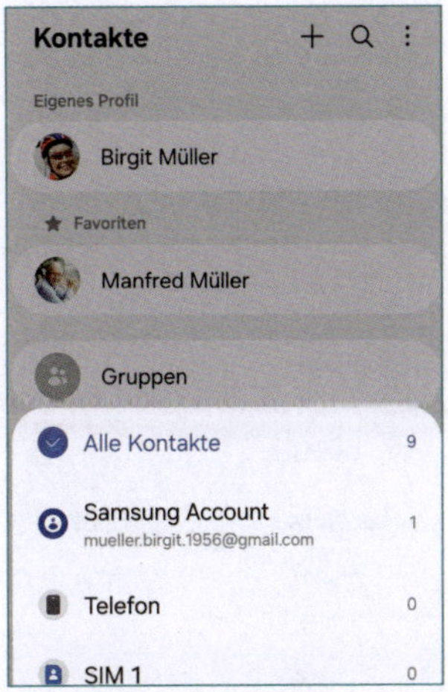

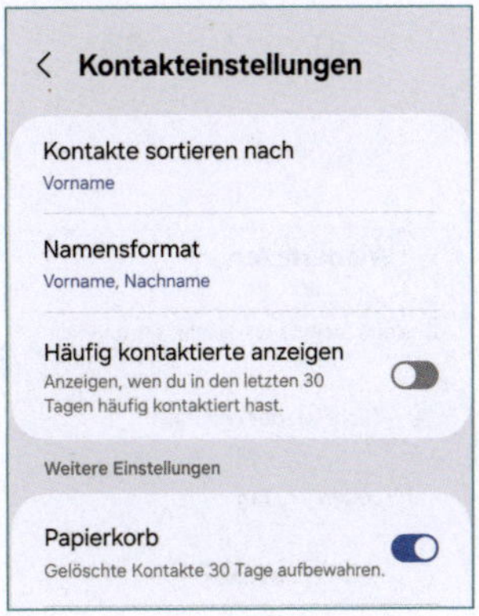

Die Termine-App: Kalender

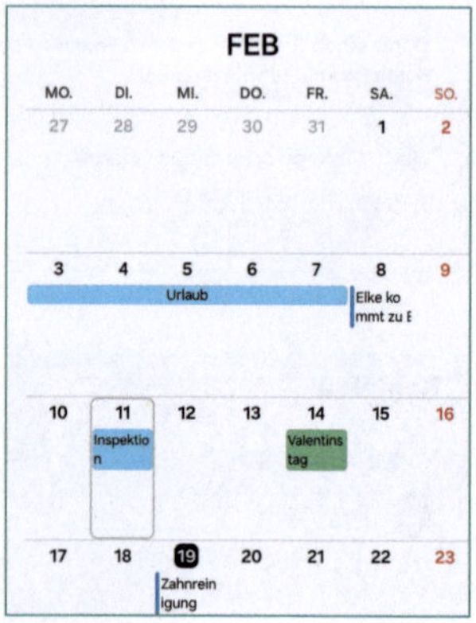

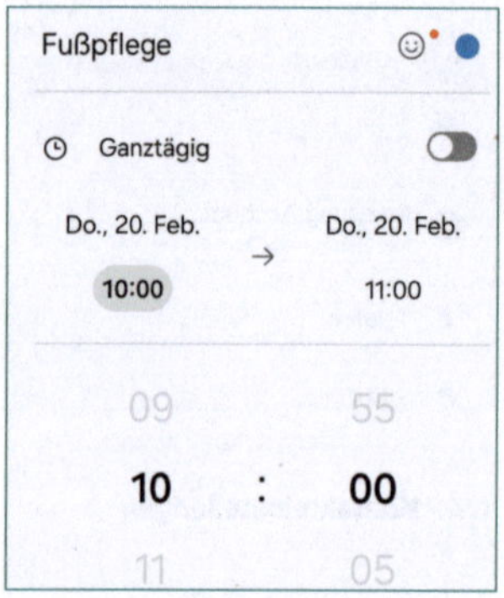

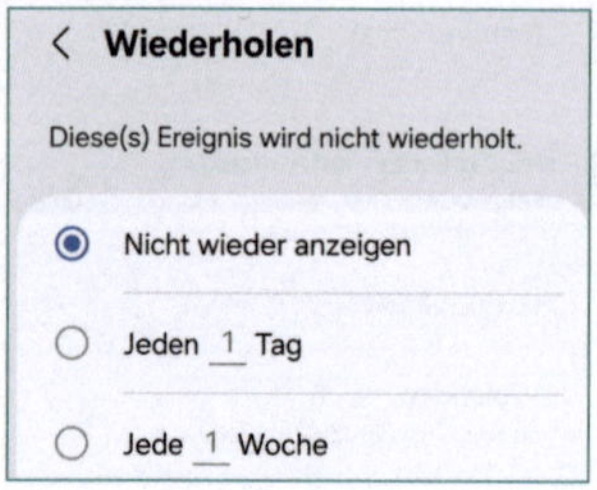

Termine lassen sich selbstverständlich auch mit einem Smartphone verwalten. Samsung spendiert dafür die *Kalender* genannte App, die Sie im App Drawer finden. Sie bietet eine Übersicht über alle Termine und erinnert Sie auf Wunsch auch an bestimmte Ereignisse. Die Bedienung ähnelt zudem den bereits besprochenen Samsung-Apps: Tippen Sie also auf das *Plus*-Zeichen unten rechts, um einen neuen Termin zu erfassen.

1 Geben Sie dem Termin einen Namen.

2 Tippen Sie auf den *Kreis* rechts neben dem Eingabefeld, um dem Termin eine Farbe zuzuordnen, beispielsweise blau für privat und rot für geschäftlich. Oder wählen Sie zusätzlich ein Emoji, das den Termin näher beschreibt.

3 Legen Sie Beginn und Ende des Termins (Datum und Uhrzeit) fest. Die App unterstützt auch ganztägige und mehrtägige Termine.

4 Wählen Sie den Kalender aus, in dem der Termin gespeichert werden soll. *Eigene Kalender* ist der lokale Kalender, der nicht mit der Cloud synchronisiert wird. Ansonsten bietet jedes Onlinekonto einen eigenen Kalender.

5 Lassen Sie sich vorab an einen Termin erinnern. Voreingestellt sind *10 Minuten vorher* – der Zeitraum lässt sich beliebig anpassen.

6 Über das *Plus*-Zeichen lassen sich auch mehrere Erinnerungen einrichten, auch zusätzlich per E-Mail.

7 Tippen Sie auf *Nicht wieder anzeigen*, um einen wiederkehrenden Termin einzugeben. Legen Sie dessen Intervall und die Laufzeit fest.

8 Geben Sie weitere Details wie *Ort* und *Notizen* ein.
9 Ein Klick auf *Speichern* schließt die Eingabe ab.

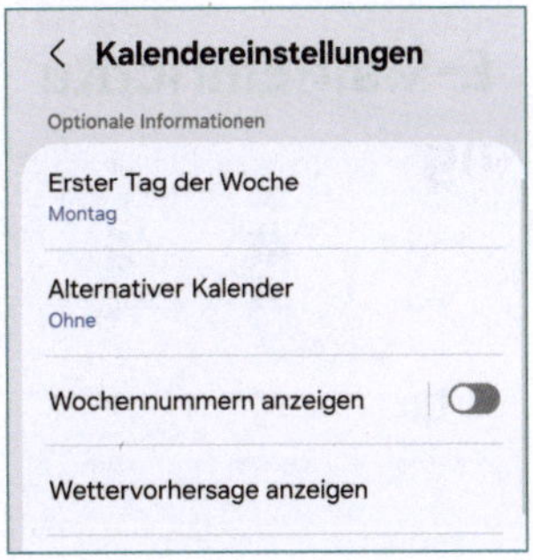

Der Termin erscheint in der Übersicht. Ein Klick darauf zeigt Ihnen die wichtigsten Details oder – je nach Ansicht – die Termine des Tages an. Die Ansicht ändern Sie über das App-*Menü* (*drei Balken* links oben). Zur Auswahl stehen *Jahres-*, *Monats-*, *Wochen-* und *Tageskalender*. Mehrere Kalender verwalten Sie ebenfalls hier. Tippen Sie auf einen Kalender und entfernen Sie den Haken, falls er nicht angezeigt werden soll.

In den Kalendereinstellungen (*Zahnrad* im Menü) konfigurieren Sie unter anderem die Kalenderfarben (*Verwalten von Kalendern*) – jedem Kalender-Konto lässt sich eine eigene Farbe zuordnen, um beispielsweise persönliche Termine in einem Konto von beruflichen Terminen in einem anderen Konto zu trennen und auf einen Blick zu unterscheiden. Es lässt sich aber auch der Kalenderstil ändern, um beispielsweise die Schriftgröße der Termine im Kalender zu ändern.
Stellen Sie außerdem ein, ob im Kalender Wochennummern oder eine Wettervorhersage angezeigt werden. Über die *Standardalarmzeiten* legen Sie fest, wann Sie sich standardmäßig an Termine und ganztägige Ereignisse erinnern lassen.

Die Mail-App: E-Mail

Zugunsten von Google Gmail und Microsoft Outlook verzichtet Samsung inzwischen darauf, seine eigene E-Mail-App vorzuinstallieren. Eine gute Wahl ist die App jedoch trotzdem, weil sie im

Gegensatz zu Gmail und Outlook auf keinen Anbieter ausgerichtet ist und zudem alle notwendigen Funktionen bietet. Laden Sie also *Samsung E-Mail* über den Play Store oder den Galaxy Store herunter und rufen Sie die App über den App Drawer auf.
Beim ersten Start müssen Sie ein E-Mail-Konto einrichten. Unterstützt werden Anbieter wie Google Gmail, Yahoo Mail, Microsoft Outlook, Microsoft Exchange, Office 365 sowie jegliche POP3- und IMAP-Konten.

Einrichtung mit vorhandenem E-Mail-Konto

Besonders einfach kann ein Gmail-Konto hinzugefügt werden, da es bereits auf Ihrem Gerät eingerichtet ist.

1 Tippen Sie auf *Gmail* und gewähren Sie den Zugriff auf die Kontakte.

2 Danach wird Ihnen schon Ihr Google-Konto vorgeschlagen, das Sie nur noch durch *Weiter* auswählen müssen.

3 Anschließend bittet Google noch um Bestätigung des Zugriffs durch die E-Mail-App auf Ihr Google-Konto und die erneute Auswahl Ihres Google-Kontos, und schon sollten die ersten Nachrichten in Ihrem Posteingang erscheinen. Ähnlich funktioniert auch die Einrichtung von Yahoo-, Outlook- und Office-365-Konten.

Einrichtung eines Kontos eines anderen Anbieters

Etwas komplizierter ist die Einrichtung eines Kontos eines anderen Anbieters, wie GMX oder Web.de, oder das Konto einer eigenen Domain. Dann müssen Sie neben einem Benutzernamen (meist E-Mail-Adresse) und einem Passwort noch zusätzliche Daten eingeben. So ein Konto legen Sie über den Menüpunkt *Weitere* an.

1 Geben Sie zuerst die *E-Mail-Adresse* und das *Passwort* ein.

2 Tippen Sie nun auf *Manuelles Setup* und entscheiden Sie, ob Sie ein *POP3-*, *IMAP-* oder *Exchange-Konto* einrichten wollen. Die Unterschiede werden im farbigen Abschnitt siehe Seite 50 erläutert. Wenn Sie auf *Anmelden* tippen, wählt die E-Mail-App einen vom Anbieter unterstützten Kontotyp aus und fragt die Anmeldedaten automatisch ab – was aber nicht von jedem Anbieter unterstützt wird.

3 Geben Sie nun in die dafür vorgesehenen Felder den Benutzernamen, das *Passwort* und den *Namen des Eingangsservers* ein. Wählen Sie zudem den Sicherheitstyp *SSL* oder *TLS* und den *Port*. Diese Angaben erhalten Sie vom Anbieter Ihrer E-Mail-Adresse. Meist hilft eine Google-Suche nach „POP3 Server GMX" oder „IMAP Server 1und1" weiter.

4 Falls der Eingangsserver ein POP3-Server ist, müssen Sie noch einstellen, ob und wann Nachrichten von Ihrem Telefon gelöscht werden. Die Voreinstellung *Niemals* sollte für die meisten Nutzer geeignet sein.

5 Nun benötigen Sie die Daten für den Ausgangsserver *SMTP*. Bitte beachten Sie: Egal welchen Eingangsserver Sie nutzen, der Ausgangsserver ist immer vom Typ SMTP.

6 Es wird auch immer eine Authentifizierung für den SMTP-Server benötigt, und zwar meist die *Anmeldedaten des Eingangsservers*, also E-Mail-Adresse als *Benutzername* plus *Passwort*.

7 Tippen Sie auf *Anmelden*, um die Richtigkeit der Eingaben zu prüfen und die Einstellungen zu speichern.

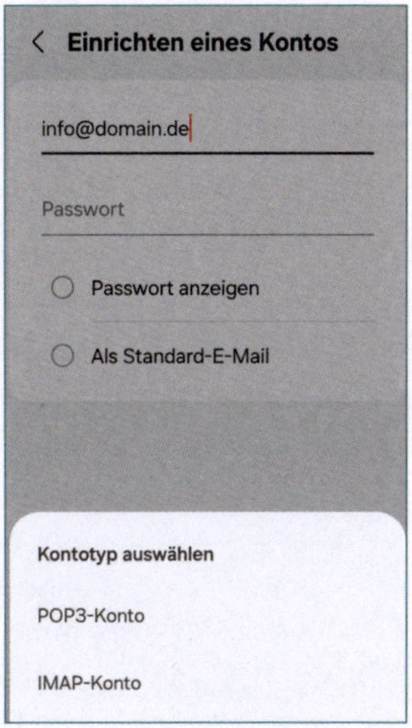

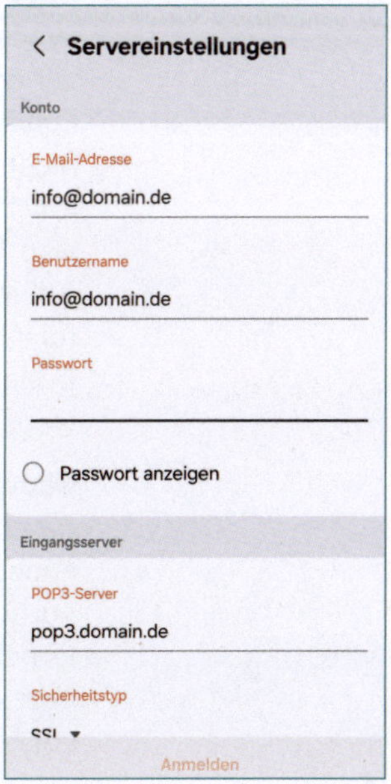

→ Drei verschiedene E-Mail-Konten

Es gibt drei Arten von E-Mail-Konten. Sie sind nach den jeweiligen Protokollen benannt, die die E-Mail-Anwendung für die Kommunikation mit dem Server Ihres Anbieters benutzt: POP3, IMAP und Microsoft Exchange ActiveSync. Sie unterscheiden sich vor allem darin, wo die E-Mails gespeichert werden. Außerdem bieten nicht alle E-Mail-Anbieter alle Protokolle an.

POP3-Protokoll: Diese Variante löscht jede Nachricht automatisch vom Server, nachdem Sie sie mit einer E-Mail-Anwendung abgerufen haben. Auf Galaxy-Smartphones bleiben die Nachrichten aber trotzdem auf dem Server. Sie werden dort nur entfernt, wenn das Löschen auf dem Gerät erlaubt ist und eine Nachricht manuell von Ihnen aus dem Posteingang entfernt wird. Vorteil: Sie können unterwegs nicht relevante Nachrichten löschen, mit denen Sie sich erst später auf einem anderen Gerät wie einem PC in Ruhe beschäftigen wollen.

IMAP-Protokoll: Hier werden grundsätzlich alle Nachrichten synchronisiert, sprich, nicht automatisch beim Abruf vom Server entfernt. Löschen Sie eine E-Mail jedoch manuell aus dem Posteingang, wird sie auch vom Server gelöscht und steht nicht mehr auf anderen Geräten zur Verfügung. Ein Vorteil von IMAP gegenüber POP3 ist, dass Sie auch Ordnerstrukturen, also Unterordner im Posteingang, mit dem E-Mail-Server des Anbieters abgleichen können. IMAP empfiehlt sich vor allem für Nutzerinnen und Nutzer, die Nachrichten nicht mit einer E-Mail-Anwendung auf einem PC abrufen oder schon unterwegs Nachrichten dauerhaft löschen wollen.

Microsoft Exchange ActiveSync: Diese Variante wiederum synchronisiert nicht nur E-Mails, sondern – falls verfügbar – auch Kontakte, Aufgaben und Termine. Allerdings unterstützen nur wenige Anbieter dieses Protokoll. Oftmals wird es von Unternehmen benutzt, die eigene E-Mail-Server betreiben. Die Vorteile von Exchange ActiveSync können Sie aber auch kostenlos mit einem Microsoft-Konto nutzen.

Der erste Blick in den Posteingang

Nach der Einrichtung des ersten Kontos öffnet sich der Posteingang. Eine Wischgeste von rechts nach links über eine E-Mail löscht die Nachricht – das Wischen von links nach rechts gibt die Aktionen *Verschieben*, *Schlummern*, *Gelesen* und *Antworten* frei.
Eine Wischgeste von oben nach unten aktualisiert das Postfach und prüft, ob inzwischen neue E-Mails eingetroffen sind. Ungelesene Nachrichten werden übrigens in Fettschrift dargestellt.
Tippen Sie auf eine E-Mail, um sie zu öffnen.

Weitere E-Mail-Konten anlegen

Sie haben mehrere E-Mail-Adressen – etwa privat, beruflich und vielleicht noch eine, die Sie nur für Newsletter nutzen? Das ist sinnvoll und mindert deutlich die Wahrscheinlichkeit, E-Mail-Spam auf Ihren wichtigeren E-Mail-Adressen zu erhalten. Sie können natürlich auch mehrere Accounts über Samsung *Email* abrufen.

1 Um ein weiteres Konto hinzuzufügen, gehen Sie auf die *drei übereinanderliegenden Striche* links oben und dann auf das *Zahnrad*-Symbol.

2 Hier tippen Sie auf *Konto hinzufügen*.

3 Anschließend führen Sie die Schritte wie auf Seite 48 beschrieben erneut aus.

Einstellungen der E-Mail-App

Tippen Sie auf die *drei übereinanderliegenden Striche*, um in die E-Mail-Übersicht zu gelangen.
Das Menü zeigt Ihnen eine Übersicht der hinterlegten E-Mail-Konten.

▶ **Sie können sich nur den Posteingang** eines Kontos oder aller Konten anzeigen lassen.

▶ **Unterhalb der Konten** findet sich zudem eine Ordnerliste – Zahlen rechts neben einem Ordner geben an, wie viele ungelesene Nachrichten sich darin befinden. Einen Ordner wählen Sie durch Antippen aus.

Die Einstellungen verbergen sich, wie zu erwarten war, hinter dem *Zahnrad*:

▶ **Tippen Sie auf** die *drei Punkte* oben rechts, um das Standardkonto auszuwählen. Dieses Konto wird dann automatisch zum Versand von E-Mails benutzt.

▶ **Tippen Sie auf ein Konto**, um dessen Einstellungen zu ändern.

▶ **Stellen Sie ein**, wie häufig die App Nachrichten dieses Kontos abrufen soll, und ob die gesamte Nachricht oder nur ein Teil geladen werden soll. Wer viel unterwegs ist und ein kleines Datenvolumen hat, sollte selten abrufen oder sich mit 2 KB oder 50 KB begnügen. *Nur Kopfzeilen* bedeutet, dass sich der automatische Abruf auf den Namen des Absenders und die Betreffzeile beschränkt. Die vollständige Nachricht können Sie stets immer noch herunterladen, sobald Sie die E-Mail geöffnet haben. Wägen Sie auch ab, ob Sie pro eingerichtetem E-Mail-Konto immer auf dem aktuellen Stand sein wollen (bzw. müssen) oder ob Ihnen auch ein paar Stunden Funkstille nichts ausmachen.

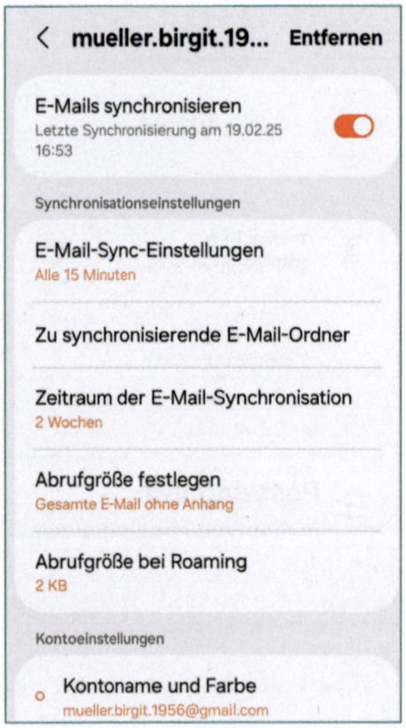

▶ **Bearbeiten Sie bei Bedarf** dort auch die Signatur, den Kontonamen und Ihren eigenen Namen.

▶ **Die Option** *Bilder anzeigen* sollten Sie deaktivieren. Das spart Daten und verhindert, dass der Absender feststellen kann, ob Sie die Nachricht gelesen haben. Das kann auch das Spam-Aufkommen reduzieren.

▶ **Außerdem können Sie festlegen**, dass bei einer bestehenden WLAN-Verbindung Dateianhänge automatisch heruntergeladen werden. Bei einer Mobilfunkverbindung müssen Sie Anhänge stets manuell herunterladen.

- **Ein Tippen auf** *Entfernen* (rechts oben) löscht das Konto mit allen Nachrichten.

E-Mails bearbeiten

Um eine E-Mail weiterzuleiten oder zu beantworten, müssen Sie sie öffnen. Ihnen stehen nun folgende Bedienelemente zur Verfügung:

- Am unteren Bildrand ist die Symbolleiste mit den Befehlen *Antworten*, *Weiterleiten* und *Löschen*.
- Der *Pfeil* oben links bringt Sie zurück zum Postfach.
- Die *Pfeile* rechts oben erlauben eine Navigation durch die E-Mails im Postfach oder Ordner.
- Darunter findet sich die *Betreffzeile*.
- Der oder die *Absender* werden unter der Betreffzeile angezeigt.
- Nun folgt ein möglicher *Dateianhang*, den Sie über *Speichern* auf Ihrem Smartphone ablegen können.
- Erst dann folgt der eigentliche *Nachrichtentext*.

Tippen Sie auf *Antworten* oder *Weiterleiten*, um auf eine Nachricht zu reagieren. Die Antwort geht übrigens stets an den Absender und zitiert den Text der ursprünglichen Nachricht.

- Beim *Weiterleiten* müssen Sie den Empfänger auswählen. Dafür wird neben dem Nachrichtentext auch die Anlage übernommen und weitergeleitet – eine Antwort erfolgt immer ohne die ursprüngliche Anlage.

Eine neue E-Mail schreiben

Egal welchen Ordner eines Kontos Sie gerade ausgewählt haben, über das *Plus*-Symbol in der rechten unteren Ecke rufen Sie den Dialog zum Schreiben einer neuen E-Mail auf.

1 Geben Sie die Adresse des Empfängers ein oder wählen Sie sie über das *Kontakte*-Symbol aus dem Adressbuch aus. Selbstverständlich können Sie auch Nachrichten an mehrere Empfänger gleichzeitig verschicken. Bei manueller Eingabe trennen Sie die Adressen mit einem Komma.

2 Der *nach unten gerichtete Pfeil* neben dem *Kontakte*-Symbol öffnet die Felder *Cc* (englisch: Carbon Copy, also Kopie) und *Bcc* (englisch: Blind Carbon Copy, also Blindkopie), um dort bei Bedarf ebenfalls Empfänger einzutragen. Empfänger im Feld Bcc sehen nicht, welche anderen Personen diese E-Mail erhalten haben. Die Adressen in den Feldern *An* und *Cc* sind für alle Empfänger der E-Mail sichtbar.

3 Wenn Sie mehrere Konten eingerichtet haben, können Sie noch entscheiden, mit welchem Konto diese Nachricht verschickt wird. Voreingestellt ist das Konto, das Sie bei der Einrichtung als Standardkonto festgelegt haben.

4 Nun können Sie des Weiteren einen Betreff und einen Nachrichtentext hinzufügen. Dazu stehen in der Leiste oberhalb der Tastatur verschiedene Formatierungsfunktionen zur Verfügung, um beispielsweise die Schriftgröße und -farbe zu ändern.

5 Über das *Klammer*-Symbol am oberen Bildrand können Sie ein auf Ihrem Galaxy-Smartphone gespeichertes Dokument oder Foto verschicken.

6 Das *Menü* hält als Zusatzfunktionen die Speicherung der Nachricht als Entwurf, die Festlegung einer Priorität und die Deaktivierung der Rich-Text-Formatierung bereit. Letzteres kann sinnvoll sein, wenn Ihre Nachrichten beim Empfänger nicht korrekt dargestellt werden.

7 Tippen Sie nach Abschluss aller Eingaben auf das pfeilförmige *Senden*-Symbol rechts oben, um die Nachricht zu verschicken.

E-Mail-Nachricht als Entwurf speichern oder ganz löschen

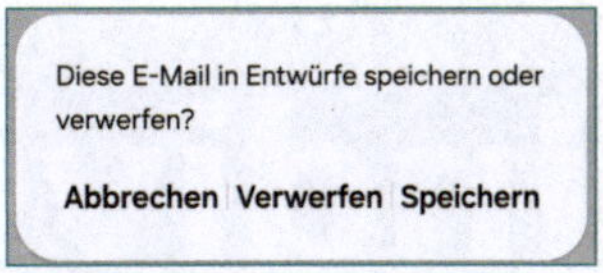

Falls Sie die Nachricht doch nicht verschicken wollen, tippen Sie auf das *Kreuz* links oben. Mit *Verwerfen* wird der Vorgang beendet und der Entwurf gelöscht.
Falls Sie den Entwurf behalten wollen, um ihn später vielleicht doch noch zu verschicken, tippen Sie auf *Speichern*. In dem Fall landet die Nachricht im Ordner *Entwürfe*.

Spam-E-Mails blockieren

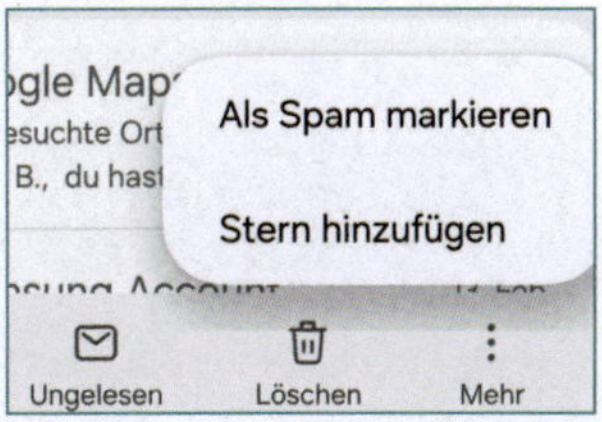

Unerwünschte E-Mails, auch Spam genannt, sind ein Problem, das fast genauso alt ist wie die E-Mail selbst. Samsungs E-Mail-App hat zwar keinen eigenen Spam-Filter – da sollten Sie sich auf den Filter Ihres E-Mail-Anbieters verlassen –, aber eine Funktion, um E-Mails als Spam zu markieren.

1 Tippen und Halten Sie die Spam-E-Mail im Posteingang, bis der Auswahlmodus aktiviert ist. Die Spam-Nachricht ist direkt mit einem Haken versehen.

2 Wählen Sie bei Bedarf weitere Nachrichten durch Antippen aus.

3 Gehen Sie nun auf das Menü (*drei Punkte*) unten links und tippen Sie auf *Als Spam markieren*. Künftig landen alle Nachrichten dieses Absenders im Spam-Ordner und nicht mehr im Posteingang.

4 Über die Einstellungen der E-Mail-App (*Zahnrad*-Symbol) lassen sich die Spam-Adressen anschließend verwalten.

Individuelle Einstellungen

Es sind die Apps, die aus Ihrem Samsung Galaxy ein smartes Telefon machen. Optische und akustische Details wie Hintergrundbilder und Signaltöne geben Ihrem Gerät schließlich den letzten Schliff.

Die App-Stores Google Play und Galaxy Apps

Apps sind das Herzstück eines Smartphones. Mit ihnen lässt sich der Funktionsumfang Ihres Galaxy S25 nahezu unbegrenzt erweitern. Samsung liefert seine Smartphones ab Werk bereits mit einigen Apps aus. Neben selbst entwickelten Anwendungen für verschiedene Grundfunktionen zählen dazu auch Apps von Google, Microsoft und Facebook. Außerdem hält Ihr Smartphone die offiziellen App-Marktplätze Google Play und Samsung Galaxy Store für Sie bereit. Die Symbole beider Marktplätze sind Ihnen vielleicht schon auf dem Startbildschirm aufgefallen.

Das App-Angebot im Play Store im Überblick

Im Play Store bietet Google kostenlose und kostenpflichtige Apps und Spiele an – viele Gratisanwendungen sind allerdings werbefinanziert, so sehen Sie beispielsweise am unteren Bildrand Onlineanzeigen, während Sie die App nutzen. Einige Entwickler setzen zudem auf sogenannte In-App-Käufe, um Geld zu verdienen. Sie können gegen Zahlung einer Gebühr zusätzliche Funktionen freischalten oder die Einblendung von Werbung unterbinden.

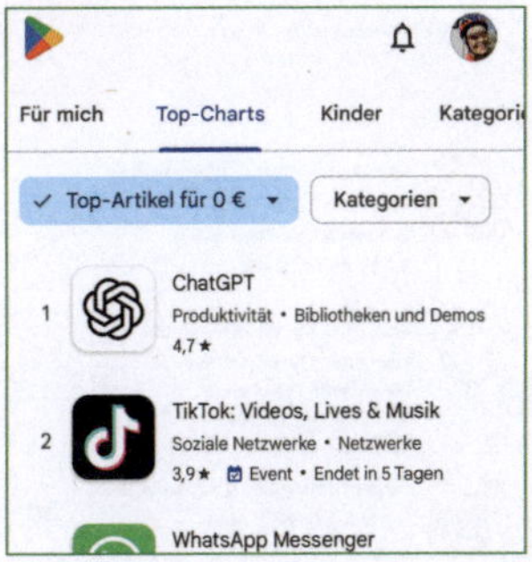

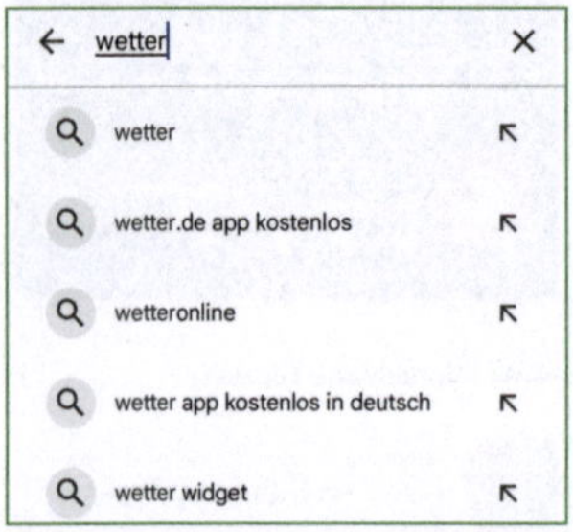

Google setzt bei der Bedienung des Play Store auf die bekannten Registerkarten (am unteren Bildrand), um sein Angebot zu gliedern. Je nach gewählter Kategorie ändern sich dann auch die Optionen der zweiten Tab-Reihe (am oberen Bildrand). Die Startseite gibt Ihnen beispielsweise Zugriff auf von Google zusammengestellte Inhalte (*Für mich*), die *Top-Charts* und die verschiedenen App-Kategorien. Die Tab-Leisten lassen sich übrigens per Wischgeste hin- und herbewegen.

Empfehlungen von Google basieren nicht nur auf Verkaufszahlen und Bewertungen von Apps, sondern auch auf den von Ihnen bereits genutzten Anwendungen sowie weiteren Daten, die Google über Sie sammelt. Je mehr Daten Google von Ihnen hat, desto besser werden diese Empfehlungen. Wie Sie die Neugier von Google einschränken, erfahren Sie im Kapitel „Sicherheit und Datenschutz" ab Seite 138.

Die erste App installieren

Entweder Sie wählen eine der vorgeschlagenen Apps durch Antippen aus oder Sie suchen gezielt nach einer App, indem Sie ein Schlüsselwort wie „Wetter" in das Suchfeld am oberen Bildrand eingeben, auf das Lupensymbol auf der Tastatur tippen und sich für eines der Suchergebnisse entscheiden.

Die Übersicht einer App, die Sie durch Antippen öffnen, hält zahlreiche Informationen bereit, die Ihnen bei der Auswahl der richtigen App helfen können:

▶ **Unter dem Namen der App** sehen Sie den Namen des Anbieters sowie Hinweise auf In-App-Käufe und eine Werbefinanzierung.

▶ **Darunter wird die durchschnittliche Bewertung** (die Bestnote zählt fünf Sterne), die Zahl der

Bewertungen sowie die Zahl der Installationen angezeigt. Bei Apps mit mindestens vier Sternen ist die Wahrscheinlichkeit hoch, dass auch Sie damit zufrieden sind. Auch Downloads im Bereich von mehreren Hunderttausend oder gar Millionen sind auf alle Fälle ein Qualitätsmerkmal.

▶ **Trotzdem sollten Sie** nach unten scrollen und unter *Bewertungen & Rezensionen* einen Blick auf die neuesten Nutzerinnen- und Nutzerkommentare werfen. Sie geben nämlich in der Regel Auskunft über den aktuellen Qualitätsstand einer App. Qualitätsschwankungen schlagen sich erst mit einer gewissen zeitlichen Verzögerung in der Durchschnittsnote nieder.

Entspricht die App Ihren Vorstellungen, steht einer Installation nichts mehr im Wege.

1 Tippen Sie auf die *Installieren*-Schaltfläche im oberen Bereich des Eintrags.

2 Gegebenenfalls fordert Sie der Play Store nun auf, die Einrichtung abzuschließen.

3 Konkret möchte Google, dass Sie eine *Zahlungsmethode* hinterlegen. Falls Sie aber nicht vorhaben, regelmäßig Inhalte im Play Store zu erwerben, sollten Sie auf *Überspringen* klicken und keine Zahlungsmethode hinterlegen. Dadurch ist sichergestellt, dass Unbefugte keine kostenpflichtigen Einkäufe in Ihrem Namen tätigen können.

Die frisch installierte App lässt sich anschließend direkt öffnen. Außerdem finden Sie das Symbol der App im App Drawer und je nach Einstellung (siehe Seite 67) auf dem Startbildschirm.

Das Menü im Google Play Store

Das *Profilbild* am rechten Rand des Suchfelds öffnet das Menü von Google Play.

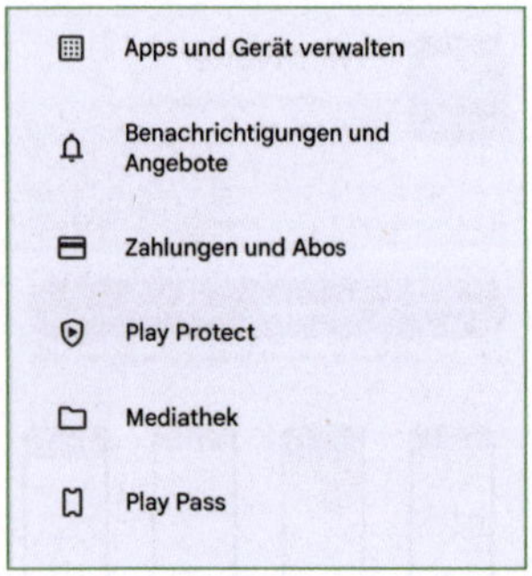

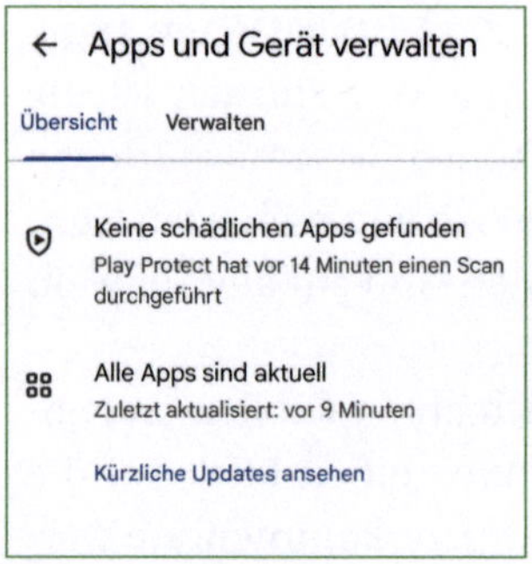

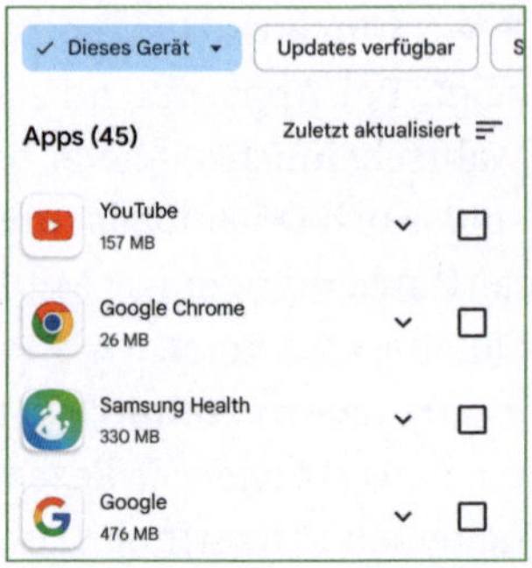

▶ Unter *Apps und Gerät verwalten* sehen Sie anstehende App-Updates, den mit Apps belegten Speicherplatz und das Ergebnis des letzten Sicherheitsscans mit Play Protect.

▶ *Verwalten* zeigt alle Apps, die auf Ihrem Gerät installiert sind.

▶ *Installiert* zeigt alle Apps an, die Ihrem Google-Konto zugeordnet, aber nicht installiert sind.

▶ **Hier rufen Sie auch** die verfügbaren *Updates* auf oder lassen sich Ihre *Spiele* anzeigen.

▶ **Vom *Menü* aus** können Sie Ihr Google-Konto verwalten und Ihre Zahlungsmethoden bearbeiten. Sie können sich aber auch Ihr Play-Store-Konto anzeigen lassen, eine weitere Zahlungsmethode hinzufügen oder Benachrichtigungen des Play Store einsehen.

▶ *Play Protect* ist Googles „Virenscanner“ für Android-Apps. Er prüft nicht nur die Apps, die Sie über den Play Store beziehen, sondern alle auf Ihrem Gerät installierten Apps.

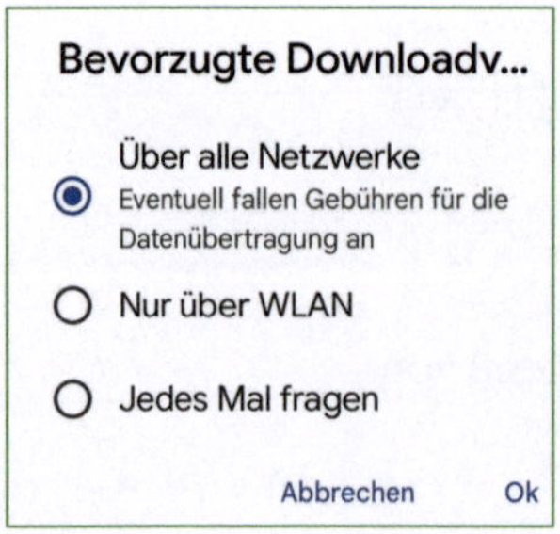

▶ **In den *Einstellungen*** sollte die bevorzugte Downloadvariante für Apps *Nur über WLAN* lauten. Zudem können Sie festlegen, ob für Käufe eine Authentifizierung erforderlich ist, sprich der Play Store Ihr Google-Passwort abfragen soll.

▶ **Dort finden Sie auch** den *Jugendschutzfilter*, den Sie aktivieren sollten, falls Sie Ihr Gerät mit Minderjährigen teilen.

Samsungs App-Angebot: Galaxy Store

Der Samsung App Store ist im Vergleich zu Googles App-Angebot nicht konkurrenzfähig – abgesehen von wenigen Apps, die Samsung nur über seinen eigenen Marktplatz vertreibt. Zudem bietet Samsung nur dort Themes und Hintergrundbilder an (siehe Seite 64). App-Updates können Sie über das Menü (*drei Balken* unten rechts) abrufen. Beachten Sie, dass einige der vorinstallierten Samsung-Apps ausschließlich über den Play Store aktualisiert werden.

Apps platzieren und deinstallieren

Alle neu installierten Apps finden Sie im App Drawer, den Sie selbstverständlich ebenfalls Ihren Vorlieben anpassen können.

1 Tippen und halten Sie das Symbol einer App im App Drawer für etwa eine Sekunde.

2 Es erscheint ein Kontextmenü mit – je nach App – unterschiedlichen Funktionen. Stets dabei sind die Optionen *Auswählen*, *Zu Start hinzufügen* und oben rechts das *I*-Symbol für App-Infos.

3 Nicht alle Apps lassen sich deinstallieren oder deaktivieren oder besitzen ein Widget.

4 Tippen Sie auf *Zu Start hinzufügen*, um das Symbol auf dem Startbildschirm zu platzieren. Alternativ können Sie das Symbol der App im Drawer länger tippen und halten, bis der Startbildschirm erscheint.

5 Bewegen Sie das Symbol, während Sie es halten, zu der Stelle, an der Sie es ablegen wollen, und lassen Sie es dort wieder los. Oder schieben Sie es in die linke obere Ecke des Bildschirms, um den Vorgang abzubrechen.

6 Soll das Symbol auf einen zweiten Startbildschirm, schieben Sie es einfach zum rechten Bildrand. Falls Sie

zwischendurch losgelassen haben, müssen Sie lediglich erneut tippen, halten und verschieben.

7 Am rechten Bildrand erscheint kurzzeitig ein heller Rand, bevor Sie zum nächsten Startbildschirm wechseln. Alle zusätzlichen Startbildschirme erscheinen übrigens rechts vom vorherigen. Per Wischgeste von links nach rechts beziehungsweise von rechts nach links blättern Sie zwischen den Startbildschirmen hin und her.

8 Wiederholen Sie diesen Vorgang mit allen Apps, deren Symbole Sie auf dem Startbildschirm haben wollen.

9 Tippen und halten Sie ein Symbol auf dem Startbildschirm für eine Sekunde, um über das Kontextmenü die App zu *deinstallieren* oder *vom Startbildschirm zu entfernen*.

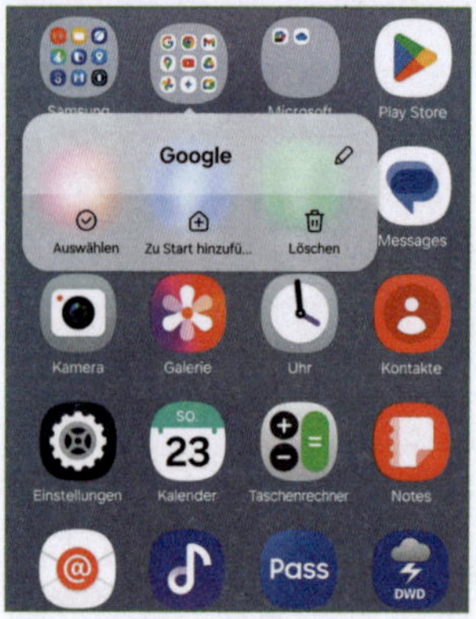

10 Über *Elemente auswählen* im Kontextmenü aktivieren Sie auf dem Startbildschirm und im App Drawer einen Bearbeitungsmodus, um mehrere Apps gleichzeitig zu deinstallieren oder in einem gemeinsamen Ordner abzulegen.

11 Sie können die markierten Apps zudem antippen und halten, um sie als Gruppe auf dem Startbildschirm oder innerhalb des App Drawers zu verschieben.

12 Darüber hinaus lassen sich mehrere Symbole auch in einem Ordner ablegen. Tippen Sie nach der Auswahl oben rechts auf *Ordner erstellen* und geben Sie dem Ordner einen Namen. Über den *Punkt* neben dem Namensfeld lässt sich die Hintergrundfarbe des Ordnersymbols ändern.

13 Eine einzelne App fügen Sie zu einem Ordner hinzu, indem Sie deren Symbol tippen und halten und auf den Ordner verschieben. Sobald das Symbol des Ordners etwas größer wird, können Sie die App loslassen.

14 Ordner haben ebenfalls ein Kontextmenü, und zwar für die Befehle *Elemente auswählen* und *Ordner*

löschen. Letzteres löst den Ordner auf und legt die Symbole wieder einzeln im App Drawer ab.
Freilich können Sie auch die Symbole des Anwendungs-Docks am unteren Bildrand ändern. Gehen Sie hier genauso vor wie beim Startbildschirm, also Symbole per Tippen und Halten aufnehmen und verschieben. Das Dock nimmt maximal fünf Symbole auf – es können auch weniger sein.

Widgets auf dem Startbildschirm

Dem Startbildschirm ist eine besondere Art von App-Verknüpfung vorbehalten. Die sogenannten Widgets sind interaktive App-Symbole, die ausgewählte Informationen in Echtzeit liefern.
Ein Beispiel ist das vorinstallierte Wetter-Widget von Samsung, das Sie über das Wetter an Ihrem aktuellen Standort informiert und zudem durch Antippen die Wetter-App startet.

1 Tippen Sie und halten Sie auf einer freien Stelle des Startbildschirms gedrückt, um dessen Menü zu öffnen.

2 Tippen Sie in der Symbolleiste am Bildrand unten auf *Widgets*.

3 Es öffnet sich eine Übersicht mit allen verfügbaren Widgets, die sich per Wischgeste durchblättern lassen.

4 In der Übersicht wird der Name des Widgets beziehungsweise der zugehörigen App angezeigt und daneben die Zahl der für diese App verfügbaren Widgets.

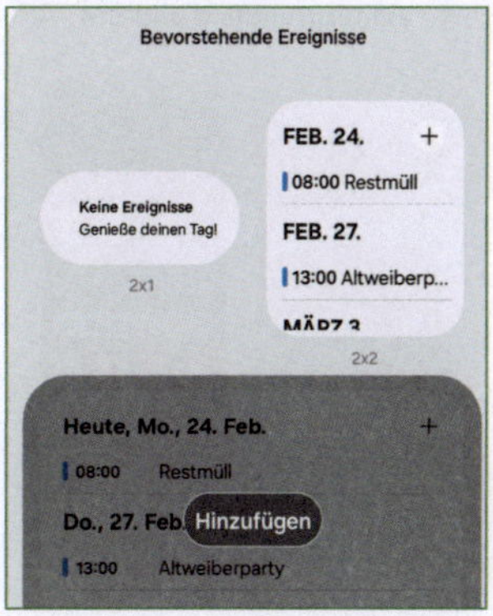

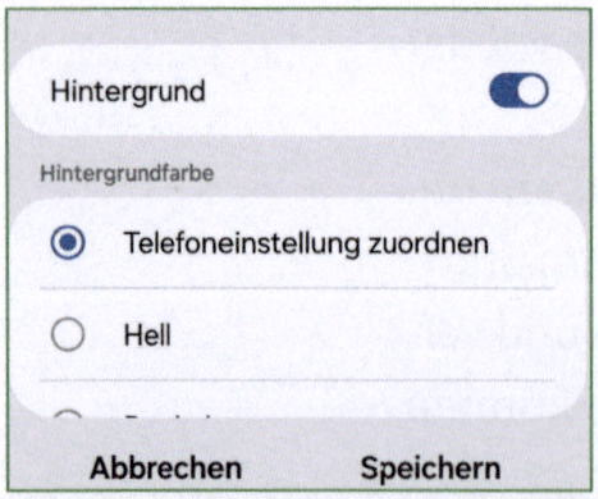

5 Tippen Sie auf den Eintrag, um alle Widgets einer Apps sowie deren Größe zu sehen.

6 Tippen Sie auf das Widget Ihrer Wahl und anschließend auf *Hinzufügen*, um es zum Startbildschirm hinzuzufügen. Einige Widgets zeigen Ihnen anschließend noch weitere Optionen an.

7 Im Fall des E-Mail-Widgets können Sie per Wischgeste durch den Posteingang blättern und eine E-Mail per Tippen darauf öffnen. Die Symbole am oberen Rand lassen Sie eine neue E-Mail schreiben oder das Widget nach neuen E-Mails suchen.

8 Tippen und halten Sie das Widget, um ein Kontextmenü zu öffnen, worüber Sie es entfernen oder seine Einstellungen ändern können (Einstellungen nicht für alle Widgets verfügbar). Wie ein App-Symbol lassen sich auch Widgets durch Tippen und Halten verschieben – auch auf einen neuen Startbildschirm.

9 Sobald Sie das Widget wieder loslassen, erscheint zudem ein farbiger Rahmen mit Punktmarkierungen, über die Sie die Größe des Widgets ändern können. Diese Option funktioniert jedoch nicht bei allen Widgets.

Hintergrund und Themes ändern

Wählen Sie im Menü des Startbildschirms *Hintergrundbild und Stil*. Es öffnet sich eine Übersicht mit der aktuellen Auswahl für Start- und Sperrbildschirm und den Optionen für neue Hintergrundbilder.

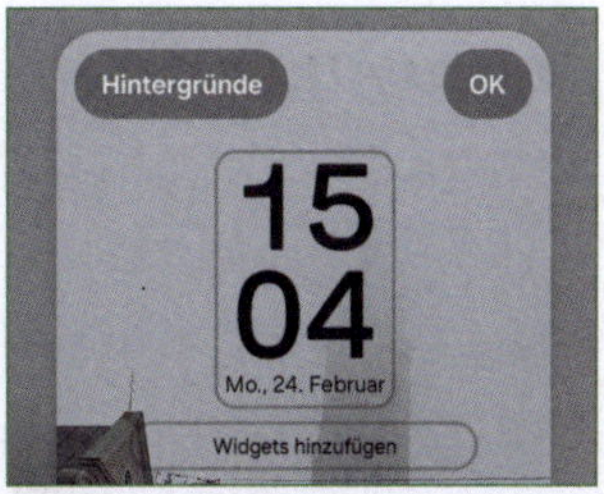

▶ **Sperrbildschirm:** Tippen Sie auf *Hintergrundbild ändern*, um über die *Galerie* ein oder mehrere eigene Fotos auszuwählen. Sie können auch die vorinstallierten Hintergrundbilder nutzen oder weitere über den Galaxy Store abrufen. Ein *dynamischer Sperrbildschirm* zeigt bei jedem Entsperrvorgang ein anderes Bild.

▶ **Startbildschirm:** Hier können Sie nur ein Bild auswählen – ein eigenes oder eines von Samsung.

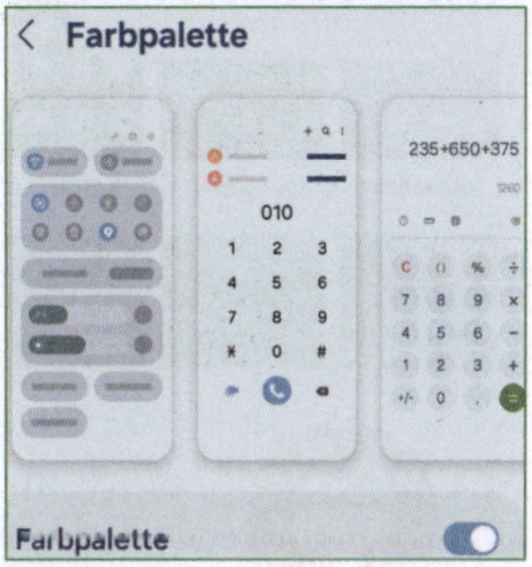

1 Legen Sie nun fest, ob das Bild für den Start-, den Sperr- oder beide Bildschirme benutzt werden soll.

2 In der Vorschau können Sie das Bild positionieren, vergrößern, verkleinern oder mit Effekten und einem Rahmen versehen. Tippen Sie auf *OK*, um das Bild zu übernehmen.

3 Bei Bedarf können Sie auch über Farbpalette die Bedienelemente farblich an das Hintergrundbild anpassen. Die Vorschau im oberen Bereich zeigt die neuen Farben an. Zum Abschluss müssen Sie Ihre Änderungen über die Schaltfläche am unteren Bildrand anwenden.

4 Die Farbpalette lässt sich in den *Einstellungen* für das Hintergrundbild auch nachträglich verändern.

Themes und Symbole ändern

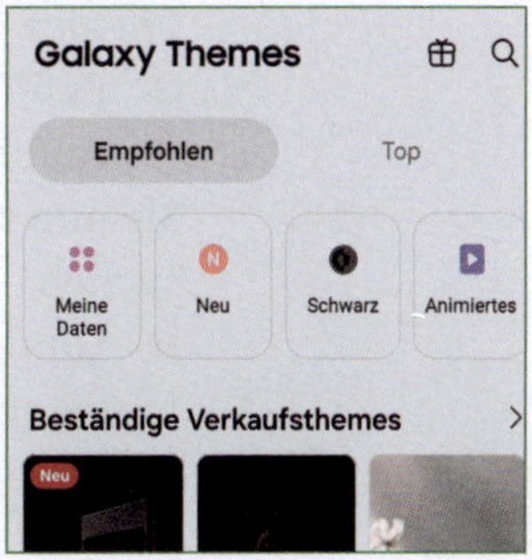

Im Themes Store bietet Samsung Ihnen eine Vielzahl von Design-Themen, Hintergründen und Symbolen an. Tippen Sie oben auf die Registerkarte *Top*, um sich die beliebtesten kostenpflichtigen und kostenlosen Themes anzeigen zu lassen. Tippen Sie für Details wie Screenshots des Themes auf einen Eintrag. Falls Sie das Theme installieren wollen, tippen Sie unten auf den *Preis* oder auf *Download*. Danach muss das Theme noch angewendet werden. Um das Design-Thema zu

ändern, gehen Sie wieder in Galaxy Themes (über das *Menü des Startbildschirms*), wählen das *Menü* (unten rechts) und tippen dann auf *Meine Daten*. In der Übersicht finden Sie nicht nur das Standardthema, sondern auch alle vorinstallierten und gekauften Hintergründe, Symbole und Always On Displays (AODs). Achtung: Nachträglich geänderte Details wie eigene Hintergrundbilder gehen bei jedem Wechsel des Themes verloren. Wie Sie eigene Themes erstellen und speichern können, erfahren Sie auf Seite 177 (siehe „*Theme Park*“).

Galaxy Themes

Ein weiteres Gestaltungselement, das Sie anpassen können, ist das sogenannte „Thema“ (englisch: Theme). Es setzt sich aus den Hintergrundbildern für Start- und Sperrbildschirm, den App-Symbolen, Farbakzenten und der Schriftart zusammen.
Sie können diese Elemente einzeln ändern oder direkt das ganze Theme wechseln.

Theme wechseln

1 Tippen und halten Sie eine freie Stelle des Startbildschirms, um erneut dessen Menü zu öffnen.
2 Wählen Sie nun in der Symbolleiste am unteren Bildrand *Themes*.
3 Es öffnet sich die App *Galaxy Themes*.
4 Ähnlich wie im Play Store oder dem Galaxy App Store können Sie nun nach neuen Themes, Hintergrundbildern oder Symbolen suchen.
5 Hinter *AODs* verbirgt sich die Funktion Always On Display (siehe „Immer informiert …“, Seite 70).

Symbole ändern

Hier verfahren Sie grundsätzlich genauso wie bei den Hintergrundbildern oder Themes. Alle erworbenen Symbole werden Ihnen unter *Meine Daten* oben in der Registerkarte Symbole angezeigt. Im Store können Sie sich Symbole ebenfalls – nach kostenlos und kostenpflichtig sortiert – anzeigen lassen. Ab Werk sind aber nur die Standardsymbole von Samsung installiert.

Einstellungen des Startbildschirms

Rufen Sie durch Tippen und Halten erneut das Menü des Startbildschirms auf und wählen Sie unten rechts die *Einstellungen*.

- **App-Größe:** Passen Sie die Größe von App-Symbolen und Widgets an und blenden Sie bei App- und Widget-Beschriftungen bei Bedarf ein oder aus.
- **Startbildschirmlayout:** Hier ist die Option *Start- und App-Bildschirm* voreingestellt. Das bedeutet, Sie haben einen oder mehrere frei konfigurierbare Startbildschirme und zusätzlich den App Drawer, in dem sich alle Apps befinden.
  Die Option *Nur Startbildschirm* schaltet indes den App Drawer aus. Stattdessen finden Sie nun alle Apps auf weiteren Seiten des Startbildschirms, was dem Bedienkonzept von Apples iPhone entspricht.
- **Startbildschirmgitter:** Sie können die App-Symbole auf dem Startbildschirm in Rastern von 4 mal 5, 4 mal 6, 5 mal 5 oder 5 mal 6 Symbolen anordnen. Je feiner das Raster ist, desto kleiner werden die Symbole.

- **App-Bildschirmgitter:** Dieselbe Einstellung bietet Samsung auch für den App Drawer an.
- **Ordnerraster:** Auch für die Apps, die Sie auf dem Startbildschirm und im App Drawer in Ordnern gruppieren, lässt sich ein Raster festlegen.
- **Ältere Galaxy-Smartphones** haben im Anwendungs-Dock ein eigenes Symbol für den App Drawer. Sie können sich dieses aber auch auf neueren Geräten anzeigen lassen. Holen Sie es bei Bedarf mit der Option *App-Bildschirm-Schaltfläche* zurück. Die App-Schaltfläche reduziert die Zahl der App-Symbole im Dock von fünf auf vier.
- **Sperren Sie das Layout** des Startbildschirms, um versehentliche Änderungen zu verhindern.
- **Legen Sie außerdem fest,** ob aus dem Play Store neu heruntergeladene Apps automatisch zum Startbildschirm hinzugefügt werden.
- **Apps ausblenden:** Markieren Sie Apps, die nicht im App Drawer und auf dem Startbildschirm erscheinen sollen, durch Antippen. Die Apps sind jedoch weiterhin installiert.

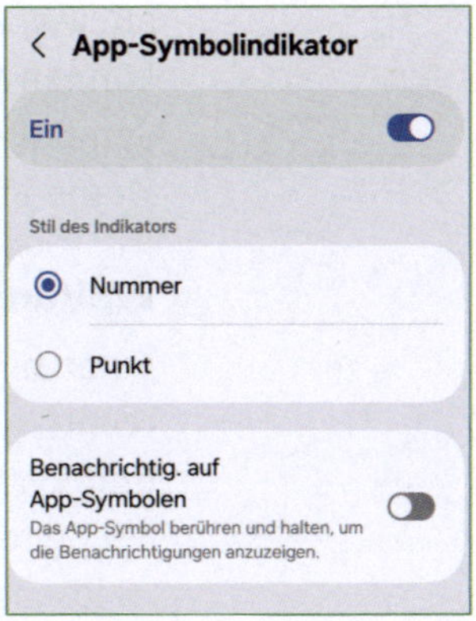

- **App-Symbolindikator:** Zahlen in der rechten oberen Ecke eines Symbols zeigen Ihnen die Zahl der neuen Ereignisse für diese App an. Alternativ steht Ihnen ein Indikator ohne Zahl zur Verfügung. Oder Sie schalten den Indikator vollständig ab.
- **Benachrichtigungsfeld schnell öffnen:** Standardmäßig müssen Sie vom oberen Bildschirmrand aus wischen, um eine Benachrichtigung einzublenden. Bei großen Bildschirmen ist das einhändig ohne eine gewagte Handbewegung, bei der das Samsung Galaxy herunterfallen könnte, kaum möglich.

Ändern Sie daher bei Bedarf diese Option, um mit einer Wischgeste von oben nach unten über eine beliebige Stelle des Startbildschirms das Benachrichtigungsfeld einzublenden. Nachteil dieser neuen Variante ist lediglich, dass Sie nun den App Drawer nur noch mit einer Wischgeste von unten nach oben öffnen können – oder über die Menütaste in der Menüleiste unten.

- **In Querformat drehen:** Ändern Sie diese Option, damit der Startbildschirm auch im Querformat angezeigt wird. Die Einstellung gilt auch für den App Drawer. Die Navigationsleiste verbleibt jedoch am kurzen Bildrand.

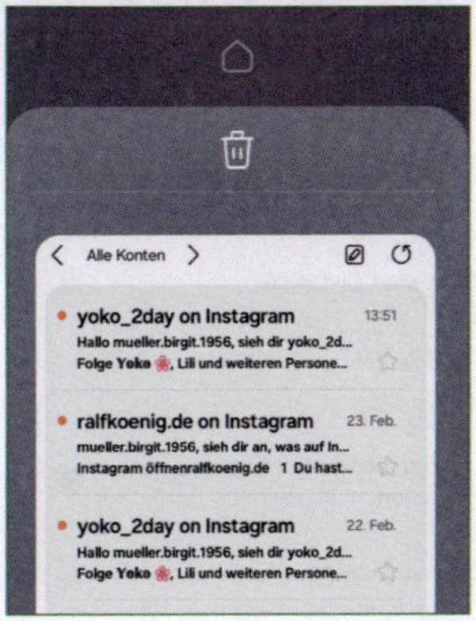

Home-Bildschirm ändern, Startbildschirme verwalten

Der Home-Bildschirm ist stets die Seite, die durch Drücken der *Home*-Taste angezeigt wird. Sie erkennen ihn am *weißen Haus*-Symbol. Auch die Position des Home-Bildschirms können Sie verändern. Oder Sie tippen auf das *ausgegraute Haus*-Symbol einer anderen Startseite und machen diese dadurch zum Home-Bildschirm.

Weiteren Home-Bildschirm hinzufügen

Einen neuen Startbildschirm fügen Sie hinzu, indem Sie ganz nach rechts scrollen und auf das *Plus*-Zeichen tippen. Tippen, halten und verschieben Sie einen Startbildschirm, um die Reihenfolge der Seiten zu verändern. Um zusätzliche Startbildschirme wieder zu löschen, öffnen Sie das Menü des Startbildschirms und blättern zum zu löschenden Startbildschirm. Ein Klick auf das *Papierkorb*-Symbol entfernt die Seite samt den dort hinterlegten Widgets und App-Symbolen.

Sperrbildschirm anpassen

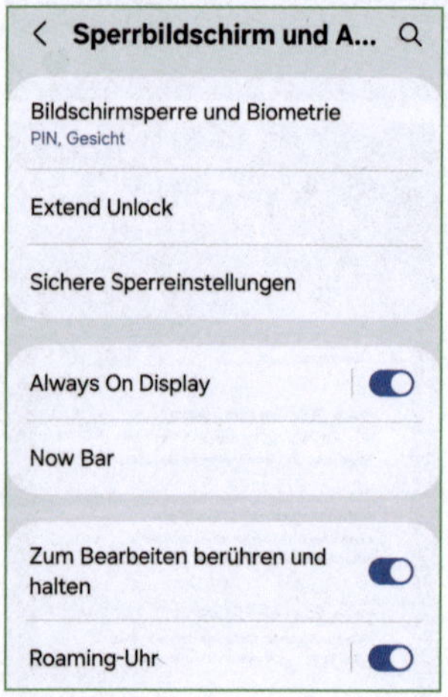

In der *Einstellungen*-App (*Zahnrad*-Symbol) im App Drawer können Sie nicht nur das Aussehen des Sperrbildschirms anpassen, sondern auch verschiedene sicherheitsrelevante Einstellungen vornehmen (siehe auch Kapitel „Sicherheit und Datenschutz“, S. 138).

Immer informiert: Das Always On Display

Fangen wir also mit dem Always On Display an, das Samsung meist nur Geräten der mittleren und oberen Preisklasse spendiert. Diese Funktion zeigt bestimmte Informationen wie Datum, Uhrzeit und Benachrichtigungssymbole „besonders stromsparend“ auf dem eigentlich ausgeschalteten Display an.

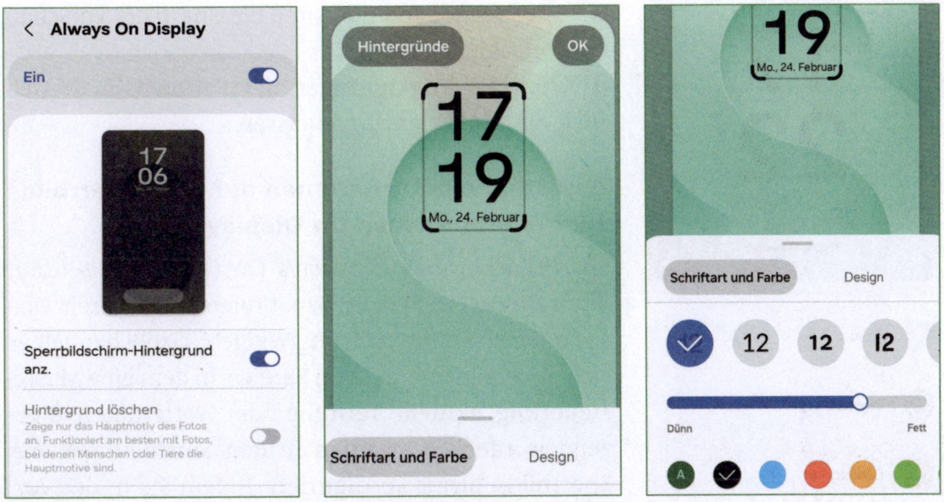

1 Legen Sie fest, ob das Always On Display immer aktiv sein soll, nur durch Tippen, zu bestimmten Zeiten oder nur bei neuen Benachrichtigungen angezeigt wird.

2 Das Always On Display lässt sich bei Bedarf aber auch über die Schnellzugriffe ein- und ausschalten.

3 Legen Sie nun noch fest, ob die KI-Funktion *Now Bar* angezeigt werden soll. Sie fasst aktuelle Informationen zu Wetter, Terminen und anderen Themen mithilfe von künstlicher Intelligenz zusammen.

Aussehen des Always On Displays ändern

Das Design des Always On Displays wird vor allem durch die Uhr bestimmt, die Sie nun konfigurieren können.

1 Tippen Sie in den Einstellungen des Startbildschirms auf *Hintergrund und Stil* und dann auf das Vorschaubild des Sperrbildschirms.

2 Nun können Sie auf die Uhr tippen, um deren Schriftart, Farbe und Design zu ändern.

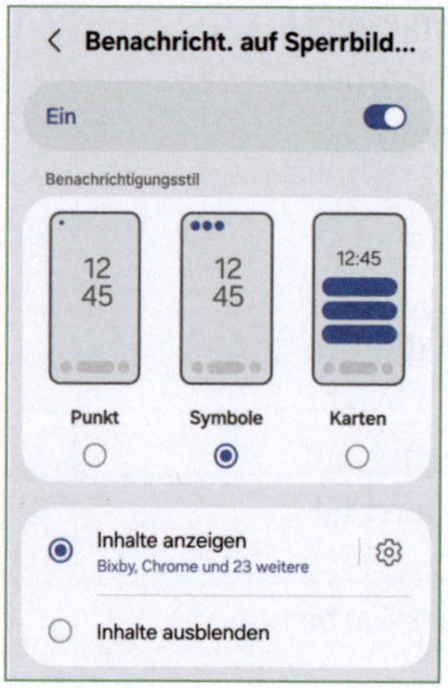

3 Oder Sie tippen und halten die Uhr in der Vorschau und verschieben Sie.

4 Über die Markierungen des Rahmens lässt sich auch die Größe der Uhr anpassen.

Zusätzliche Informationen auf dem Sperrbildschirm und Always On Display

Sperrbildschirm und Always On Display halten auf Wunsch noch weitere Informationen für Sie bereit. Diese Funktion nennt Samsung Widgets. Dabei handelt es sich um einen interaktiven Bereich, in dem eine Musiksteuerung, aktuelle Termine oder Wetterdaten angezeigt werden. Sie werden in den Einstellungen des Sperrbildschirms konfiguriert, indem Sie in der Vorschau des Sperrbildschirms unterhalb der Uhr auf *Widgets* tippen.

1 Tippen Sie auf ein Widget, um die zugehörige App zu öffnen – dafür müssen Sie selbstverständlich Ihr Smartphone entsperren.

2 Die Reihenfolge der Widgets ändern Sie, indem Sie in der Vorschau der Sperrbildschirms den Widget-Bereich antippen und halten, um den Bearbeitungsmodus zu aktiveren. Nun können Sie ein Widget tippen und halten, um es zu verschieben, oder ein Widget über das Minus-Zeichen wieder entfernen.

Benachrichtigungen auf dem Sperrbildschirm

Ihr Galaxy-Smartphone zeigt Ihnen auf dem Sperrbildschirm auch Benachrichtigungen an. Welche Informationen dort für Sie – oder eben auch Unbefugte – zu sehen sind, ohne das Gerät zu entsperren, muss jeder für sich entscheiden.

1 Öffnen Sie in der *Einstellungen*-App den Punkt *Benachrichtigungen* und wählen Sie *Benachrichtigungen auf Sperrbildschirm*.
2 Legen Sie fest, ob Sie überhaupt bei gesperrtem Gerät benachrichtigt werden wollen.
3 Entscheiden Sie sich nun, ob Sie Punkte, Symbole oder Karten als Benachrichtigungen sehen wollen.
4 Über das *Zahnrad*-Symbol lässt sich einstellen, für welche Apps Inhalte auf dem Sperrbildschirm angezeigt werden sollen.
5 Sie können die Anzeige von Inhalten aber auch generell für alle Apps deaktivieren.
6 Oder Sie entscheiden sich dafür, nur Benachrichtigungen für Erinnerungen zu erhalten. Stumme Benachrichtigungen werden in dem Fall nicht angezeigt.

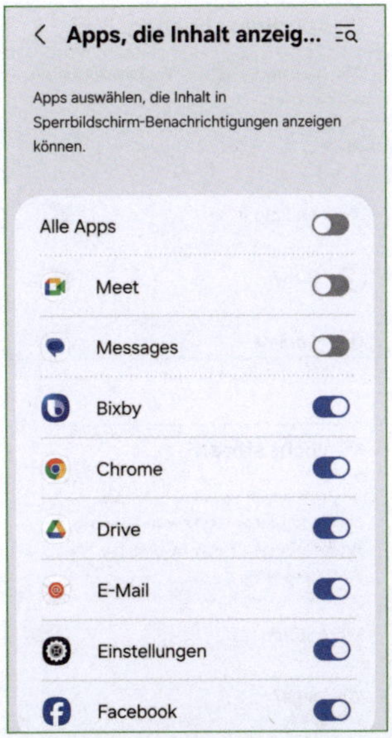

App-Shortcuts auf dem Sperrbildschirm anpassen

Zum Schluss lassen sich noch die beiden App-Shortcuts links und rechts unten auf dem Sperrbildschirm anpassen. Tippen Sie dazu in den Einstellungen des Sperrbildschirms auf *Sperrbildschirm bearbeiten* und dann auf die voreingestellten Symbole für Telefon und Kamera.

Bitte beachten Sie, dass die ausgewählten Apps zumindest eingeschränkt vom Sperrbildschirm aus verfügbar sind. Starten Sie z. B. die Kamera vom Sperrbildschirm aus, können Sie und jeder andere Fotos und Videos aufnehmen und sich diese anschauen.

Auf weitere Fotos und Videos in der Galerie hat man jedoch erst Zugriff, nachdem das Gerät entsperrt wurde.

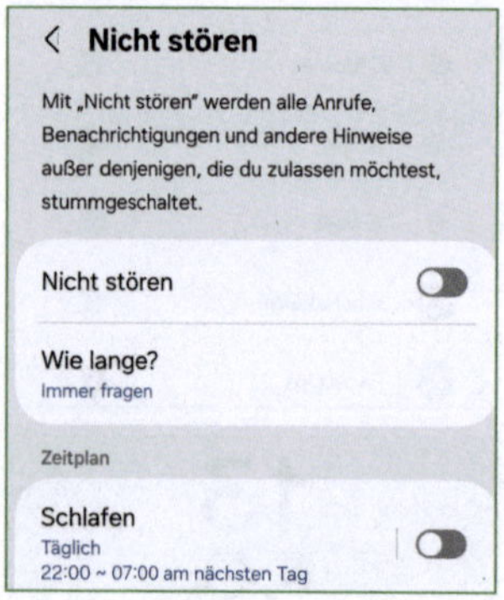

Benachrichtigungen bei entsperrtem Gerät

Verlassen wir nun die Einstellungen des Sperrbildschirms und widmen uns stattdessen den Optionen, die Samsung in der Einstellungen-App für Benachrichtigungen anbietet.

Neben dem bereits besprochenen App-Symbolindikator (siehe Seite 69) können Sie hier die Funktion *Nicht stören* konfigurieren. Sie schaltet Anrufe und alle anderen Signale stumm – außer für die von Ihnen festgelegten Ausnahmen. Sie können den *Nicht stören*-Modus bei Bedarf ein- und ausschalten (auch über die Schnellzugriffe) oder Zeiten festlegen, zu denen Sie generell nicht gestört werden wollen.

Ausnahmen lassen sich für Anrufe und SMS von allen oder nur von bevorzugten Kontakten festlegen. Eine Person wird übrigens zum bevorzugten Kontakt, indem Sie in deren Detailansicht auf den *Stern* links neben seinem Namen tippen, der sich anschließend gelb einfärbt. Sie können auch einstellen, dass Kontakte, die mehrmals innerhalb von 15 Minuten bei Ihnen anrufen, als *Ausnahme* behandelt werden.

Benachrichtigungen: Kurz oder detailliert

Auch bei entsperrtem Smartphone können Sie selbst entscheiden, ob Sie mehr oder weniger Daten über Ihre empfangenen Benachrichtigungen preisgeben.

▶ **Kurz:** Damit spricht Samsung Nutzerinnen und Nutzer an, die nicht von Benachrichtigungen abgelenkt werden wollen. Die „kurze" Benachrichtigung erscheint nur wenige Sekunden als kleines Pop-up. Zudem können Sie festlegen, welche Apps keine kurzen, sondern detaillierte Benachrichtigungen auslösen.

▶ **Detailliert:** Diese Benachrichtigungen enthalten nicht nur mehr Informationen, wie zum Beispiel Inhalte von SMS, sie sind auch

unter Umständen interaktiv und erlauben es, direkt auf eine SMS zu antworten.

▶ **Kurze Benachrichtigungen** können auch für das ausgeschaltete Display aktiviert werden, sprich, auch wenn das Gerät gesperrt ist.

Benachrichtigungen von Apps anpassen

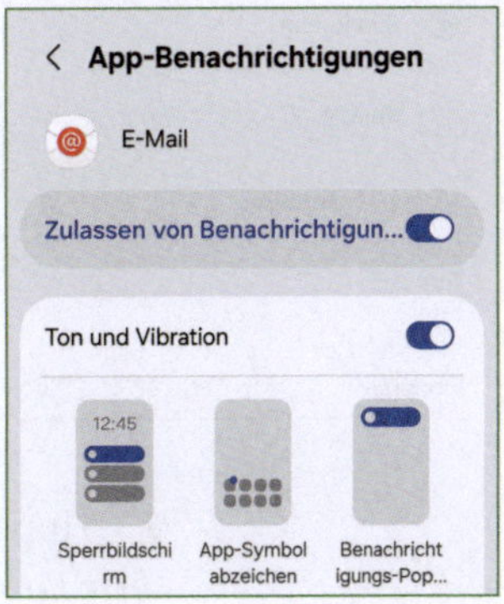

Jede App kann Ihnen zu neuen Inhalten und Änderungen Benachrichtigungen schicken. Einige dieser Rückmeldungen empfinden Sie möglicherweise als störend.

Tippen Sie in der *Einstellungen*-App auf *Benachrichtigungen* und dann auf *App-Benachrichtigungen*, um die Benachrichtigungen für alle Apps zu konfigurieren.

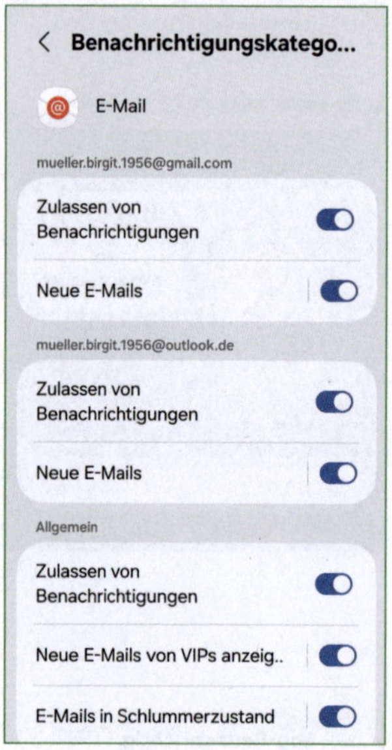

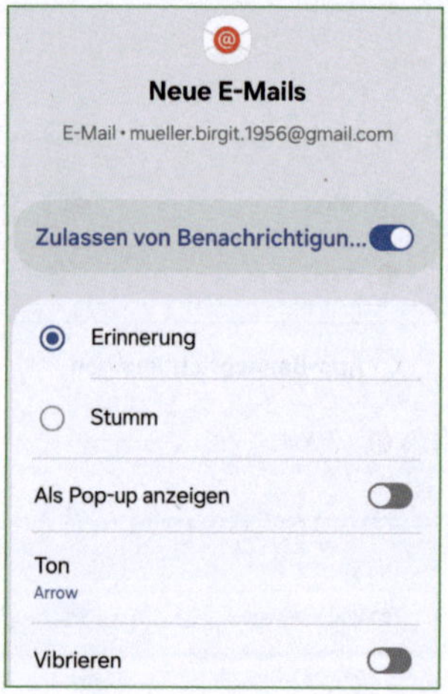

1 Tippen Sie auf die App, deren Benachrichtigungen Sie bearbeiten möchten.

2 Legen Sie fest, ob die App Sie nur stumm oder mit Ton und Vibration benachrichtigen darf.

3 Durch Antippen wählen Sie aus, ob die Benachrichtigungen auch auf dem Sperrbildschirm erscheinen, ob ein Abzeichen am App-Symbol neue Nachrichten signalisieren soll und ob die Benachrichtigung als Pop-up erscheinen darf.

4 In den *Benachrichtigungskategorien* legen Sie fest, zu welchen Inhalten Sie benachrichtigt werden. Falls Sie unerwünschte Benachrichtigungen einer App erhalten, reicht es oftmals, die zugehörige Kategorie auszuschalten. Falls die Benachrichtigungskategorien nicht angezeigt werden, können Sie diese Funktion in den *Erweiterten Einstellungen* der Benachrichtigungen einschalten.

5 Tippen Sie auf eine Benachrichtigungskategorie wie *Neue E-Mails*, um weitere Details wie den Benachrichtigungston, die Vibrationsfunktionen oder die Anzeige von Benachrichtigungen auf dem Sperrbildschirm zu konfigurieren. Sie können also beispielsweise für jedes in der E-Mail-App hinterlegte Konto eigene Benachrichtigungseinstellungen auswählen – auch in Bezug auf den *Nicht stören*-Modus.

6 Bei einigen Apps wie etwa Messengern sind auch sogenannte schwebende Benachrichtigungen möglich. Das ist ein Symbol, das als Benachrichtigung angezeigt wird und eine direkte Interaktion mit der zugehörigen App erlaubt. Im Fall von WhatsApp öffnet sich der Chat, zu dem die aktuelle Benachrichtigung gehört.

7 Tippen Sie in den Benachrichtigungseinstellungen auf *Erweiterte Einstellungen* und dann auf *Schwebende Benachrichtigungen*.

Wählen Sie die smarte Pop-up-Ansicht

1 Unter dem Punkt *Eingeschlossene Apps* legen Sie fest, welchen Apps Sie smarte Pop-ups erlauben.

2 Sobald eine der ausgewählten Apps eine neue Benachrichtigung hat, erscheint auf dem Startbildschirm ein Symbol der App, das sich durch Tippen und Halten frei positionieren lässt.

3 Tippen Sie auf das Symbol, um die Benachrichtigung zu öffnen und beispielsweise auf eine neue WhatsApp-Nachricht zu reagieren. Die schwebende Benachrichtigung wird dabei stets über anderen Apps, Startbildschirm und auch App Drawer angezeigt.

4 Tippen Sie für weitere Bedienelemente auf den Balken am oberen Bildrand. Über die Pfeile am oberen Bildrand können Sie das Pop-up steuern. Die *aufeinander gerichteten Pfeile* blenden wieder das Symbol ein, während der *Pfeil mit den zwei Spitzen* das Fenster maximiert und damit die schwebende Benachrichtigung schließt. Dasselbe erreichen Sie auch über das *Kreuz*-Symbol.

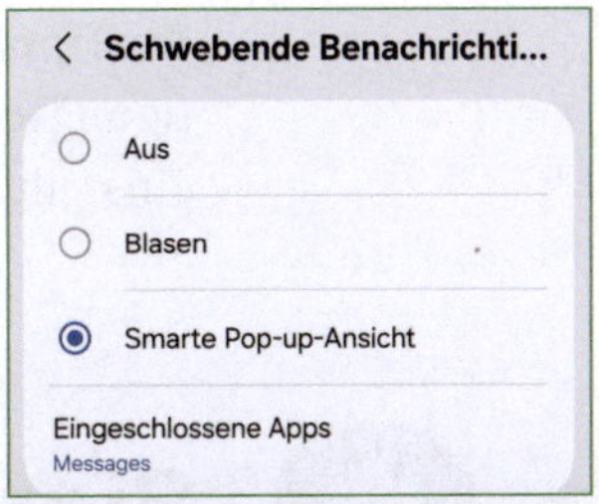

Interaktion mit Benachrichtigungen

Tippen Sie auf eine Benachrichtigung, startet die zugehörige App und zeigt Ihnen direkt den neuen Inhalt an. Samsung bietet aber noch weitere Optionen:

- **Wischen Sie horizontal** über die Benachrichtigung, um sie zu löschen.
- **Tippen Sie im Benachrichtigungscenter** auf den *nach unten gerichteten Pfeil* einer Benachrichtigung, um mehr Details zu sehen und beispielsweise auf eine E-Mail zu antworten oder diese zu löschen.

▶ **Tippen und halten Sie** eine Benachrichtigung im Benachrichtigungscenter, um sie zu deaktivieren oder die Benachrichtigungseinstellungen der App aufzurufen.

Signaltöne ändern

Signaltöne haben vor allem bei ausgeschaltetem Display große Vorteile gegenüber Textbenachrichtigungen: Ordnen Sie etwa einer Person oder einer App einen bestimmten Ton zu, wissen Sie, ohne Ihr Smartphone angefasst zu haben, wer oder was Ihre Aufmerksamkeit verlangt. Signaltöne richten Sie in der *Einstellungen*-App ein.

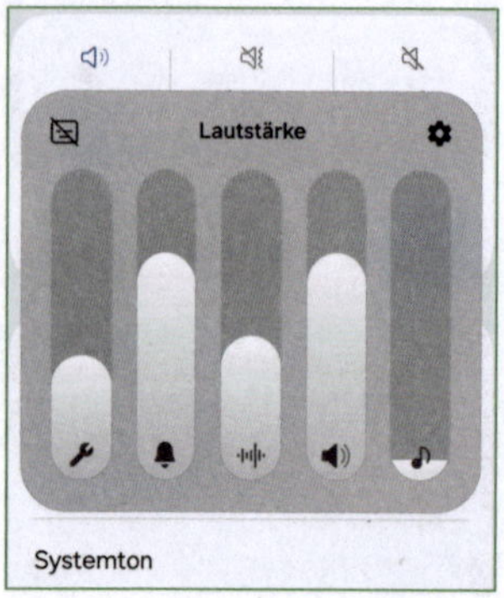

1 Rufen Sie den Menüpunkt *Töne und Vibration* auf.

2 Legen Sie fest, ob Ihr Smartphone bei Telefonanrufen nur *klingeln* oder auch *vibrieren* soll. Dadurch können Sie möglicherweise verhindern, dass Sie einen Anruf in einer lauten Umgebung verpassen.

3 Wählen Sie einen Standardton für Telefonanrufe, Benachrichtigungen und Systemmeldungen.

4 Auch das *Vibrationsmuster* für Anrufe und Benachrichtigungen lässt sich personalisieren.

5 Passen Sie die *Lautstärke* für den Klingelton, die Medienwiedergabe (Musik und Audio, Töne von Spielen), Benachrichtigungen und Systemmeldungen an.

6 Dies können Sie auch mit den *Lautstärketasten* am linken Gehäuserand tun. Drücken Sie oben für lauter und unten für leiser. Nun erscheint ein Lautstärkeregler für den Klingelton, den Sie auch mit dem Finger verschieben können. Tippen Sie auf die *drei Punkte*, um die anderen Lautstärkeregler einzublenden.

Info

Eigene Klingeltöne und Benachrichtigungstöne: Wenn Ihnen die von Samsung bereitgestellten Klingel- und Benachrichtigungstöne nicht ausreichen oder zusagen, können Sie jegliche Musikstücke, die Sie auf Ihrem Smartphone speichern, als Klingeltöne nutzen.
Verbinden Sie das Gerät per USB-Kabel mit Ihrem PC oder Mac. Nutzen Sie nun den Dateimanager des Computers, um Musik-Dateien im Ordner *Music* abzulegen. Sie können aber auch beliebige Dateien im Ordner *Ringtones* speichern, die Ihnen anschließend ebenfalls als Klingeltöne zur Verfügung stehen.
Benachrichtigungstöne akzeptieren die Samsung-Smartphones allerdings nur, wenn diese im Ordner *Notifications* gespeichert wurden. Sollten Sie also ein Musikstück oder einen Soundschnipsel als Benachrichtigungston nutzen wollen, müssen Sie diese in den Ordner *Notifications* kopieren. Rufen Sie danach erneut den Punkt *Töne und Vibration* in der *Einstellungen*-App auf und scrollen Sie zu *Benachrichtigungston*, um den voreingestellten Ton durch einen eigenen zu ersetzen.

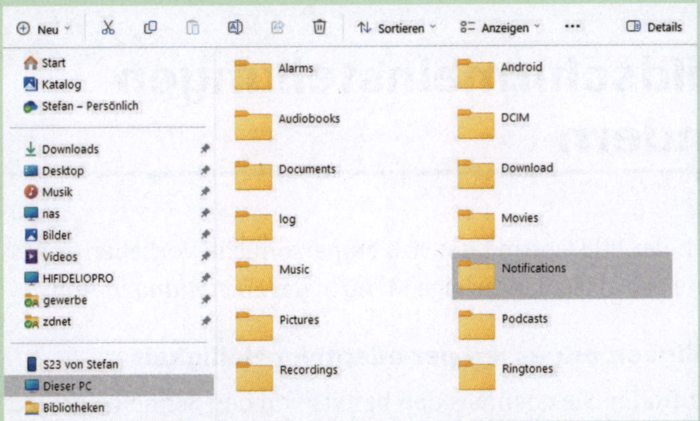

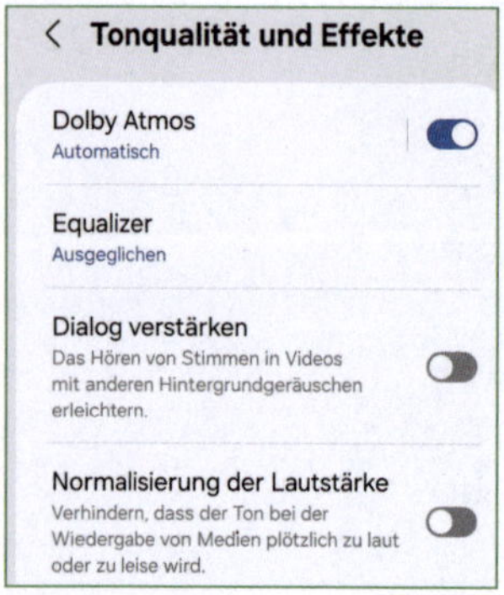

7 Das *Zahnrad* ruft die Einstellungen auf. Hier legen Sie fest, dass die Lautstärketasten nicht den Klingelton, sondern die Medienlautstärke verändern.
8 Bei Bedarf können Sie in den Einstellungen für Töne und Vibration auch die *Vibrationsintensität* verändern. Das Vibrations-Feedback bezieht sich auf Tastatureingaben oder auch das Verschieben von Reglern.
9 Unter dem Menüpunkt *Systemvibration* legen Sie fest, bei welchen Aktionen Ihr Smartphone einen Ton als Bestätigung ausgibt beziehungsweise vibriert.
10 Über den Punkt *Tonqualität und Effekte* sollten Sie die Klangverbesserung *Dolby Atmos* aktivieren. Falls Sie oft Musik über Kopfhörer hören, lohnt auch *Adapt Sound*. Dies passt bestimmte Frequenzbereiche an, die Menschen verschiedener Altersgruppen besser oder schlechter hören. Auf Wunsch können Sie in einem personalisierten Tonprofil, basierend auf einem Hörtest, Ihre individuellen Hörstärken und -schwächen ermitteln und den Klang anpassen lassen.

Bildschirmeinstellungen ändern

Auch der Bildschirm lässt sich an persönliche Vorlieben anpassen. Öffnen Sie dazu das Anzeige-Menü in der *Einstellungen*-App.

Helligkeit anpassen per adaptiver Helligkeit

Hier finden Sie ebenfalls den bereits von den Schnellzugriffen bekannten Schieberegler, um die Helligkeit einzustellen. Je heller das

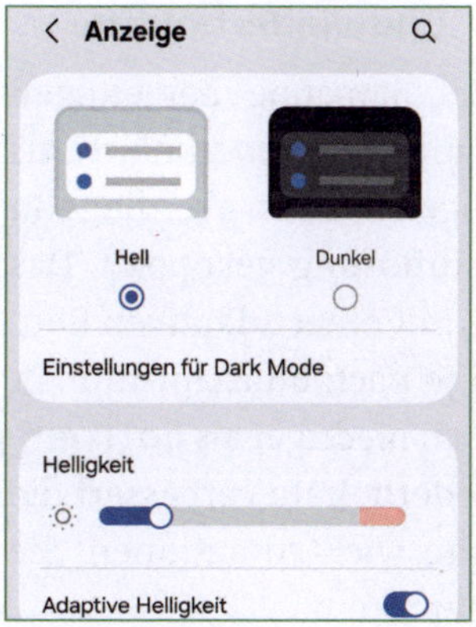

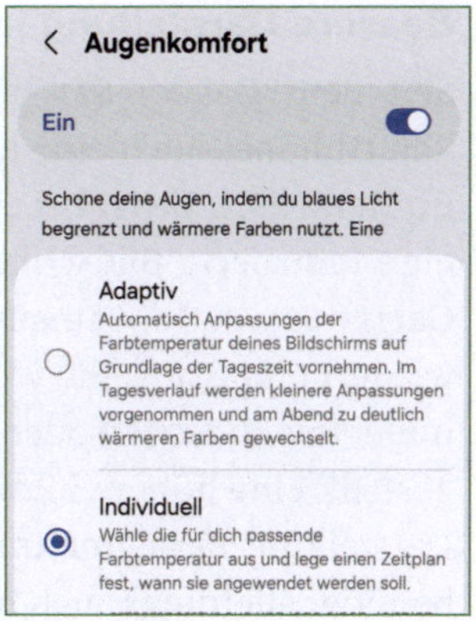

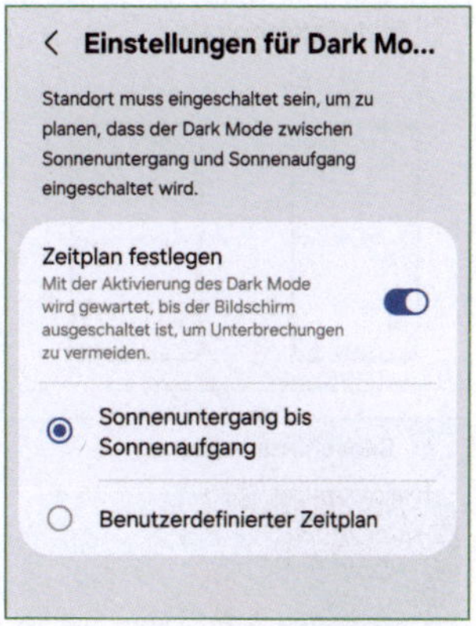

Display leuchtet, desto mehr Strom verbraucht es – und das Display ist grundsätzlich der größte Stromfresser.
Einen guten Kompromiss bietet in der Regel die Funktion *Adaptive Helligkeit*. Sie ist ab Werk aktiviert und passt über einen Sensor auf der Vorderseite die Helligkeit Ihres Displays automatisch an das Umgebungslicht an. In dunklen Umgebungen reduziert das dann automatisch abgedunkelte, weniger blendende Display zudem die Belastung Ihrer Augen.

Helligkeit anpassen per Augenkomfort

Dasselbe Ziel verfolgt Samsung auch mit dem *Augenkomfort* – auch Blaufilter genannt. Er sollte aktiviert werden, und zwar individuell per Zeitplan von Sonnenuntergang bis Sonnenaufgang. Der Blaufilter reduziert den Blauanteil des Displays, was vor allem weiße Bereiche gelblich erscheinen lässt.

Helligkeit reduzieren per Dark Mode

Der als *Dark Mode* bezeichnete Nachtmodus kehrt die Farben Schwarz und Weiß um. Texte werden also in weißer Schrift auf schwarzem Hintergrund dargestellt. Auch viele Apps unterstützen den Nachtmodus.

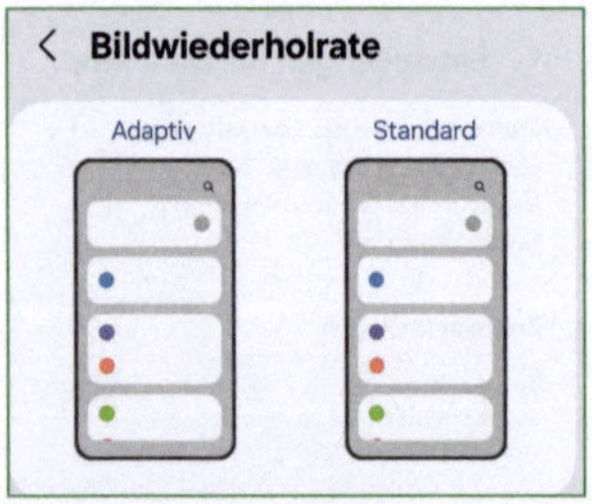

Bessere Darstellung mit Bildwiederholrate

Seit dem Galaxy S21 bietet Samsung bei einigen Smartphones auch eine höhere *Bildwiederholrate* als 60 Hertz (Hz). Sie ist bei einigen Geräten allerdings an eine reduzierte Bildschirmauflösung gekoppelt. Das Galaxy S25 stattet Samsung mit einer adaptiven Bildwiederholrate aus: Sie wird je nach Bildschirminhalt höher (bis zu 120 Hz) oder auch niedriger als 60 Hz eingestellt. Eine höhere Bildwiederholrate verbessert die Darstellung bewegter Inhalte wie Animationen. Sie benötigt allerdings auch mehr Strom.

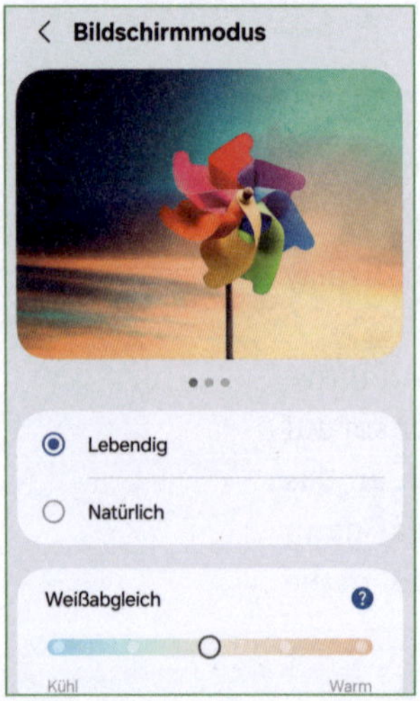

Der Bildschirmmodus

Mit dem *Bildschirmmodus* passen Sie die Farbwiedergabe an. Zur Auswahl stehen die Profile *Lebendig* und *Natürlich*, wobei bei Ersterem auch ein manueller Weißabgleich möglich ist. Die *Erweiterten Einstellungen* erlauben es darüber hinaus, die Werte der drei Grundfarben Rot, Grün und Blau einzustellen.

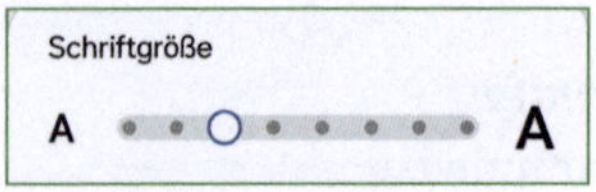

Schriftgröße anpassen

Bei Bedarf können Sie auch die *Schriftgröße* und die *Schriftart* verändern, um beispielsweise die Lesbarkeit bei einer Nahsehschwäche zu verbessern. Dazu kann auch eine andere Schriftart beitragen wie die von Samsung kostenlos angebotene Schrift Samsung Sans oder die vorinstallierte SamsungOne.

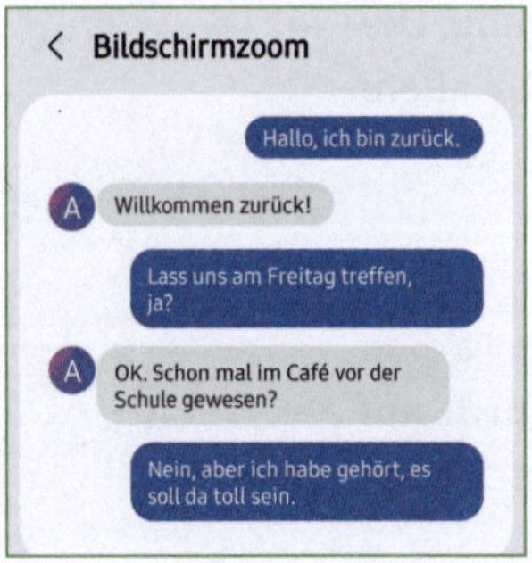

Der Bildschirmzoom

Der *Bildschirmzoom* verändert nicht nur die Größe der Schrift, sondern aller auf dem Display dargestellten Elemente. Die Bildschirmauflösung hat indes keine direkte Auswirkung auf die Darstellung.

Daher wählt Samsung auch bei Smartphones mit einer Maximalauflösung von WQHD+ (1440 p) ab Werk eine Full-HD+-Auflösung von 1080 p. Die geringe Auflösung soll vor allem den Akkuverbrauch reduzieren. Hochauflösende Videos und Fotos erscheinen möglicherweise jedoch in der WQHD+-Auflösung schärfer.

Die Seiten-Paneele

Dabei handelt es sich um ein zusätzliches Bedienelement, das über seinen *Reiter* mittels einer Wischgeste vom rechten Bildschirmrand aus zum Display hin eingeblendet wird.
Ist das Seiten-Paneel aktiv, können Sie über das *Stift*-Symbol dessen Einstellungen aufrufen, um beispielsweise zusätzliche Paneele auszuwählen und diese zu konfigurieren (*Drei-Punkte für das Menü oben rechts*).
Das Seiten-Paneel vereinfacht damit den Zugriff auf bestimmte Apps oder Kontakte – etwa solche, die Sie häufig verwenden.

Der einfache Modus

Sind Ihnen die Symbole, Widgets und Bedienelemente zu klein oder zu kompliziert? Auch dafür hält das Samsung Galaxy eine Lösung bereit. Im einfachen Modus werden weniger Symbole auf dem Home-Bildschirm und diese größer dargestellt.

Sie aktivieren den einfachen Modus in den *Einstellungen* (*Zahnrad*-Symbol) > *Anzeigeeinstellungen* > *Einfacher Modus* > *Schiebeschalter*. Sobald er aktiv ist, wird der Bildschirmzoom auf das Maximum gestellt und dem Anwendungs-Dock die Schaltfläche für den App Drawer hinzugefügt.

Eine Wischgeste nach rechts blendet zudem links vom Home-Bildschirm eine Seite mit Kontakt-Verknüpfungen ein. Hier können Sie wichtige Personen direkt hinterlegen und mit einem Klick künftig per Telefon oder SMS kontaktieren.

Die Bedienung entspricht ansonsten dem normalen Modus. Sie können also Symbole, Widgets und weitere Startbildschirme hinzufügen.

Auch sonst lässt sich Ihr Gerät im einfachen Modus wie gewohnt personalisieren.

Weitere Anzeigeeinstellungen

Damit sich das Display Ihres Smartphones beispielsweise in der Hosentasche nicht versehentlich einschaltet und anschließend sogar Eingaben annimmt, sollten Sie den Schutz vor versehentlicher Berührung einschalten.

Außerdem können Sie noch die Berührungsempfindlichkeit erhöhen, falls der Touchscreen bei Nutzung einer Schutzfolie nicht mehr richtig reagiert. Der Bildschirmschoner hat keine Schutzfunktion. Er führt auf Wunsch während des Ladevorgangs jedoch eine Diaschau mit bunten Farbeffekten vor.

Gestensteuerung ersetzt die Navigationsleiste

Die Ränder moderner Smartphones bieten keinen Platz mehr für echte Navigationstasten. Google hat daher zwei neue Navigationsvarianten eingeführt, die Sie sich ansehen können. Wenn Ihnen die Navigationsvarianten nicht zusagen, können Sie aber auch alles belassen wie gehabt.

Aktivieren Sie in den *Anzeigeeinstellungen* unter dem Punkt *Navigationsleiste* die *Streichgesten*.

- **Kurz Streichen von unten** ersetzt die Home-Taste und bringt sie zurück zum Startbildschirm
- **Streichen und halten von unten** zeigt wiederum die aktiven Anwendungen an
- **Streichen von der linken oder rechten Ecke in die Mitte** ersetzt die Zurück-Taste.
- **Über die** ***Weiteren Optionen*** können Sie zudem die Gestenempfindlichkeit verändern. Sind hingegen die Schaltflächen aktiv, lässt sich über die *Weiteren Optionen* deren Anordnung verändern.

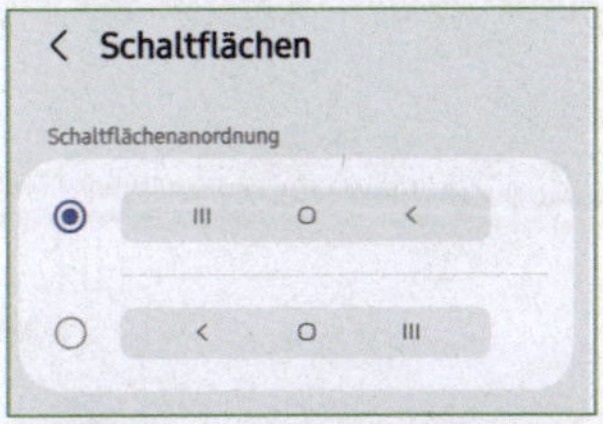

Circle to Search

Die KI-Funktion *Circle to Search* von Google ist ab Werk eingeschaltet. Halten Sie die Home-Taste gedrückt bzw. tippen und halten Sie bei aktiver Gestensteuerung einfach in der Mitte des unteren Displayrands, um *Circle to Search* zu starten. Nun können Sie den gewünschten Teil des Displays, beispielsweise den Ausschnitt eines Fotos oder einer Website, mit dem Finger einkreisen, um eine Google-Suche zu starten.

Die Kamera

Die Kamerasysteme moderner Smartphones bieten immer mehr Funktionen. Aufwendige Hardware mit mehreren Bildsensoren und die hohe Rechenleistung der Smartphoneprozessoren ermöglichen es, immer bessere Fotos zu machen.

Die Bildqualität

Die Frage ist: Was bringt ein System aus mehreren Kameras? Es hilft, das Platzproblem zu lösen, denn eigentlich sind Smartphones viel zu klein, um eine wirklich gute Kamera einzubauen. Also setzt auch Samsung auf unterschiedliche Kameras für unterschiedliche Zwecke, die zudem zusätzliche Bildinformationen liefern können, um per Software die Fotos automatisch zu bearbeiten. Auch wird die Brutto-Auflösung der Sensoren immer größer, was aber nicht automatisch zu höher aufgelösten Fotos führt, sondern zu „größeren" Pixeln.

Die Dreifach-Kamera des Galaxy S25/S25+

Beim S25 und S25+ stehen Ihnen auf der Rückseite insgesamt drei Kameras zur Verfügung:

- **Die Hauptkamera** kombiniert ein Weitwinkelobjektiv mit einer Blende F1.8 und optischem Bildstabilisator mit einem 50-Megapixel-Sensor, der wahlweise 12- oder 50-Megapixel-Fotos liefert.

- **Die zweite Kamera** löst 12 Megapixel auf. Ihr Ultraweitwinkelobjektiv bietet eine Blende von F2.2.
- **Die dritte Kamera** bietet einen 10-Megapixel-Sensor mit Blende F2.4 und einen dreifachen optischen Zoom.

Die dritte Kamera wird zwar als Tele-Kamera beworben, sie bietet allerdings nur einen hybrid-optischen Zoom. Dabei wird ein optischer mit einem digitalen Zoom kombiniert – aufgrund der festen Brennweite des Objektivs werden alle Zwischenbrennweiten errechnet. Zudem liefert die Tele-Kamera lediglich 10 Megapixel, die fertigen Fotos werden jedoch auf 12 Megapixel hochgerechnet.

Die Vorteile des Galaxy S25 Ultra

Das Ultra-Modell verfügt über die gleiche Dreifach-Tele-Kamera wie die beiden Basismodelle. Die Hauptkamera löst indes 200 Megapixel auf und hat mit F1.7 eine etwas größere Blendenöffnung. Die Ultraweitwinkelkamera bietet 50 Megapixel und ist mit der Blende F1.9 ebenfalls lichtstärker als bei den Basismodellen. Hinzukommt eine weitere 50 Megapixel-Kamera mit einem fünffachen optischen Zoom und Blende F3.4. Die 200 Megapixel-Hauptkamera liefert übrigens auch Bilder mit einer Auflösung von 12 Megapixeln – um die Qualität vor allem bei schlechten Lichtverhältnissen zu verbessern werden 16 Pixel des Sensors zu einem Bildpunkt zusammengefasst.

Die Foto-App: Kamera

Die App Kamera ist als dritte App ab Werk im Anwendungs-Dock abgelegt (ganz rechts). Sie können aber auch den *Ein/Aus*-Schalter zweimal schnell hintereinander drücken, um die Kamera-App zu starten.

Sobald die App geöffnet wird, geht die Kamera in den sogenannten Live-View-Modus: Auf dem Display wird genau das angezeigt, was die Kamera aufnimmt. Um das Bild herum sehen Sie die Bedienelemente, mit denen sämtliche Kamerafunktionen über das Touchdisplay gesteuert werden.

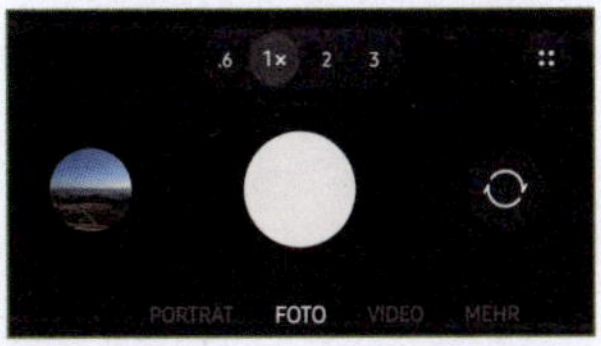

- **In der untersten Reihe** werden die verschiedenen Aufnahmemodi angezeigt. Per horizontaler Wischgeste wechseln Sie zwischen *Portrait-*, *Foto-* und *Videomodus*. Oder Sie verschieben die Symbolleiste mit dem Finger. Der unterlegte Modus in der Mitte ist der jeweils aktive Modus.
- **Darüber sehen Sie** das *Galerie*-Symbol, den *weißen Auslöser* und das *Symbol zum Wechsel zwischen Haupt- und Frontkamera*. Letzteres ist auch mit einer vertikalen Wischgeste über das Display erreichbar.
- **Oberhalb der Aufnahmemodi** werden die verfügbaren Zoom-Einstellungen angezeigt.

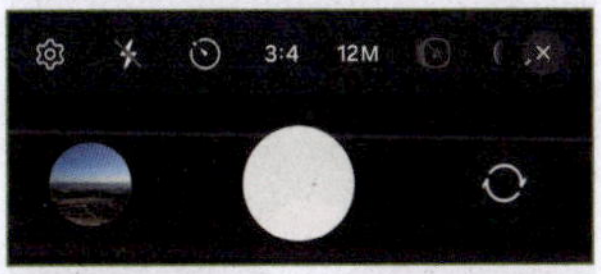

- **Die vier Punkte daneben** blenden alle verfügbaren Aufnahmeparameter wie Blitz, Auflösung und Selbstauslöser ein.

- **Am oberen Bildrand** sind die Symbole für den *LED-Blitz*, das *Bildformat* und die *Filter* platziert.

Je nach Kameraausstattung Ihres Smartphones fehlen einzelne Aufnahmemodi wie Hyperlapse oder Super-Slow-Motion. Auch sind möglicherweise einige Symbole an anderen Stellen zu finden – die Symbole selbst sind jedoch identisch.

Das erste Foto

Die Kamera-App ist ab Werk so konfiguriert, dass sie in den meisten Situationen automatisch die perfekten Einstellungen für Belichtungszeit, Blende, Brennweite und Lichtempfindlichkeit findet,

damit Sie für ein scharfes und gut ausgeleuchtetes Bild nur den Auslöser drücken müssen.
Richten Sie die Kamera also auf ein beliebiges Motiv und tippen Sie auf den *weißen Auslöser*. Als Auslöser dienen übrigens auch die Lauter- und Leiser-Taste im Gehäuserahmen. Sobald Sie das virtuelle Klicken des Auslösers hören, landet das Foto auch schon in der Galerie, wo Sie es sich jederzeit anschauen können. Eine Vorschau des letzten Fotos ersetzt zudem das Galerie-Symbol unten, links des Auslösers.

Zoom- und Serienaufnahmen

Der Auslöser hat noch eine Zusatzfunktion. Über den Button nach unten streichen löst eine Serienaufnahme aus. Sie wird übrigens stets im Kameraspeicher abgelegt, auch wenn der Standardspeicher für Fotos eine SD-Karte sein sollte. In der Galerie wird eine Serie als ein Bild angezeigt – erst wenn Sie das Bild öffnen, können Sie durch die einzelnen Aufnahmen blättern, um das beste Foto auszuwählen.

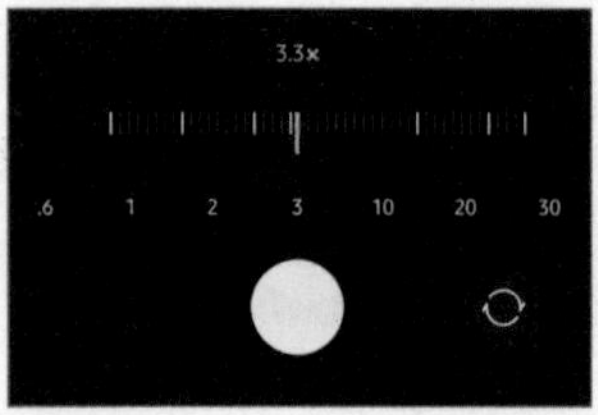

Den Zoom aktivieren Sie indes mit der Zwei-Finger-Kneifgeste. Ziehen Sie die Finger auseinander, um das Motiv zu vergrößern. Schieben Sie die Finger wieder zusammen, um aus dem Motiv herauszuzoomen.
Beachten Sie, dass die Kamera des S25 und S25+ nur bis zum Faktor 3 verlustfrei arbeitet. Alles, was darüber hinausgeht – bis zu 30-fachem Zoom –, wird errechnet und ist mit einem Qualitätsverlust verbunden. Beim Galaxy S25 Ultra liegt die Grenze bei Faktor 10.

Das erste Selfie

Das erste Foto von sich selbst haben Sie genauso schnell im Kasten. Einfach das Symbol für den *Kamerawechsel* (rechts vom Auslöser) antippen oder vertikal über den Bildschirm wischen, um zur Frontkamera zu wechseln, *Auslöser* betätigen, sobald Sie Ihr Gesicht im Display sehen – fertig.

Im Hintergrund hat die Frontkamera automatisch Ihr Gesicht erkannt und Schärfe und Belichtung darauf abgestimmt. Die Gesichtserkennung wird durch einen Rahmen um Ihren Kopf herum angezeigt.

Die Aufnahmemodi

Der automatische Modus ist nicht immer die beste Wahl. Außerdem schränkt er die Kreativität ein, denn Ihre Kamera beherrscht nicht nur Schnappschüsse.

Der Fotomodus

Oberhalb des hell unterlegten Symbols für den Fotomodus sehen Sie drei oder vier weitere *Symbole mit Zahlen*. Sie stehen für die drei Kameras beziehungsweise deren unterschiedliche Zoomfaktoren: 0,6-fach für Ultraweitwinkel, einfach für Weitwinkel und dreifach für Tele. Die weiteren Zoom-Stufen 10-fach, 20-fach und 30-fach (beim S25 Ultra bis 100-fach) werden digital errechnet, was zu Qualitätsverlusten führt.

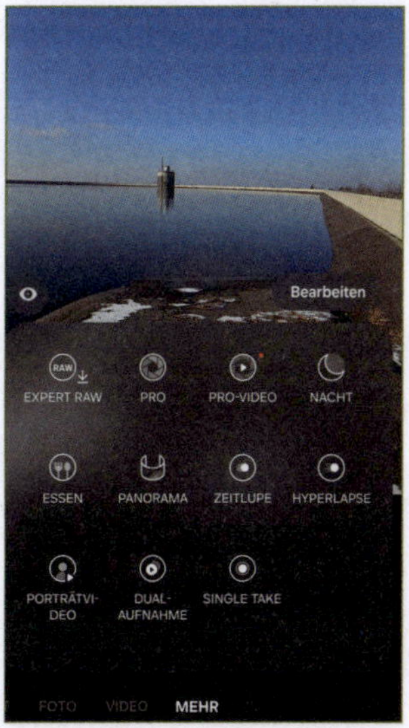

- **Standardmäßig** wird mit dem Weitwinkelobjektiv fotografiert. Es ist für die meisten Aufnahmesituationen bestens geeignet.
- **Benötigen Sie** einen größeren Blickwinkel, wechseln Sie zum Ultraweitwinkelobjektiv mit dem Zoomfaktor 0,6 (*linkes Symbol*). Es ist ideal für Landschafts- und Panoramaaufnahmen.
- **Rechts** ist das Teleobjektiv. Dank Zoomfaktor 3.0 holt es das Motiv deutlich näher heran und stellt Details besser dar. Ein weiterer Vorteil: Die längere Brenn-

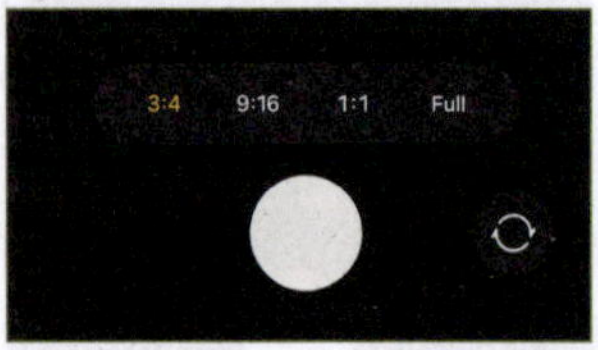

weite ermöglicht den Bokeh-Effekt. Die Tele-Kamera ist also Mittel der Wahl für Porträt- und Nahaufnahmen, bei denen der Hintergrund unscharf sein soll.

▶ **Schalten Sie über** das *Blitz*-Symbol am oberen Bildrand den LED-Blitz hinzu. Sie können ihn dauerhaft aktivieren, grundsätzlich ausschalten oder den automatischen Blitz nutzen.

▶ **Der** ***Selbstauslöser*** (im Menü unten rechts) kann auf zwei, fünf oder zehn Sekunden eingestellt werden.

▶ **Über das** ***Bildformat*** (ebenfalls im Menü unten rechts) legen Sie in erster Linie fest, mit welchem Seitenverhältnis die Fotos gespeichert werden. Indirekt stellen Sie damit aber auch die Auflösung ein. Die Sensoren haben nämlich ein Seitenverhältnis von 3 zu 4 (im Hochformat) – ihre maximale Auflösung erreichen Sie nur in dieser Einstellung. Alle anderen Seitenverhältnisse werden softwareseitig errechnet, indem das Bild vom 3-zu-4-Format auf das andere Format zugeschnitten wird.

▶ **Tippen** Sie oben rechts auf das 12M-Symbol, um die Auflösung auf 50 Megapixel (S25 Ultra: 200 Megapixel) einzustellen. Sie liefert ein unbeschnittenes Foto der Hauptkamera mit voller Auflösung. Es verspricht zumindest in der Theorie mehr Details und Schärfe als ein 12-Megapixel-Bild der Hauptkamera.

▶ **Das zweite Symbol** von rechts oben aktiviert die Bewegungsaufnahme, die ein kurzes Video aufnimmt.

▶ **Über das** ***Kreise***-Symbol rechts oben rufen Sie die Filter auf. Sie helfen Ihnen, einen bestimmten Look zu erzielen, der Ihr Motiv besonders gut betont. Wischen Sie mit dem Finger durch die verfügbaren Filter. Der aktive Filter ist weiß umrandet. Wie er sich auswirkt, sehen Sie zudem als Vorschau im Display. Weitere Filter finden Sie im Galaxy App Store, den Sie über das *Plus*-

Zeichen links der Filterliste erreichen. Hierüber können Sie auch einen eigenen Filter erstellen.

Der Videomodus

Erinnerungen können Sie nicht nur im Foto, sondern auch als Film festhalten. Tippen Sie einfach in der Leiste der Aufnahmemodi auf *Video*. Das Vorschaubild füllt nun fast den gesamten Bildschirm aus und zudem erhält der Auslöser einen roten Punkt, der die Aufnahmebereitschaft signalisiert.

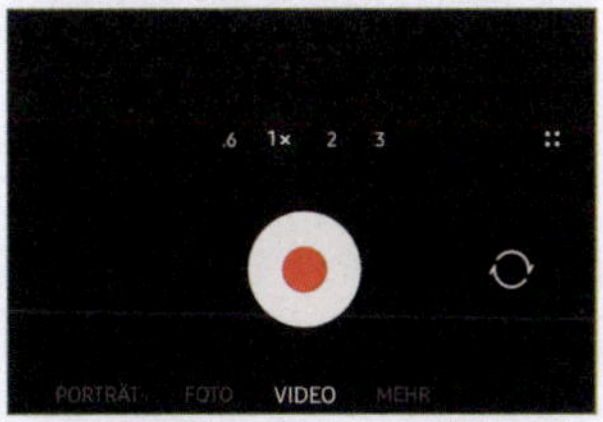

- **Die Aufzeichnung starten** Sie wie gewohnt über den Auslöser oder die Lautstärketasten. Im Auslöser wird nun ein *schwarzes Viereck* angezeigt, über das Sie die Aufnahme anhalten. Sie können aber auch über das *Pausen*-Symbol links vom Auslöser die Aufzeichnung unterbrechen und anschließend fortsetzen. Dann wird die Aufnahme als eine Datei gespeichert, sobald Sie über den Auslöser die Aufnahme stoppen.

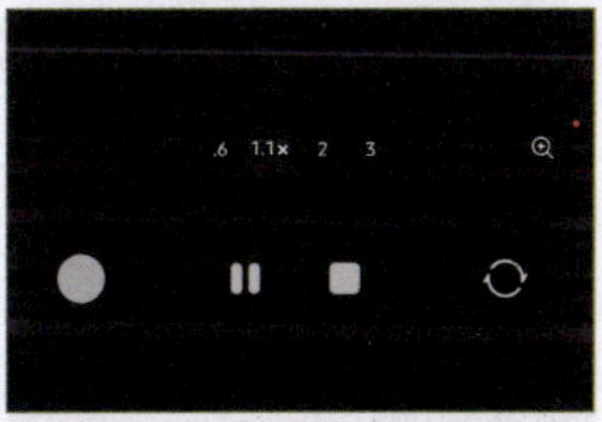

- **Auch im** ***Videomodus*** stehen Ihnen alle Kameras (Weitwinkel, Ultraweitwinkel und Tele) zur Verfügung. Ein Wechsel zwischen den Kameras ist sogar während der Aufnahme möglich. Für einen nahtlosen Zoom müssen Sie lediglich das *Lupen*-Symbol rechts antippen, dass einen Zoom-Regler einblendet. Auch hier gilt: Mehr als dreifacher Zoom (S25 Ultra: zehnfacher Zoom) verschlechtert die Qualität der Aufnahme.
- **Am oberen Bildrand** sehen Sie weitere, videospezifische Symbole. Ist die Bildstabilisierung auf superstabil eingestellt (*gelbes Läufer*-Symbol) können Sie die Videoleuchte nicht zuschalten (*Blitz*-Symbol). Oder Sie ändern bei Bedarf die Videoauflösung oder schalten die HDR-Funktion aus. Weitere Einstellungen erreichen Sie über das Menü (vier Punkte unten rechts).

Der 8K-Videomodus

Über die Funktion für die Videoauflösung starten Sie den 8K-Modus. Dabei wird das Videomaterial mit einer Auflösung von 7680 mal 4320 Pixeln aufgenommen, was der vierfachen Auflösung eines UHD-Videos entspricht – und 16-mal größer ist als Full HD.

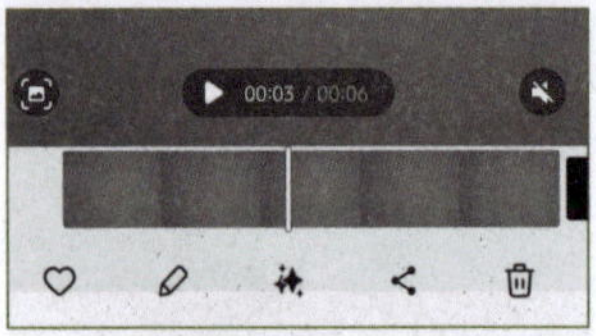

8K-Videos benötigen sehr viel Speicherplatz und einen sehr schnellen Speicher. Außerdem kann nicht jedes Abspielgerät beziehungsweise jede Videosoftware diese Videos abspielen.

Ein wichtiger Vorteil dieses Formats ist die Funktion *8K-Video Snap*. Sie erzeugt Standbilder aus 8K-Videos, die immerhin eine Auflösung von 33 Megapixeln haben. Sie sind also in der Lage, über einen längeren Zeitraum Serienbilder mit bis zu 24 Bildern pro Sekunde aufzunehmen und anschließend einzeln zu speichern.

1 Gehen Sie in die Galerie und starten Sie ein 8K-Video.

2 Verschieben Sie die *Wiedergabemarkierung* unterhalb des Videos bis zu einer Szene, die Sie gerne als Standbild festhalten wollen.

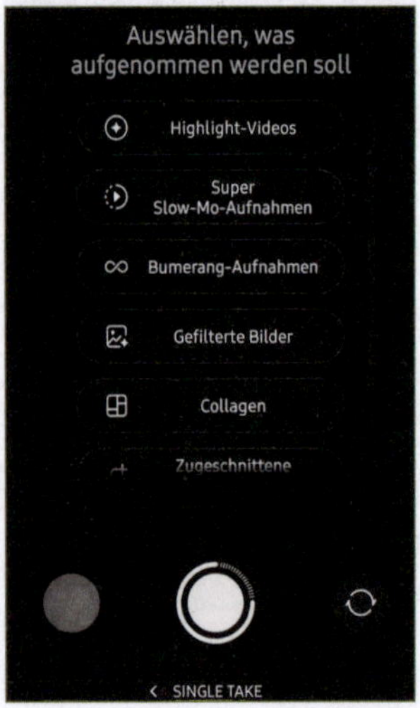

3 Tippen Sie nun links unten im Video auf das *Standbild*-Symbol, um das Foto zu speichern.

4 Es findet sich anschließend in der Galerie im Album *Videoaufnahmen*.

Der Single Take Modus

Wem der 8K-Modus nicht reicht, um einen Moment perfekt im Bild festzuhalten, der entscheidet sich für den *Single Take Modus*. Samsung packt hier fast alles, was die Kameras zu bieten haben, in eine Aufnahme. Sobald Sie den Auslöser betätigen, nimmt Ihr Galaxy-Smartphone einen zehn Sekunden langen Videoclip auf. Samsung zufolge sollen Sie dabei die

Kamera für mindestens drei Sekunden schwenken. Daraus erstellt die Kamerasoftware anschließend mit künstlicher Intelligenz mehrere Foto- und Videomotive, aus denen Sie Ihren Favoriten wählen können. Was aufgenommen wird, können Sie über das Symbol in der rechten oberen Ecke auswählen. Optionen wie Bildformat und Zoom suchen Sie in diesem Modus vergeblich.

Zeitlupe und Hyperlapse

Die Zeitlupe nimmt Videos mit bis zu 240 Bildern pro Sekunde mit Full-HD-Auflösung auf, bei UHD sind es bis zu 120 Bilder pro Sekunde. Das entspricht einem Achtel bzw. einem Viertel der üblichen Geschwindigkeit. Mit „normaler" Geschwindigkeit abgespielt, werden aus einer Sekunde einer Aufnahme bis zu acht Sekunden in der Wiedergabe.

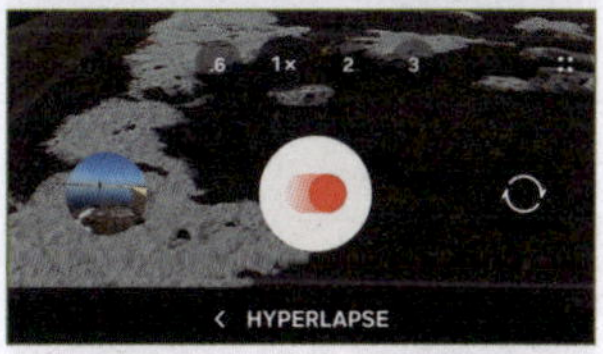

Tippen Sie auf *Mehr* und *Zeitlupe*, um die Funktion zu aktivieren.

Das Gegenteil der Zeitlupe ist der *Hyperlapse-Modus*. Hier wird die Aufnahme deutlich beschleunigt wiedergegeben. Eine Szene, die 20 oder 30 Sekunden dauert, reduziert der Hyperlapse-Modus auf eine bis drei Sekunden – in Abhängigkeit von der gewählten Geschwindigkeit.

Der Portrait-Modus

Dahinter verbirgt sich ein besonderer Modus der Galaxy-Kamera. Es stehen Ihnen zwei Effekte zur Verfügung, mit denen Sie ein Portrait gestalten können.

Über den Punkt links oberhalb des *Galerie*-Symbols lässt sich der *Bokeh-Effekt* einstellen, also der Hintergrund unscharf machen. Im *Menü* (vier Punkte rechts) versteckt sich zudem die Funktion *Hautgeschmeidig-*

keit. Tippen Sie auf das *Gesicht*-Symbol, um die Haut glatter erscheinen zu lassen.

Der Pro-Modus

Hier entfaltet die Kamera eines Galaxy-Smartphones ihr gesamtes Potenzial – wenn er auch nicht bei allen Modellen verfügbar ist. Passen Sie darin über die untere Symbolleiste die Filmempfindlichkeit, die Belichtungszeit, die Belichtungskorrektur, die Fokusmethode und den Weißabgleich an. Die obere Symbolleiste hält das Symbol für die Belichtungsmessung bereit.

- **Eine höhere ISO-Empfindlichkeit** erlaubt kürzere Belichtungszeiten bei schlechten Lichtverhältnissen. Höhere ISO-Werte reduzieren aber auch die Bildqualität.
- **Eine längere Belichtungszeit** (Speed) erlaubt Fotos bei schlechten Lichtverhältnissen, führt aber unter Umständen auch zu einer unerwünschten Bewegungsunschärfe – sich bewegende Objekte erfordern also eine kurze Belichtungszeit.
- **Der** *Belichtungsausgleich (EV)* erlaubt es, ohne Änderung anderer Werte, die Helligkeit eines Fotos anzupassen bzw. zu korrigieren.
- **Über** ***Focus*** stellen Sie ein, ob der Autofocus sich auf die Mitte des Motivs konzentriert oder die Schärfe über mehrere Messpunkte im Bild ermittelt. Alternativ können Sie auch manuell scharf stellen.
- **Der automatische** *Weißabgleich* (*WB*, englisch: White Balance) hat Einfluss auf die Farbwiedergabe. Wischen Sie mit dem Finger über das *Farbband*, um den Wert für den Weißpunkt zu verändern und beispielsweise das gelbliche Licht von Glühlampen auszugleichen.
- **Das** ***Kreis*-Symbol** oben (2. Symbol von rechts) ändert die Methode zur Belichtungsmessung. Damit stellen Sie ein, ob die Belichtung nur punktuell

(beispielsweise für ein Portrait) oder über das Motiv hinweg erfasst wird (beispielsweise für eine Landschaftsaufnahme).

- **Das Menü** unten rechts schließlich enthält das Symbol für die Einstellung von Farbton, Kontrast und Farbsättigung.

Der Panorama-Modus

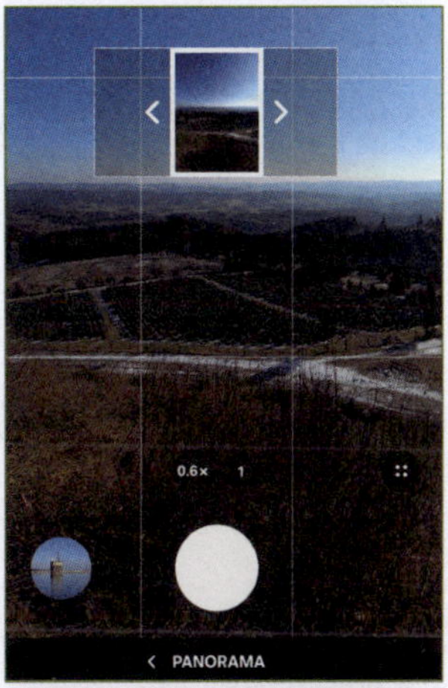

Für ein Panorama nimmt die Kamera, während Sie sie – wie auf dem Display angezeigt – horizontal bewegen, mehrere Fotos auf und fügt sie zu einer Aufnahme zusammen.

Halten Sie die Kamera möglichst ruhig während der Aufnahme und drehen Sie sich langsam und gleichmäßig – so erzielen Sie die besten Resultate.

Achten Sie auch darauf, das Smartphone nicht zu kippen, während Sie sich drehen. Der rechteckige Rahmen, der den aktuellen Aufnahmebereich darstellt, sollte sich möglichst stets innerhalb der beiden horizontalen Markierungen bewegen, die wiederum den Bildausschnitt repräsentieren.

Die Dual-Aufnahme

Hier bietet Samsung eine neue Funktion für Vlogger und YouTuber. Sie können so Videos erstellen, die nicht nur das Bild der Hauptkamera zeigen, sondern in einer geteilten Bildschirmansicht zusätzlich das Bild der Frontkamera. Das erlaubt Ihnen, Ihre Aufnahme nicht nur zu kommentieren, sondern den Kommentar auch als Video festzuhalten.

Der Nachtmodus

Smartphonekameras müssen heute auch in der Lage sein, unter sehr schlechten Lichtbedingungen gute Fotos zu machen. Der Schlüssel dafür ist, neben einer

guten Software, eine lange Belichtungszeit. Die bietet Samsung im Nachtmodus, erkennbar am gelben *Mond*-Symbol: Ein Foto kann so zehn Sekunden oder noch länger belichtet werden. Die Länge der Belichtungszeit wird am rechten Bildrand neben den Zoom-Modi angezeigt.
Das geht natürlich nur, wenn man die Kamera mit einem Stativ verwendet oder irgendwo abstellt.
Samsungs Software versteht sich zwar auch darauf, Verwackler zu kompensieren, dies geht aber zulasten der Bildqualität.

Die allgemeinen Kameraeinstellungen

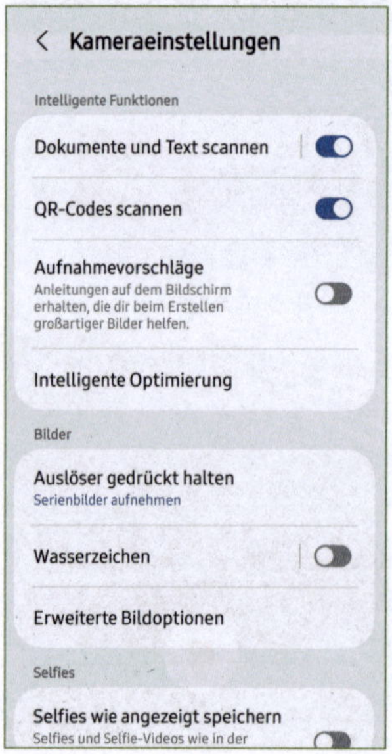

Über das *Zahnrad*-Symbol im Menü (vier Punkte) erreichen Sie die allgemeinen *Kameraeinstellungen*, mit denen Sie weitere Funktionen an Ihre Bedürfnisse anpassen können.

▶ **Szeneoptimierung:** Diese Funktion gehört zur intelligenten Optimierung. Sie verbessert Aufnahmen bei schlechten Lichtverhältnissen, von Mahlzeiten und Landschaften. Sie können auch den Grad der Qualitätsoptimierungen festlegen.

▶ **Aktivieren Sie** die Funktion *QR-Codes scannen*, um per Kamera automatisch QR-Codes zu erkennen.

▶ **Legen Sie fest,** was passiert, wenn Sie den Auslöser gedrückt halten. In der Voreinstellung wird eine Serienaufnahme ausgelöst.

▶ **In den** ***Erweiterten Bildoptionen*** können Sie als Alternative zu *JPEG* das Bildformat *HEIF* aktivieren, das weniger Platz benötigt, aber nicht von allen Geräten / PCs erkannt wird. Zudem können Sie festlegen, dass im Pro-Modus neben JPEG-Dateien auch RAW-Dateien gespeichert werden (siehe Seite 100).

- **Aktivieren Sie die** *HDR*-Funktion, um kontrastreichere Bilder aufzunehmen.
- **Der** *Verfolgungs-Autofokus* sorgt dafür, dass ein Motiv scharf bleibt, während es sich bewegt und Sie es mit der Kamera verfolgen. Er steht nur bei Videoauflösungen bis UHD zur Verfügung.
- *Geotagging* **versieht Ihre Fotos** mit Standortdaten und zeigt Bilder in bestimmten Anwendungen sogar auf einer Karte an. Falls Sie ein solches Foto teilen, erfährt der Empfänger, wo Sie das Foto aufgenommen haben.
- **Die Kompositionsanleitung** blendet ein Raster und eine Wasserwaage ein und hilft so bei der horizontalen Ausrichtung der Kamera.
- **Über** *Auslöser* legen Sie fest, ob die *Lautstärketasten* als Auslöser oder für die Zoomfunktion benutzt werden sollen.

Die Fotoalbum-App: Galerie

Sie ist Ihr elektronisches Fotobuch, in dem automatisch alle Bilder angezeigt werden – Fotos, die Sie mit der Kamera aufnehmen, und auch solche, die Sie beispielsweise von einem PC auf Ihr Smartphone kopieren oder über einen Messenger wie WhatsApp empfangen. Die Bedienung erfolgt über die Registerkarten *Bilder*, *Alben* und *Storys*.

- *Bilder* **zeigt Ihnen** alle Fotos – unabhängig von ihrer Herkunft – zeitlich sortiert an.
- **Sie können Ihre Fotos** zur besseren Übersicht aber auch in Alben organisieren. Aus Ordnern, in denen Apps wie die Kamera, aber

Info

Fotos speichern – welches Dateiformat ist das beste? Hier sollten Sie abwägen zwischen Kompatibilität und Qualität.

- Der Standard für digitale Fotos ist schon seit vielen Jahren das *JPEG*-Format (Dateiendung JPG oder JPEG). Es wird von jedem PC, mobilen Gerät, jedem Onlinedienst und auch von jeder Software unterstützt. JPEG ist jedoch ein „verlustbehaftetes" Format: Es enthält nicht mehr alle Bilddaten, die ursprünglich zur Verfügung standen. Einschränkungen ergeben sich vor allem bei der Bildnachbearbeitung.
- Das relativ neue Format *HEIF* (High Efficiency Image Format) arbeitet nach einem sehr ähnlichen Prinzip, komprimiert die Daten jedoch effizienter. Das Ergebnis sind Dateien, die weniger Platz benötigen, ohne dass die Bildqualität leidet. Da HEIF neu ist, wird es nicht von jeder Software unterstützt. Windows 11 und macOS Sonoma 14.4 und neuer beherrschen das Format jedoch.
- *RAW* wiederum ist streng genommen gar kein Bild, sondern das Rohdatenformat der Kamera. RAW-Dateien werden zwar auch schon ein wenig von der Kamera bearbeitet, gelten aber trotzdem als digitales Negativ. Sie richten sich von daher an Anwender, die gerne alle Möglichkeiten einer modernen Bildbearbeitung nutzen wollen. Auch dieses Format hat Nachteile: Zum einen sind RAW-Dateien mehr als 20 MB groß – JPEG-Dateien bringen es auf 2 bis 3 MB –, zum anderen muss man eine Bildbearbeitungssoftware sehr gut beherrschen, um ähnlich gute Ergebnisse zu erzielen wie Samsungs Kamerasoftware.

auch WhatsApp und Instagram Fotos ablegen, werden übrigens automatisch Alben.

- ***Storys* wiederum sind** Foto-Geschichten, die die Galerie aus Ihren Bildern erstellt. Sie orientiert sich dabei am Aufnahmedatum, dem Standort sowie den erkannten Motiven, um beispielsweise Fotos eines Familienausflugs zu einer Story zusammenzufassen.

Die Bildansicht

Galerie ist die App der Wahl, um Bilder anzuzeigen oder auch als Diashow vorzuführen.

Wenn Sie schon einige Fotos aufgenommen haben, geht das folgendermaßen:

- **Tippen Sie** auf ein Bild, um es zu öffnen.
- **Mit einem Doppeltippen** wird die Ansicht vergrößert. Das Bild können Sie nun mit einem Finger verschieben.
- **Ein zusätzliches Doppeltippen** kehrt zur vorherigen Ansicht zurück.
- **Per horizontaler Wischgeste** blättern Sie durch die Bilder.
- **Wischen Sie** von unten nach oben, um sich weitere Details zu dem Foto anzeigen zu lassen. Wischen Sie von oben nach unten, um zum Foto zurückzukehren.
- **Die Symbole** am unteren Bildrand erlauben es, ein Foto als Favorit zu markieren, die Bildbearbeitung zu starten, ein Bild zu teilen oder zu löschen.
- **Das *Teilen*-Symbol** (links neben dem Papierkorb) öffnet den Dialog, mit dem Sie das Foto verschicken und teilen können – beispielsweise per SMS, E-Mail oder Facebook. Sie können Bilder aber auch per Smart View auf WLAN-fähigen Fernsehern wiedergeben, falls

diese Miracast oder Wi-Fi Direct unterstützen. Diese Funktionen aktivieren Sie im Einstellungsmenü Ihres Fernsehers.

- **Das *KI*-Symbol** in der Mitte aktiviert Funktionen, um Bilder per künstlicher Intelligenz zu verändern.

Bilder bearbeiten

Die Galerie-App bietet Ihnen aber auch die Möglichkeit, Ihre Fotos gleich zu bearbeiten, im Nachhinein zu verbessern oder kreativ zu verändern. Tippen Sie dazu auf das *Stift*-Symbol. Über die Symbolleiste in der Mitte des unteren Bildrands rufen Sie die einzelnen Bearbeitungsfunktionen auf.

- **Das linke Symbol** bietet Funktionen, um das Bild zu drehen oder zuzuschneiden. Sie können aber auch nachträglich das Seitenverhältnis ändern, das Foto spiegeln oder vertikal beziehungsweise horizontal kippen, um optische Verzerrungen auszugleichen.
- **Die** ***drei Kreise*** blenden eine Auswahl an Filtern und Effekten ein.

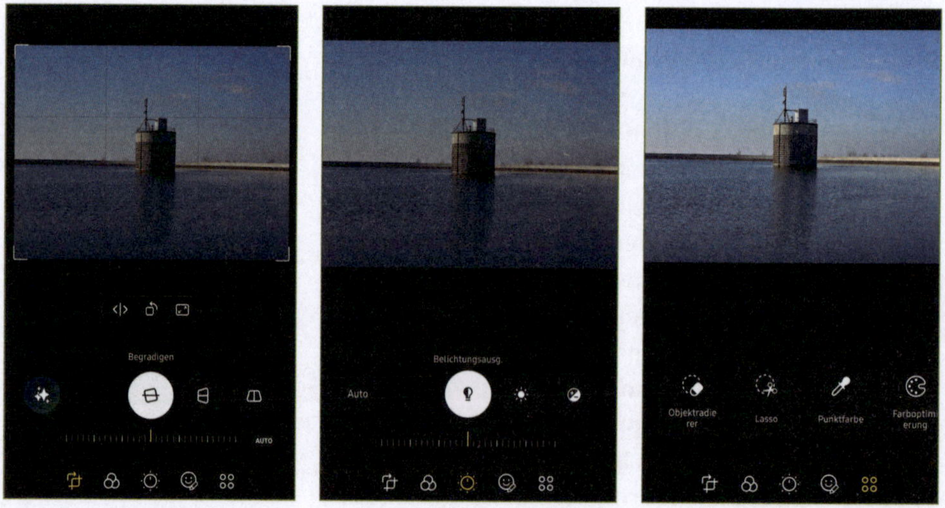

- **Das nächste Symbol** hält Regler bereit, um Belichtung, Kontrast und Sättigung anzupassen. Eine automatische Optimierung Ihres Fotos können Sie durch Tippen auf *Auto* durchführen lassen.
- **Über das *Smiley*-Symbol** rechts davon erhalten Sie Zugriff auf die *Zeichenfunktion* sowie *Sticker* und *AR-Emojis*. Auch die *Textfunktion* zur Beschriftung finden Sie hier.
- **Für weitere Funktionen** tippen Sie rechts unten auf das *Vier-Punkte*-Symbol. Mit dem *Objektradierer* lassen sich Objekte durch Antippen markieren und anschließend löschen. So verschwinden beispielsweise Strandkörbe von einer Strandszene. Tipp: Löschen Sie Objekte einzeln und nicht mehrere Objekte in einem Arbeitsgang – das führt zu besseren Ergebnissen.

Das Menü der Galerie-App

Hier können Sie sich Videos, Favoriten, aktuelle Fotos oder Fotos gruppiert nach Standortdaten anzeigen lassen. Oder Sie rufen den Papierkorb auf, um versehentlich gelöschte Fotos wiederherzustellen oder dessen Inhalt endgültig zu löschen.

Die Cloud-Synchronisierung

In den *Einstellungen* aktivieren Sie die *Cloud-Synchronisierung*. Sie ist eine komfortable Möglichkeit, von vielen anderen Geräten aus wie Tablet, PC oder Mac auf Ihre Fotos zuzugreifen. Dafür müssen Sie den obersten Punkt *Mit OneDrive synchronisieren* aktivieren.
Nun lädt Ihr Smartphone im Hintergrund alle Fotos auf einen Server von Microsoft hoch und Sie sind etwas mehr geschützt vor Datenverlust.
Unter Umständen ist vorab eine Registrierung bei Microsoft erforderlich, falls Sie noch kein Microsoft-

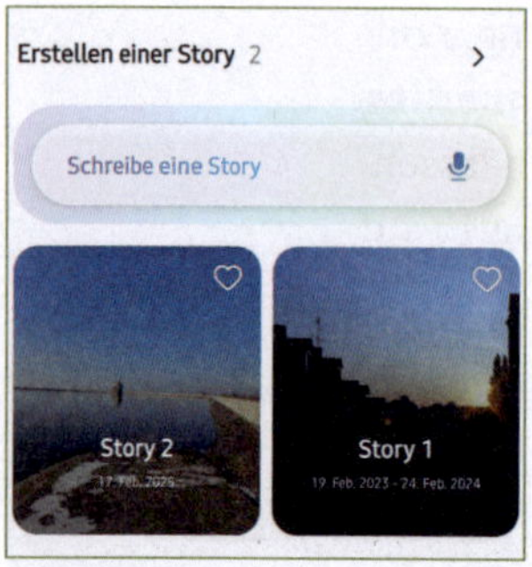

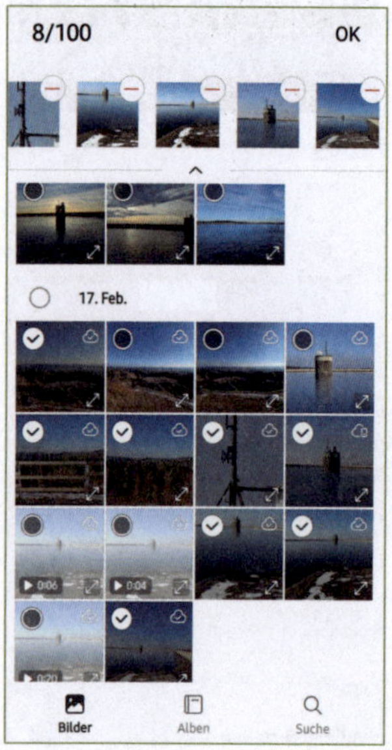

Konto haben. Auch besteht eine Maximalgrenze an kostenfreiem Speicherplatz von 5 GB.
Sind Sie auf einem anderen Samsung-Gerät wie einem Tablet oder einem Smart-TV ebenfalls angemeldet, können Sie Ihre Fotos auch dort jederzeit abrufen.

Story erstellen

Neben der Bildbearbeitung können Sie Fotos auch zu sogenannten Storys zusammenstellen. Das ist eine Art automatisch ablaufende Diashow mit Ihren zuvor ausgewählten Lieblingsfotos.

1 Um eine Story zu beginnen, wechseln Sie zur Registerkarte *Storys* und wählen Sie im Menü (oben links) den Punkt *Story manuell erstellen*.

2 Vergeben Sie einen Namen.

3 Markieren Sie nun die Bilder, die Sie zu dieser Story hinzufügen wollen.

4 Schließen Sie den Vorgang mit *OK* ab.

5 Sie können sich nun die Story-Bilder anschauen.

6 Über das Menü (*drei Punkte* oben rechts) lässt sich die Story nachträglich bearbeiten. Oder Sie tippen auf das Vorschaubild, um die Story als *Diashow* wiedergeben.

Richtig belichten mit dem Smartphone

Einfach auf den Auslöser klicken, fertig ist der Schnappschuss – meist reicht beim Fotografieren mit dem Handy die Automatik. Aber besonders bei hellen oder dunklen Motiven oder Hintergründen liegt die Belichtungsautomatik schon mal daneben. Fahl-überbelichtete oder düster-unterbelichtete Bilder sind die Folge. In solchen Situationen können Sie gegensteuern, indem Sie den wichtigsten Bildbereich fokussieren.

Im voreingestellten Automatikmodus geht das meist so: Tippen Sie zunächst auf den wichtigsten Bildinhalt. Die App fokussiert dann diesen Bildbereich und versucht, ihn mit einer Spot-Messung korrekt zu belichten. Oft reicht das schon.
Nicht jedoch bei sehr hellen oder dunklen Motiven. Hier sollten Sie, wenn nötig, die Belichtung von Hand korrigieren. Je nach App erscheint dafür ein Sonnen- oder Glühbirnen-Symbol neben dem ausgewählten Bildteil. Das lässt sich in zwei Richtungen verschieben, um das Bild je nach Bedarf heller oder dunkler zu machen – bis das Motiv richtig belichtet ist und der Gesamteindruck stimmt.

Der perfekte Sofort-Schnappschuss

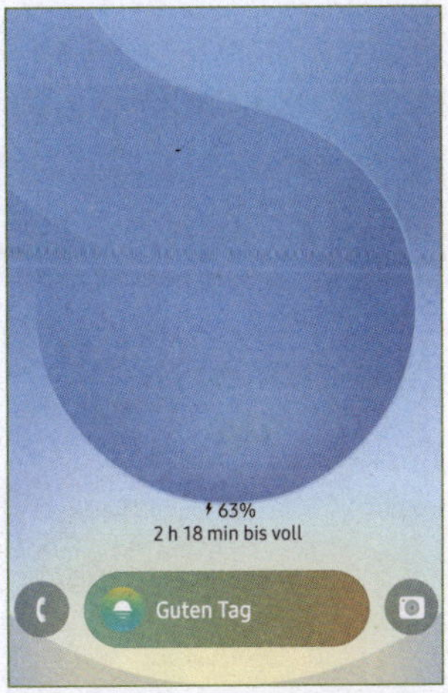

Der Vorteil der Smartphonekamera ist, dass Sie sie immer dabei haben. Wenn dieser ganz besondere Moment kommt, den Sie unbedingt festhalten möchten, können Sie die Kamera über eine Abkürzung starten.

1 Drücken Sie zweimal kurz die *Ein/Aus*-Taste. Das aktiviert die Kamera.

2 Auslösen können Sie mit dem weißen Button auf dem Bildschirm oder einer der Lautstärketasten.

Falls Sie schneller mit dem Touchscreen als mit den Tasten sind, gibt es auch hierfür eine Alternative: Tippen Sie doppelt auf das Display, um es einzuschalten, dann das Kamerasymbol unten rechts gedrückt halten – schon startet die Kamera-App und ist aufnahmebereit.

Die erweiterten Funktionen

Smartphones – zumindest die Premium-Modelle – sind heute vielfach ähnlich leistungsfähig wie Computer und Notebooks. Von daher bietet es sich an, ein Smartphone nicht nur zum Telefonieren, Surfen und Nachrichtenschreiben zu verwenden. Erfahren Sie, mit welchen Apps Sie den Funktionsumfang Ihres Geräts erweitern und auch die Grundfunktion effektiver einsetzen können.

Virtuelle Assistenten und künstliche Intelligenz

Sprachgeführte Assistenten werden dank künstlicher Intelligenz (KI) immer leistungsfähiger. Google und Apple bieten zwar weiterhin ihre Assistenten Assistant und Siri an, beide Unternehmen haben mit Gemini und Apple Intelligence aber auch Chatbots mit generativer KI im Angebot. Und auf Samsung-Smartphones startet die Funktionstaste ab Werk nun nicht mehr Bixby, sondern den Google Assistant beziehungsweise den KI-Chatbot Gemini. Weitere KI-Funktionen fasst Samsung unter dem Oberbegriff Galaxy AI zusammen.

Assistenzsysteme, egal welche, benötigen Daten, und zwar Ihre Daten. Zwar können Gemini und Galaxy AI ihre künstliche Intelligenz auch direkt auf ihrem Gerät entfalten, ohne mit Servern von Google oder Samsung zu kommunizieren, aber bestimmte Funktionen lassen sich nur nutzen, wenn eine Verbindung mit einem Server im Internet besteht. Und dieser Server verarbeitet dann alle Daten, mit denen Sie eine künstliche Intelligenz füttern. Sie sollten sich also im Klaren sein, dass Sie einen Teil Ihrer Privatsphäre aufgeben, um diese Komfortfunktionen nutzen zu können.

1 Gestartet wird der Assistent durch langes Drücken der *Funktionstaste* auf der rechten Gehäuseseite. In den Einstellungen der Funktionstaste (siehe Seite 167) können Sie festlegen, welches Assistenzsystem Sie nutzen wollen. Die besten Ergebnisse erzielen Sie derzeit mit Google Gemini. Den Chatbot müssen Sie aber ggf. nach dem ersten Start von Google Assistant noch aktivieren.

2 Starten Sie Gemini, indem Sie die Funktionstaste drücken und ca. eine Sekunde halten.

3 Sie können nun Gemini eine Frage stellen, indem Sie einen Text eintippen, über das Mikrofon die Spracheingabe starten oder ganz rechts einen Live-Chat beginnen.

4 Fragen Sie einfach nach dem Wetter, der Uhrzeit, oder nach Restaurants oder Ausflugszielen in der Nähe. Sie können mit Gemini auch über Kunst, Architektur oder Wissenschaft reden. Oder Sie bitten Gemini Ihnen zu zeigen, wie Sie Ihr Smartphone ausschalten. Gemini startet aber auch Apps für Sie und schickt beispielsweise SMS oder WhatsApp-Nachrichten an Ihre Kontakte. Gemini findet aber auch Videos auf Youtube oder öffnet Websites für Sie.

5 Im Unterschied zu Bixby oder dem Google Assistant versteht Gemini natürliche Sprache. Sie müssen also nicht einen Sprachbefehl verwenden, den der Assistent kennt, sondern können mit ihm reden, wie mit einer anderen Person.

Einstellungen für Gemini

Am oberen Bildrand zeigt Gemini das aktuell verwendete KI-Modell an. Voreingestellt ist Flash 2.0, dass für die alltägliche Nutzung optimiert ist.

▶ Das *Symbol oben links* ruft den Chat-Verlauf auf.

▶ Das Menü öffnen Sie über das *Profilbild oben rechts*. Hier können Sie wieder zum Google Assistant zurückkehren, falls Ihnen Gemini nicht gefällt, oder Sie rufen die Einstellungen auf. Passen Sie die Stimme von Gemini an oder legen Sie fest, ob Gemini Aufgaben von Google Assistant übernehmen soll.

Samsungs künstliche Intelligenz Galaxy AI

Samsung bietet unter anderem auf dem S23, S24 und dem S25 verschiedene Assistenten an, die künstliche Intelligenz nutzen, um den Funktionsumfang verschiedener Samsung-Apps zu erweitern. Sie finden sich in den Einstellungen unter dem Punkt Galaxy AI.

▶ **Der Telefon-Assistent** kann Anrufe in Echtzeit übersetzen. Wählen Sie beim Start die zu übersetzende Sprache aus und laden Sie eventuell benötigte Sprachpakete herunter. Während eines Anrufs müssen Sie dann nur noch auf das Symbol für den Anruf-Assistenten klicken, um die Live-Übersetzung zu starten.

▶ **Der Schreib-Assistent** kommt indes bei SMS und Chats zum Einsatz und korrigiert Grammatik und Rechtschreibung oder ändert den Schreibstil.

▶ **Der Browsing-Assistent** kann indes Webseiten übersetzen oder deren Inhalte zusammenfassen.

▶ **Künstliche Intelligenz** unterstützt Sie aber auch bei der Bearbeitung von Fotos oder der Erstellung von Bildern. Mit dem Portrait-Studio können Sie sogar ein Foto einer Person in eine Skizze umwandeln. Die KI-Funktionen starten Sie stets in der jeweiligen App.

Falls Sie besonderen Wert auf den Schutz ihrer Daten legen, sollten Sie den Punkt *Daten nur auf Gerät verarbeiten* aktivieren. Damit wird verhindert, dass Daten an

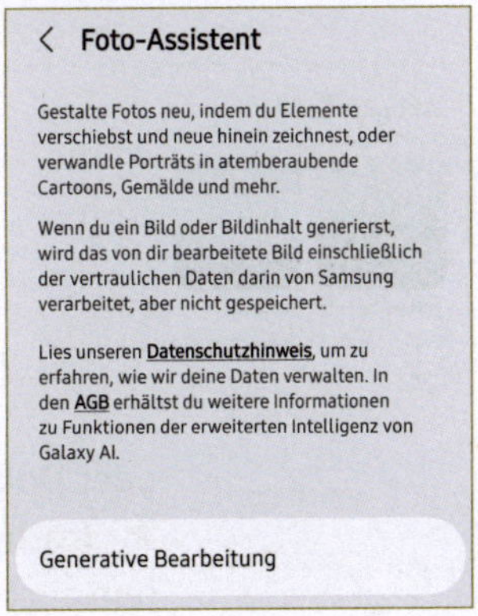

Samsung übermittelt werden und die künstliche Intelligenz von Ihren Eingaben lernt. Die lokale Datenverarbeitung kann aber zu schlechteren Ergebnissen führen. Außerdem benötigen einige Funktionen eine Online-Verbindung.

Künstliche Intelligenz – nützlicher Helfer oder unnütze Spielerei?

Noch sind KI-Chatbots wie Gemini nicht in der Lage, den sprechenden Computern in Science-Fiction-Fernsehserien das Wasser zu reichen. Auch wirkt es auf viele Menschen befremdlich, wenn jemand in der Öffentlichkeit mit seinem Smartphone spricht.
Aber sie bieten inzwischen einige hilfreiche Funktionen wie das Zusammenfassen von Inhalten oder zur Bedienung von Apps. Ein Problem bleibt der Datenschutz, da die Systeme weiterhin lernen müssen, was sie nur mit Daten von Nutzern können.

Die Ordner-App: Eigene Dateien

Die Dateien auf Ihrem Smartphone verwalten Sie mit der App *Eigenen Dateien*, die sich im Samsung-Ordner im App Drawer befindet. Sie zeigt nach dem Start die zuletzt verwendeten Dateien an, Dateikategorien und die verfügbaren Speicherorte.

▶ **Über die Kategorien** greifen Sie gezielt auf bestimmte Dateitypen wie Bilder, Videos, Musikdateien oder Dokumente zu.

▶ **Im internen Speicher** befinden sich neben dem Betriebssystem auch alle installierten Apps sowie verschiedene voreingestellte

Ordner wie *Downloads*, *Pictures* oder auch der Kamera-Ordner *DCIM*.

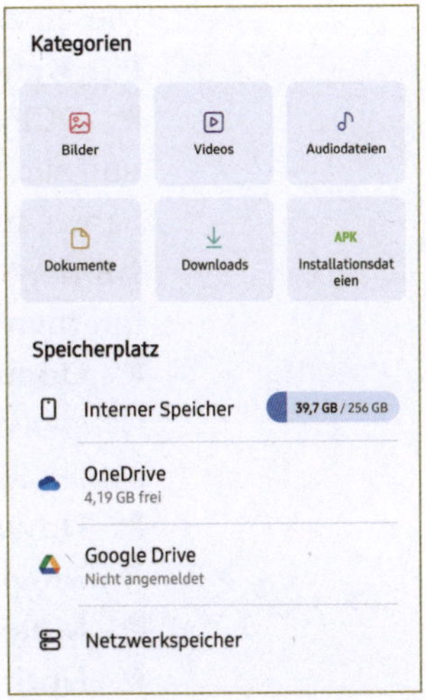

- **Auf der SD-Karte**, falls vorhanden, legen Sie vor allem Daten ab. Das kann Ihre Musiksammlung sein oder ein Fotoalbum. Auch bestimmte Apps können Daten auf der SD-Karte statt im internen Speicher hinterlegen.
- **Cloud:** Die App integriert auch die Cloud-Dienste *Google Drive* und *Microsoft OneDrive*. Sobald Sie ein Konto eines dieser Anbieter haben, haben Sie automatisch auch Zugriff auf kostenlosen Onlinespeicher. Tippen Sie auf den gewünschten Speicher, um sich anzumelden und dessen Inhalt anzuzeigen. Sie können aber auch einen Netzwerkspeicher hinzufügen.

Dateizugriffe nach Kategorie

Tippen Sie auf eine Kategorie, um sich etwa alle Bilder anzeigen zu lassen. Im Gegensatz zur Galerie sehen Sie hier allerdings keine Alben, sondern Ordner. Tippen Sie auf einen Ordner, um dessen Inhalt aufzurufen. Sobald Sie auf eine Datei tippen, wird diese mit der zugehörigen App geöffnet – im Fall von Fotos wäre dies die Galerie-App. Ist noch keine App fest zugeordnet, fragt Android, welche App benutzt werden soll. Sie müssen nur noch festlegen, ob Sie diese App *einmalig* oder *immer* zum Öffnen dieses Dateityps verwenden wollen.

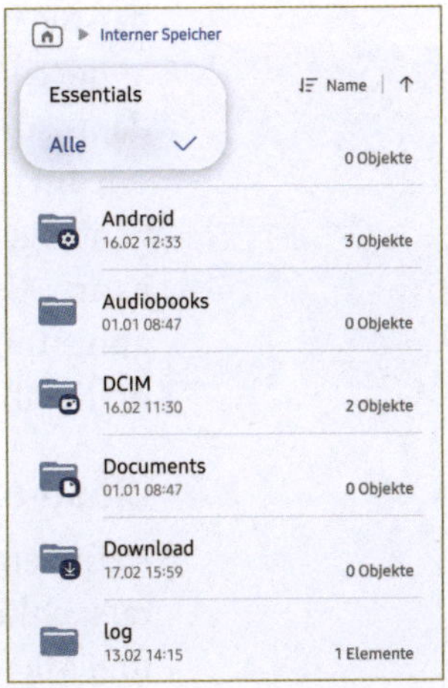

Zugriff über Speicherort

Wenn Sie wissen, wo eine Datei liegt, wählen Sie *Interner Speicher* oder *SD-Karte*, um auf sie zuzugreifen. Nun sehen Sie eine Ordnerliste. Tippen Sie links oben auf *Essentials*, um sich statt der wichtigsten Ordner alle Ordner anzeigen zu lassen. Interessant sind die folgenden Ordner, da sie häufig von Apps benutzt werden.

Dieselben Ordner sehen Sie übrigens auch im Dateimanager Ihres PCs, wenn Sie von dort aus per USB auf das Smartphone zugreifen:

- **DCIM:** Hier landen alle mit der Kamera aufgenommenen Fotos und auch alle Screenshots. Sobald Sie eine Speicherkarte eingelegt haben, speichert die Kamera alle Inhalte übrigens im DCIM-Ordner auf der Speicherkarte. Ansonsten liegen sie im DCIM-Ordner im internen Speicher.
- **Documents:** Falls Sie Dokumente, also Text-Dateien, Word-Dateien oder PDFs suchen oder Apps zur Verfügung stellen wollen, sollten Sie hier nachschauen.
- **Download:** Speicherort aller heruntergeladenen Dateien
- **Movies:** Speicherort für Filme und Serien
- **Music:** Speicherort für Musik
- **Notifications:** Speicherort für Benachrichtigungstöne
- **Pictures:** noch ein Ordner für Bilder, der jedoch nicht von der Kamera benutzt wird
- **Weitere eigene Ordner** gibt es für Klingeltöne (*Ringtones*), *Podcasts*, Wiedergabelisten (*Playlists*) und Sprachaufnahmen (*Voice Recorder*).

Diese Ordner sollten Sie aus einem einfachen Grund kennen: Haben Sie nämlich bereits Inhalte auf einem PC oder Mac oder einem anderen Gerät, die Sie auf Ihrem Smartphone nutzen möchten, dann können Sie diese Inhalte einfach auf das Smartphone kopieren. Im richtigen Ordner gespeichert, ist sichergestellt, dass die zugehörige Smartphone-App den Inhalt auch findet und nutzen kann. Als Beispiel hatten wir bereits die eigenen Benachrichtigungstöne, die das Galaxy-Smartphone nur nutzen kann, wenn sie im Notifications-Ordner liegen.

Cloud-Speicher im Test

Daten auf fremden Servern ablegen – da ist eine gewisse Skepsis tatsächlich angebracht. Die im Test vertretenen Anbieter Google und Microsoft sind jedoch als vertrauenswürdig einzustufen, trotz

aller auch berechtigten Kritik an der Datensammelwut des einen oder anderen Unternehmens. Daten, die unter keinen Umständen öffentlich werden dürfen, sollte man aber am besten keiner Cloud anvertrauen.
Zudem lässt sich der Speicher vieler Samsung-Smartphones, vor allem der S- und Z-Serie, nicht mehr erweitern. Sie sind dann auf die Größe des internen Speichers angewiesen – und auf die Cloud. Dort abgelegte Daten haben sie jederzeit und überall zur Hand – mit einem begrenzten Speicherplatz (Google 15 GB, Microsoft 5 GB) sogar kostenlos.
Es gibt viele weitere Anbieter auf dem Markt. Die Stiftung Warentest untersuchte im Oktober 2023 neun beliebte deutschsprachige betriebssystemübergreifende Cloud-Speicherdienste mit Gratis-Varianten. Insgesamt bot Google den besten Cloud-Dienst, dicht gefolgt von Microsoft. Die beiden Portale funktionierten gut, sind einfach zu handhaben und kommen als einzige im Test mit sehr geringen Mängeln in den Datenschutzerklärungen, Nutzungs- und Geschäftsbedingungen aus. Mehr dazu finden Sie unter www.test.de/cloud.

Netzwerkspeicher (NAS)

Immer häufiger finden sich auch in Privathaushalten und Büros sogenannte Netzwerkspeicher (NAS, englisch: Network Attached Storage). Im Prinzip handelt es sich um Festplatten, die nicht direkt an einen PC angeschlossen und stattdessen über das Netzwerk erreichbar sind. Auch vielen Besitzern einer Fritz!Box steht eine NAS-Funktion zur Verfügung – sie müssen lediglich einen USB-Speicher an ihren Router anschließen.

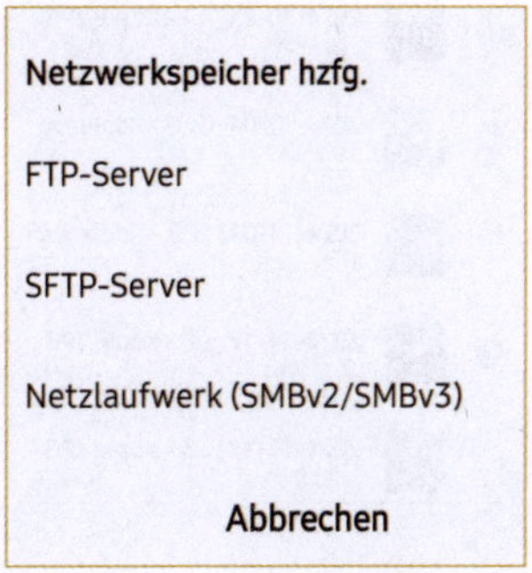

1 Tippen Sie auf *Netzwerkspeicher*, um eine Verbindung zu einem NAS herzustellen.
2 Möglicherweise verlangt *Eigene Dateien* nun ein Update, das Sie zuerst installieren müssen (auf *Aktuali-*

sieren klicken). Über *Öffnen* kehren Sie in dem Fall zur Dateien-App zurück, um erneut auf Netzwerkspeicher zu tippen.

3 Gewähren Sie die benötigten Berechtigungen und tippen Sie auf *Netzwerkspeicher hinzufügen*.

4 Sie haben nun drei Optionen: *FTP*, *SFTP* und *SMB*. Dabei handelt es sich um verschiedene Techniken, um eine Verbindung zu einem Netzwerkspeicher herzustellen. Ein NAS unterstützt in der Regel *SMB*, in Ausnahmefällen benötigen Sie *FTP* oder *SFTP*.

5 Tippen Sie auf *SMB*, um eine Liste der per SMB erreichbaren Netzwerkspeicher anzuzeigen.

6 Wählen Sie eines der Geräte durch Antippen aus und geben Sie die benötigten Informationen ein. *Adresse* und *Port* müssen in der Regel nicht geändert werden. Der *Benutzername* und das *Passwort* entsprechen den von Ihnen festgelegten Anmeldedaten für das Gerät.

7 Schließen Sie die Einrichtung mit *Hinzufügen* ab. Anschließend sollten Sie die Ordnerstruktur Ihres Netzwerkspeichers sehen. Künftig rufen Sie Ihr NAS in der Eigene-Dateien-App über *Netzwerkspeicher* auf.

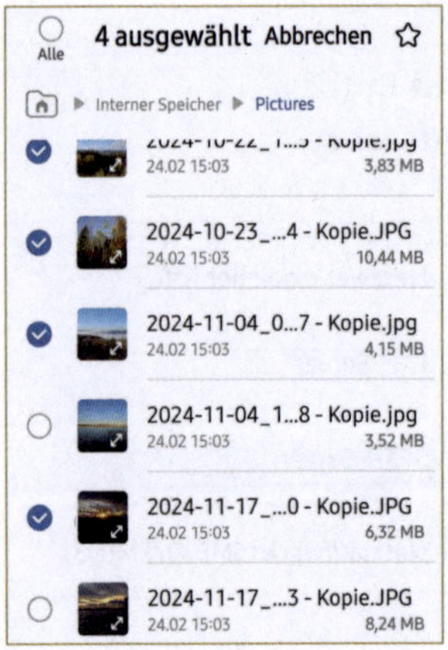

Ordner oder Dateien löschen

1 Tippen oder halten Sie eine Datei oder einen Ordner, um den Bearbeitungsmodus zu starten.

2 Die angetippte Datei oder der Ordner ist bereits ausgewählt – erneutes Antippen entfernt den Haken.

3 Weitere Dateien/Ordner fügen Sie durch Antippen hinzu. Oder Sie tippen am oberen Bildrand auf *Alle*, um den gesamten Inhalt des Ordners inklusive Dateien und Unterordnern auszuwählen.

4 Schließen Sie den Vorgang mit *Löschen* am unteren Bildrand ab. Seit Android 10 integriert Samsung übrigens einen *Papierkorb* in Apps wie Dateien und Galerie.

Dateien oder Ordner verschieben, kopieren oder umbenennen

1 Gehen Sie wieder in den Bearbeitungsmodus, indem Sie auf eine Datei oder einen Ordner tippen und halten.

2 Wählen Sie die gewünschten Dateien durch Setzen des Hakens aus.

3 Am unteren Bildrand befinden sich die Symbole für die Befehle *Verschieben*, *Kopieren* und *Senden*.

4 Wählen Sie die gewünschte Option und navigieren Sie über die Registerkarten am oberen Bildrand zum neuen Speicherort (Interner Speicher, OneDrive oder Netzwerkspeicher).

5 Schließen Sie den Vorgang mit *Hierher verschieben/kopieren* ab.

6 Über das *Senden*-Menü können Sie Dateien oder einen Ordner beispielsweise per E-Mail oder Messenger verschicken oder in einem sozialen Netzwerk wie Facebook veröffentlichen.

7 Sobald Sie eine einzelne Datei/einen Ordner markieren, stehen Ihnen im Menü (*drei Punkte*) auch die Optionen *Umbenennen* und *Zum Startbildschirm hinzufügen* zur Verfügung.

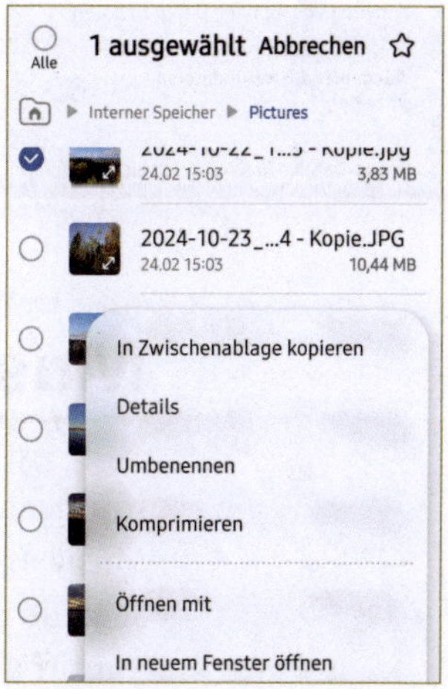

Die Speicheranalyse

Wenn Sie in der Dateien-App ganz nach unten scrollen, finden Sie unter dem Punkt *Hilfsprogramme* den Punkt *Speicher verwalten*. Hier wird Ihnen eine Übersicht des verwendeten Gerätespeichers sowie die Auslastung der einzelnen Speicherorte angezeigt. Eine horizontale Wischgeste führt Sie zum nächsten Speicher. Falls vorhanden, sehen Sie nun auch doppelte, große und nicht verwendete Dateien am aktuellen Speicher-

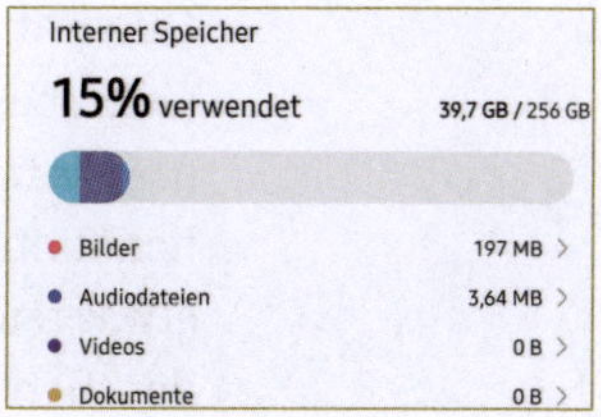

ort. Tippen Sie auf eines der Elemente, um sich weitere Details anzeigen zu lassen. Sie gelangen nun in einen Bearbeitungsmodus, über den Sie doppelte oder große Dateien verschieben oder löschen können. Oder Sie löschen den Papierkorb, um Speicher freizugeben.

Die Einstellungen der Daten-App

In den *Einstellungen* können Sie Ihre Cloud-Konten konfigurieren, die auf der Startseite der App *Eigene Dateien* angezeigten Elemente auswählen und festlegen, dass Cloud-Dateien nur über WLAN abgerufen werden. Oder Sie legen fest, ob für den Zugriff auf Ihre Cloud- und Netzwerkspeicher auch mobile Daten verwendet werden dürfen. Beachten Sie bitte, dass Dateiübertragungen das in Ihrem Mobilfunktarif enthaltene Datenvolumen schnell auffressen können.

Musikstreaming im Test

In unserer Untersuchung von neun exemplarisch ausgewählten Musikstreamingdiensten im Oktober 2022 fanden wir große Unterschiede im Funktionsumfang – und einen Sieger. Alle neun bieten Zugriff auf zig Millionen Musiktitel, Hörspiele und Podcasts. Fünf Anbieter werben damit, Musik auch in verlustfrei komprimierter Qualität zu bieten, was mit höheren Datenraten einhergeht, aber einen besseren Klang verspricht.

Abgesehen von Aldi Life Musik bieten alle neben Einzel- auch Familienkonten, die jeweils für bis zu sechs Personen gelten. Das Abo ist etwas teurer, heruntergerechnet auf den Preis pro Nutzer allerdings deutlich günstiger. Damit bergen sie ein ordentliches Sparpoten-

zial – und bieten darüber hinaus oft noch einen Zusatznutzen: So lassen sich in den Familienkonten von Amazon, Apple, Deezer, Spotify und Youtube auch spezielle Kinderprofile einrichten, die für Kinder ungeeignete Inhalte sperren. Tidal ermöglicht das über entsprechende Jugendschutzeinstellungen.
Mit einem besonders üppigen Funktionsumfang positioniert sich Marktführer Spotify klar als Testsieger. Der Dienst kostet 10,99 Euro pro Monat. Der zweite Platz geht an Deezer für 11,99 Euro. Spartipp: Beide bieten auch werbefinanzierte Gratisangebote und günstige Familientarife. Mehr dazu siehe test.de/musikstreaming.

Die Musik-App: Samsung Music

Samsung stattet seine Smartphones auch mit einer App zur Musikwiedergabe aus. Falls Samsung Music nicht auf Ihrem Gerät vorinstalliert ist, finden Sie die App auch im Galaxy App Store. Dort wie auch im App Drawer erkennen Sie sie an ihrem *Noten*-Symbol. Beim ersten Öffnen müssen Sie allerdings noch die Nutzungsbedingungen akzeptieren und den Zugriff auf den Speicher gewähren – erst danach öffnet sich die App in der Ansicht *Wiedergabeliste*.

Die weiteren Ansichten *Spotify*, *Favoriten*, *Titel*, *Alben*, *Interpreten* und *Ordner* erreichen Sie über eine horizontale Wischgeste. Oder Sie verschieben die Registerkarten mit dem Finger und wählen die gewünschte Karte aus.
Öffnen Sie nun ein Album, einen Ordner, einen Interpreten oder eine Wiedergabeliste durch Antippen. Die

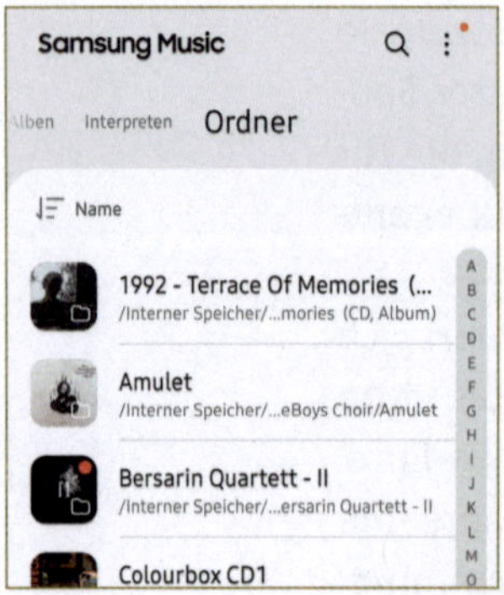

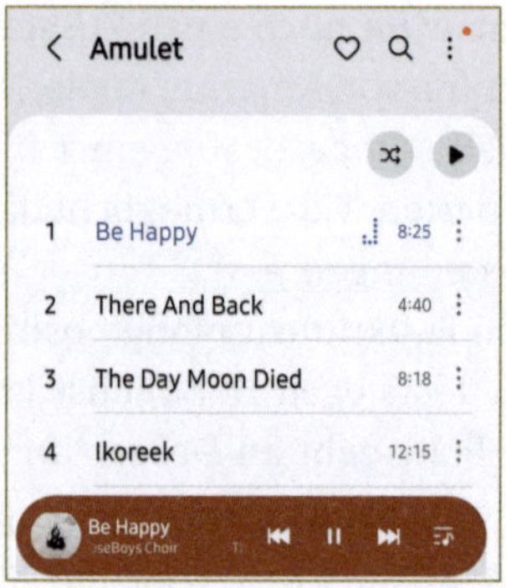

Wiedergabe starten Sie durch Antippen eines Musiktitels – der aktuell wiedergegebene Titel wird nun auch am unteren Bildrand zusammen mit den Steuerelementen für *Zurück*, *Pause* und *Vor* angezeigt. Tippen Sie auf diesen „Mini-Player“, um ihn zu vergrößern. Nun können Sie den Zeitbalken verschieben, um vor- oder zurückzuspulen, das *Herz* antippen und das Musikstück zu den *Favoriten* hinzufügen oder das *Plus*-Zeichen wählen, um den Titel auf eine Wiedergabeliste zu setzen.

Eine neue Wiedergabeliste erstellen

1 Wechseln Sie zur Registerkarte *Wiedergabelisten* und tippen Sie auf das *Plus*-Zeichen oben rechts.

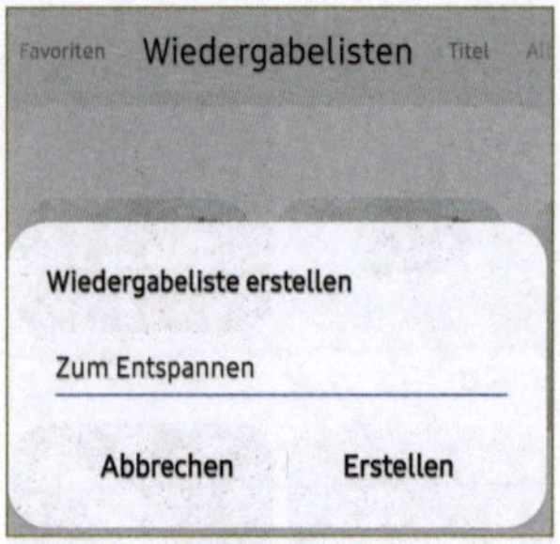

2 Geben Sie der Liste einen Namen und tippen Sie auf *Erstellen*.

3 Nun müssen Sie Musikstücke auswählen, entweder anhand des *Titels*, des *Albums*, des *Interpreten* oder des *Ordners*, in dem die Musikstücke gespeichert wurden.

4 Mit *Ok* in der rechten oberen Ecke schließen Sie die Auswahl ab.

5 Sie sehen nun Ihre neue Wiedergabeliste und können die Wiedergabe durch Antippen eines Titels starten.

Eine Wiedergabeliste importieren

Sie haben bereits eine gut organisierte digitale Musiksammlung mit zahlreichen Wiedergabelisten? Dann können Sie die Wiedergabelisten im Format .m3u einfach zusammen mit den Musik-Dateien in den Music-Ordner Ihres Smartphones kopieren.

Anschließend rufen Sie das Menü der Music-App auf, gehen in die *Einstellungen* und scrollen nach unten zum Punkt *Wiedergabelisten verwalten*.

Dort finden Sie die Funktion zum Importieren von Wiedergabelisten. Wählen Sie einfach die zu importierenden Wiedergabelisten durch Antippen aus und tippen Sie anschließend auf *Importieren*.

Die Musikwiedergabe wird fortgesetzt, auch wenn Sie die App verlassen.

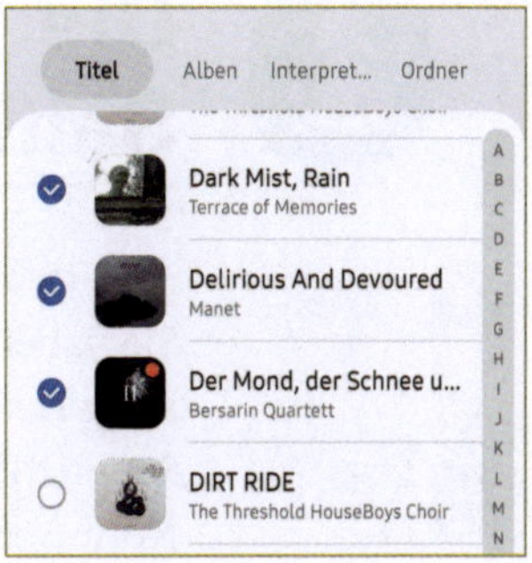

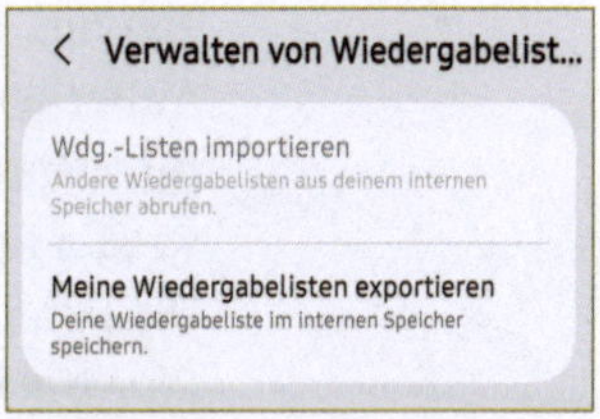

Wiedergabe steuern per Mini-Player

In der Benachrichtigungsleiste finden Sie einen weiteren Mini-Player, mit dem Sie die Wiedergabe steuern können. Dasselbe gilt, je nach Einstellung, auch für den Sperrbildschirm. Tippen Sie auf das *Kreuz* im Mini-Player, um ihn endgültig zu schließen.

Toneffekte und Equalizer

Über das Menü der App lassen sich zudem Toneffekte aufrufen. Die Tonqualität verbessern Sie mit *Dolby Atmos*, einem *Equalizer* und *Adapt Sound* (siehe Seite 80). Rufen Sie die *Einstellungen* der App auf, um *Überblendeffekte* auszuwählen, die Musiksteuerung über den Sperrbildschirm zuzulassen oder einen *Sleep Timer* einzuschalten. Oder Sie verwalten die Registerkarten, die Ihnen die App anbietet, um nicht benötigte Karten auszublenden.

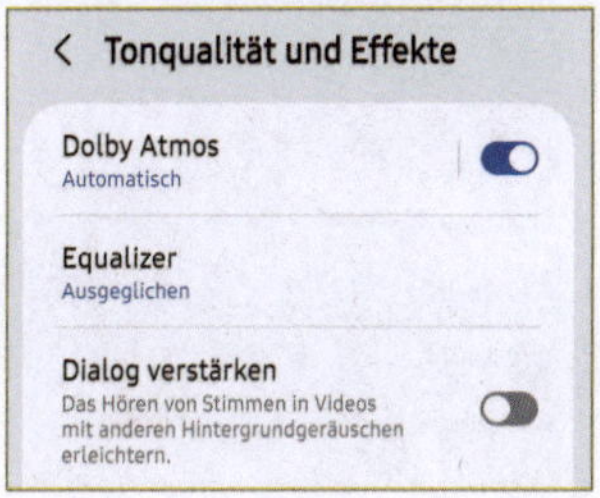

Die Gesundheits-App: Samsung Health

Schritte zählen, Aktivitäten erfassen – Ihr Galaxy-Smartphone kann Sie dabei unterstützen, gesund zu leben. Die App dafür heißt Samsung Health und findet sich im App Drawer. Die für die Puls- und Sauerstoffmessung benötigten Sensoren sind älteren Galaxy-S- und Note-Geräten vorbehalten – die aktuellen Galaxy-Modelle sind hierfür auf eine Smartwatch oder ein Fitnessarmband angewiesen. Da Gesundheitsdaten sehr persönlich sind, hat die Health-App ihr eigenes Kleingedrucktes, dem Sie zuerst zustimmen müssen. Außerdem benötigt die App verschiedene Berechtigungen. Und Sie müssen noch Ihre Fitnessinteressen festlegen, die Sie jederzeit wieder ändern können.

Die Health-App arbeitet mit Elementen für Kategorien wie *Schritte*, *Blutdruck* oder *Stress*. Sie können bei Bedarf aber auch Daten zu Ihren Mahlzeiten eingeben oder etwa Ihren Schlaf bewerten. Alle Kategorien sind selbstverständlich optional. Öffnen Sie rechts oben das Menü, um die Elemente auf dem Startbildschirm der App zu verwalten und die Kategorien auszuwählen, mit denen Sie arbeiten möchten.

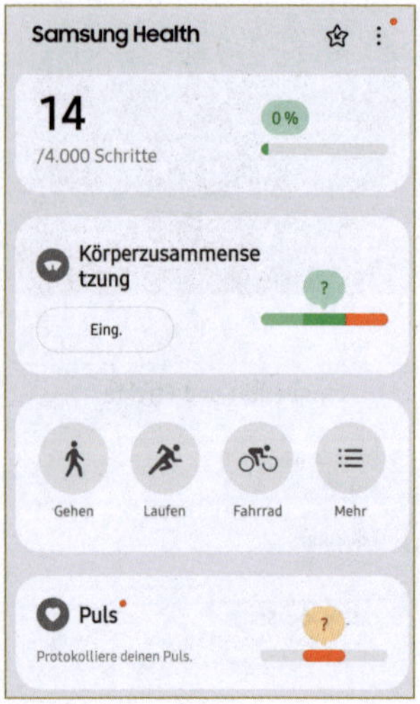

- *Schritte* werden nur erfasst, wenn Sie das Smartphone während Ihrer Aktivitäten am Körper mitführen. Sensoren erkennen, wann Sie sich bewegen, und können auch zwischen Gehen und Stehen unterscheiden.
- **Tippen Sie auf** *Gehen oder Laufen*, um ein Training auszuwählen, und geben Sie die benötigten Details wie beispielsweise das Ziel für die Länge eines Spaziergangs ein.
- *Puls* **und** *Blutsauerstoff* des Bluts messen Sie mit dem Sensor auf der Rückseite älterer Galaxy-Smartphones (nur bis Galaxy S10, Note 10) oder mit einer Smart-

watch. Starten Sie die Messung und legen Sie anschließend einen Finger mittig auf den Sensor. Achten Sie auf eine entspannte Körperhaltung – angespannte Muskeln in Hand und Arm können die Pulsmessung verfälschen.

- **Über die Registerkarte** *Community* können Sie zudem Ihre Ergebnisse mit anderen Nutzern vergleichen oder teilen.
- **In der Registerkarte** *Fitness* stellt Samsung Inhalte wie Anleitungen für Trainings und das Erreichen von Gesundheitszielen zur Verfügung.

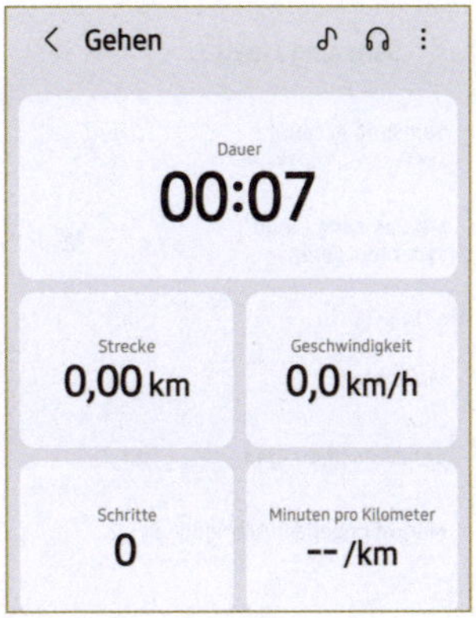

Ein eigenes Profil einrichten

Ihr eigenes Profil hilft der App, Ihre Ergebnisse zu bewerten. Geben Sie also die abgefragten Daten wie *Geschlecht*, *Alter*, *Größe* und *Gewicht* ein sowie Ihr aktuelles *Aktivitätslevel*. Über das *Kamera*-Symbol lässt sich auch ein eigenes Profil-Foto hinterlegen.

Falls Sie mit der Community interagieren wollen, können Sie auch einen Spitznamen eintragen. Ihre Daten inklusive Profil sind ab Werk beziehungsweise ohne Ihre Zustimmung nicht öffentlich – wir empfehlen, es auch dabei zu belassen.

Die Einstellungen von Samsung Health

In den *Einstellungen* sehen Sie unter anderem das Samsung-Konto, über das alle Health-Daten automatisch mit der Samsung-Cloud synchronisiert werden. Falls Sie dies nicht wünschen, tippen Sie auf den *Schieberegler*. Die Synchronisation hat jedoch den Vorteil, dass Ihre Daten von allen Samsung-Produkten, die Sie vielleicht nutzen, ausgewertet werden können. Die Option ist also wichtig, falls Sie mehr als ein Smartphone haben oder zusätzlich eine Smartwatch verwenden.

Prüfen Sie bei Bedarf, ob Health Gesundheitsdaten mit Fitness-Apps anderer Anbieter austauscht. Außerdem

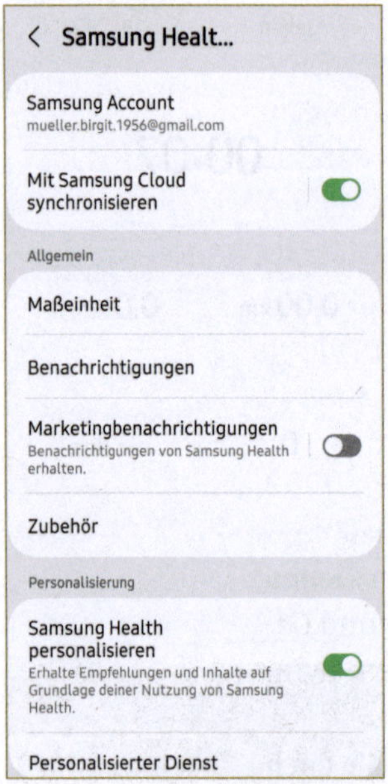

können Sie jederzeit Ihre Gesundheitsdaten herunterladen und auch alle persönlichen Daten löschen. Und über *Zubehör* verbinden Sie auch Geräte von Drittanbietern wie Pulsmesser und Fahrradsensoren mit Samsung Health.

Die Google-Apps: Chrome, Maps und Co

Viele Google-Apps sind bereits ab Werk auf Ihrem Gerät vorinstalliert. Diese sind ebenfalls allesamt kostenlos, benötigen zum Teil aber ein Google-Konto – über das Sie jedoch bereits verfügen. Einige der Google-Apps überschneiden sich mit dem Angebot von Samsung, andere ergänzen es.

Zu beachten ist außerdem, dass Google stets bemüht ist, seine Apps vor allem für die eigenen Dienste zu optimieren. Und man sollte im Hinterkopf behalten, dass Google alles, was die Firma kostenlos anbietet, über Werbung und damit über die Daten seiner Nutzer finanziert. Samsungs kostenlose Apps sind hingegen bereits über den Kaufpreis für das Samsung-Produkt bezahlt worden. Zwar darf Google laut einem Kartellurteil der EU aus dem Jahr 2018 seine Partner nicht mehr zwingen, seine Apps auf ihren Geräten vorzuinstallieren, im Laufe der Jahre sind die Apps jedoch für viele Nutzerinnen und Nutzer zum Standard geworden, sodass sie weiterhin ab Werk vorhanden sind.

Googles Browser-App: Chrome

Bis auf wenige zusätzliche Funktionen wird Chrome genauso bedient wie Samsung Internet. Das Symbol für Chrome und für alle anderen Google-Apps finden Sie im Google-Ordner auf dem Startbildschirm oder im App Drawer.

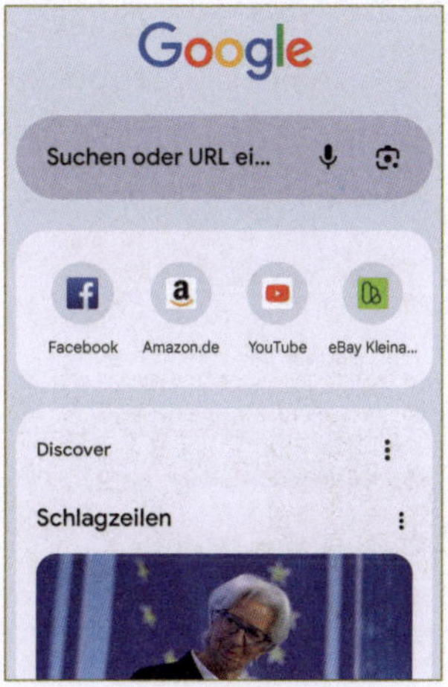

In den Einstellungen von Chrome (*drei Punkte* oben rechts) können Sie nun die Synchronisierung aktivieren. Dahinter verbirgt sich eine Funktion, die Passwörter, Verlauf und andere Browserdaten mit allen Chrome-Instanzen abgleicht, die Sie vielleicht auf anderen Smartphones, PCs oder Macs nutzen. Informationen wie den Browserverlauf nutzt Google aber auch, um Suchergebnisse und Werbung besser an Ihre Bedürfnisse anzupassen. Außerdem sollten Sie als Startseite die Chrome-Startseite auswählen.

Die Browser-Erweiterung Samsung Internet

Mit der Erweiterung *Samsung Internet*, die für die Browser Google Chrome und Microsoft Edge erhältlich ist, können Sie den Samsung-Browser mit Ihrem Browser für Windows und macOS synchronisieren. Suchen Sie auf dem Desktop einfach nach *Samsung Internet Browser Erweiterung* und installieren Sie die Erweiterung aus dem Chrome Web Store bzw. der Edge Add-ons Website.

Die App mit Google Assistant

In dieser App vereint Google seine Suchmaschine mit seinem digitalen Assistenten.

- Über das *Suchfeld* am oberen Bildrand können Sie wie gewohnt das Internet durchsuchen.
- Über das *Mikrofon* starten Sie die Spracheingabe, um entweder einen oder mehrere Suchbegriffe einzu-

geben oder eine Antwort auf eine Frage wie den aktuellen Wechselkurs des Dollars zu erhalten.

▶ Oder Sie tippen auf das *Kamera*-Symbol und fotografieren ein Objekt, einen Schriftzug oder ein Gebäude, um Informationen darüber zu erhalten.

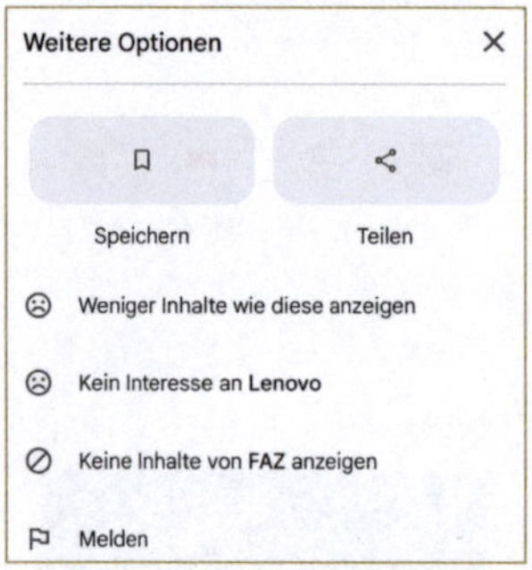

Darunter schlägt die Google-App verschiedene Themen vor, die Sie vielleicht interessieren könnten. Die Vorschläge werden besser, sobald Google mehr über Sie weiß.

Alternativ öffnen Sie das Menü einer Karte (über die *drei Punkte*), um beispielsweise Ihr Desinteresse an dem Artikel, dem Thema oder gar dem Herausgeber des Artikels zu bekunden. Auch auf diese Weise können Sie die Google-App und den Google Assistant anlernen und Sie bekommen im Laufe der Zeit immer mehr an passenden Vorschlägen angezeigt.

▶ **Über die** *Symbolleiste* am unteren Bildrand rufen Sie ebenfalls die Google-Suche auf. *Gespeichert* wiederum ist eine Funktion, mit der Sie Suchergebnisse beispielsweise nach Themen organisieren können, um sie zu einem späteren Zeitpunkt erneut abzurufen.

▶ **Das Menü** der App blenden Sie über das *Profilfoto* oben rechts ein. Hier können Sie über die Einstellungen Ihre Suche personalisieren. Bitte beachten Sie, dass diese Einstellungen auch für andere Geräte inklusive Ihres PCs gelten, sofern Sie dort dasselbe Google-Konto nutzen.

Googles E-Mail-App: Gmail

Gmail ist der Name von Googles eigenem E-Mail-Dienst, den Sie automatisch nutzen, weil Sie durch die Nutzung eines Android-Geräts höchstwahrscheinlich sowieso ein Google-Konto Ihr Eigen nennen. Dieses Konto ist bereits in der Samsung-App E-Mail eingerichtet, beim ersten Start von Gmail wird es Ihnen aber auch für die Gmail-App angeboten.

1 Tippen Sie auf *Weitere E-Mail-Adresse hinzufügen*, falls Sie ein weiteres Konto in Gmail einrichten wollen.

2 Wählen Sie nun den Anbieter – falls Ihr Anbieter nicht aufgeführt ist, tippen Sie auf *Sonstige*.

3 Die Einrichtung einer E-Mail-Adresse erfolgt unabhängig vom Anbieter praktisch genauso wie in Samsungs E-Mail-App. Sie benötigen also neben dem Benutzernamen und dem Passwort auch die Einstellungen für den Posteingangsserver (*POP3* oder *IMAP*) und den Postausgangsserver (*SMTP*) inklusive der Angaben zur verwendeten Verschlüsselung (*Protokoll TLS* oder *SSL*, *Port*).

Die Gmail-App kennt jedoch im Gegensatz zur Samsung-App die Einstellungen der deutschen Anbieter *T-Online*, *GMX* und *Web.de*.

Gmail: Posteingang und Zusatzfunktionen

Im Posteingang sehen Sie nun die eventuell schon vorhandenen Nachrichten.

Tippen Sie auf *Schreiben* unten rechts, um eine Nachricht zu verfassen. Auch hier können Sie für die Details auf die Anleitung zu Samsungs E-Mail-App zurückgreifen (siehe Seite 47). Das *Hamburger*-Menü oben links blendet die voreingestellten Ordner ein, die Google jedoch Labels nennt. Scrollen Sie nach unten, um von Gmail aus auf Ihre *Google-Kontakte* und den *Google-Kalender* zuzugreifen.

In den *Einstellungen* lassen sich schließlich die App konfigurieren, Einstellungen eines E-Mail-Kontos ändern oder ein neues Konto hinzufügen. Rufen Sie *Allgemeine Einstellungen* auf, um die Konversations-

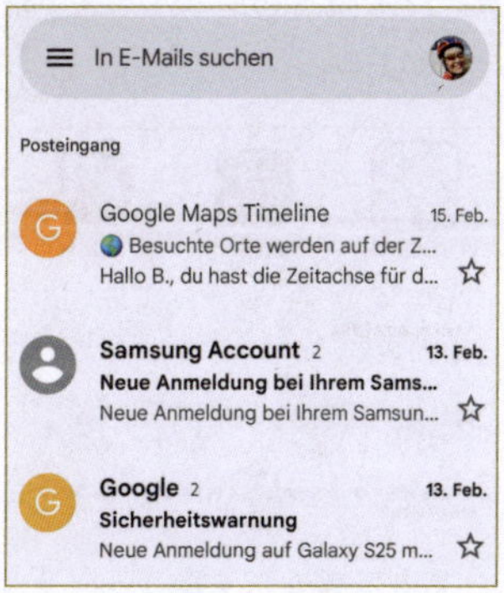

ansicht ein- oder auszuschalten oder die Aktionen festzulegen, die Gmail beim Wischen über Nachrichten ausführt.

Googles Karten-App: Google Maps

Smartphones sind auch in der Lage, Navigationsgeräte zu ersetzen. Samsung bietet Ihnen dafür ab Werk die App Google Maps an. Sie führt Sie per Sprachanweisung an Ihr Ziel, und zwar per Auto, Fahrrad und öffentlichen Verkehrsmitteln. Selbstverständlich können Sie auch Orte, die Sie regelmäßig besuchen, speichern. Die App liefert überdies Informationen zu Ihrem aktuellen Standort.

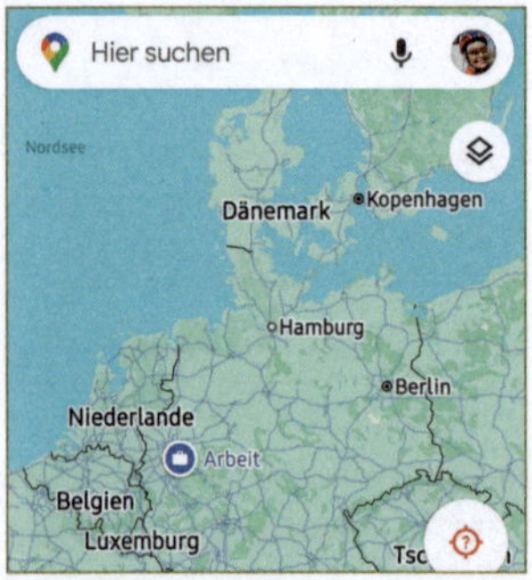

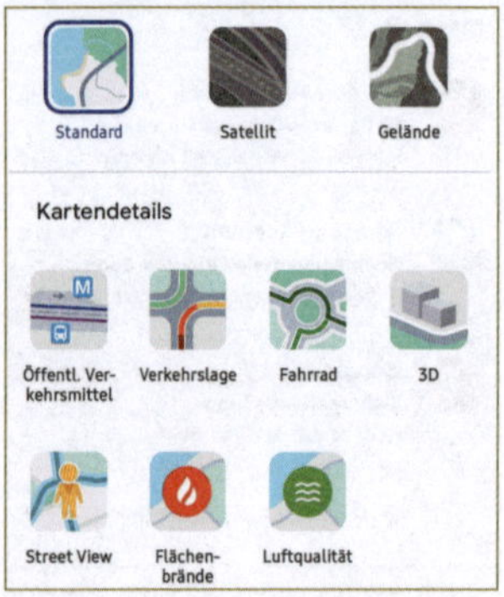

In der Kartenansicht sehen Sie Ihre aktuelle Position. Mit dem *Ziel*-Symbol unten rechts kehren Sie stets zu Ihrer aktuellen Position zurück. Die Ansicht können Sie nun mit einem Finger in eine beliebige Richtung verschieben oder mit zwei Fingern drehen. Sobald die Karte nicht mehr nach Norden ausgerichtet ist, erscheint oben rechts eine *Kompassnadel*. Tippen Sie darauf, um die Karte wieder nach Norden auszurichten. Die Ansicht vergrößern oder verkleinern Sie, indem Sie zwei Finger auf dem Display auseinanderziehen oder zusammenziehen.

Das Symbol über der Kompassnadel oben rechts ändert den *Kartentyp* und blendet auf Wunsch zusätzliche *Kartendetails* ein.

Google Maps: Einen Ort suchen

Geben Sie einfach den Namen eines Orts – das kann eine Stadt, eine Sehenswürdigkeit, eine Adresse oder auch ein Unternehmen sein – ein, um ihn auf der Karte anzuzeigen. Sie können nun direkt eine Route erstellen, den Ort teilen oder speichern. Wischen Sie vom unteren Bildrand nach oben, um weitere Details zu dem Ort anzuzeigen.

Sie können aber auch nach bestimmten Orten in Ihrer Umgebung suchen, wie Tankstellen, Geldautomaten, Ärzten, Krankenhäusern, Restaurants oder Parkhäusern. Ein Klick auf ein Ergebnis liefert weitere Information, inklusive der Option, eine Route zu diesem Ort zu berechnen.

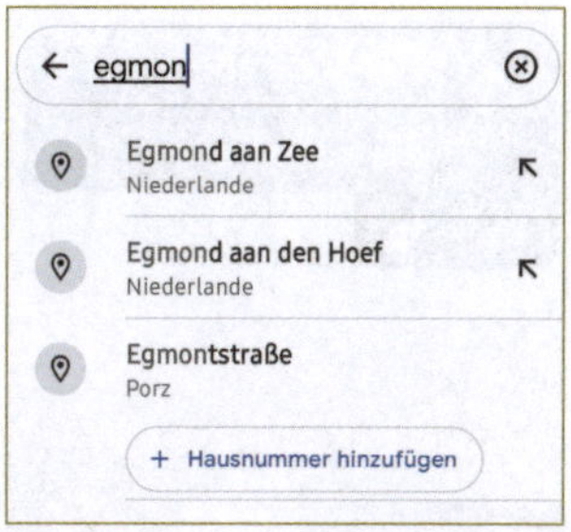

Google Maps: Eine Route berechnen

1 Tippen Sie auf das *blaue Routensymbol* unten rechts. Ihr Standort ist der Ausgangspunkt Ihrer Reise – Sie müssen nur noch das Ziel auswählen. Die Angaben für Start und Ziel lassen sich über das *Pfeil*-Symbol rechts der Eingabefelder auch tauschen. Oder Sie ersetzen den aktuellen Standort durch einen beliebigen Ausgangspunkt.

2 Nach Auswahl von Start und Ziel wird Ihnen eine Route vorgeschlagen und auf der Karte angezeigt. Am unteren Bildrand sehen Sie die Details der Route, die Sie mit einer Wischgeste nach oben vergrößern können.

3 Oberhalb der Karte können Sie eine andere Route oder auch ein anderes Verkehrsmittel auswählen. Wählen Sie, ob Sie die Strecke mit dem Auto, den öffentlichen Verkehrsmitteln der Region, dem Fahrrad oder zu Fuß zurücklegen wollen. Zu jeder Route wird Ihnen auch die voraussichtliche Reisedauer angezeigt.

4 Auf der Karte ist die gewählte Route blau markiert. Tippen Sie auf einen hellblau markierten Teil, um diese Route zu nutzen.

5 Tippen Sie abschließend auf *Starten*.

In der Navigationsansicht können Sie Ihre Route jetzt noch weiter bearbeiten.

Ziehen Sie dafür die Registerkarte am unteren Bildrand nach oben. Nun lassen sich *Verkehrshinweise* einblenden oder eine *Satellitenkarte* anzeigen. Oder Sie tippen auf das *Kompass*-Symbol, um die Ansicht zu ändern, oder auf das *Lautsprecher*-Symbol, um die Lautstärke der Sprachanweisungen anzupassen.

Über das *Menü* in der Kartenansicht (Profilbild oben rechts) rufen Sie die *Einstellungen* von Maps auf. Hier können Sie ihre Standardadressen bearbeiten oder die Einstellungen für die Offline-Karten vornehmen.

Google Maps: Navigation mit Offlinekarten

Google Maps braucht für die meisten Funktionen eine Verbindung zum Internet. Daten über Verkehrsstörungen beispielsweise sind ohne Internetverbindung nicht verfügbar. Ein besonders hohes Datenaufkommen verursachen die Kartendaten. Deswegen unterstützt Google Maps auch Offlinekarten, die Sie über das Menü der App aufrufen, das Sie über Ihr Profilbild oben rechts erreichen.

Die Offlinekarten haben jedoch einen großen Nachteil: Sie lassen sich immer nur für einen begrenzten Bereich herunterladen, nicht aber für ein ganzes Bundesland oder gar ganz Deutschland. Im Kapitel „Tipps und Tricks“ stellen wir Ihnen als vollwertige kostenlose Navigationslösung *Here WeGo* vor (siehe Seite 180).

In Google Maps können Sie sich damit behelfen, Karten für mehrere Regionen auf Ihrem Smartphone zu speichern und somit letztlich dann doch das gesamte Gebiet, das Sie für eine längere Route benötigen, herunterladen. Dieses Verfahren ist allerdings nicht sehr bedienfreundlich.

So laden Sie eine Offline-Karte herunter:

1 Tippen Sie auf *Wähle deine eigene Karte aus*, um eine erste Offlinekarte anzulegen.

2 Verschieben Sie die Karte, um den zu speichernden Bereich festzulegen.

3 Per Zwei-Finger-Kneifgeste können Sie die Kartenansicht verkleinern und damit den zu speichernden Bereich vergrößern. Es gibt allerdings eine Obergrenze. Sie können beispielsweise eine Karte für die Fahrt von Köln nach Kiel speichern, nicht aber für die Fahrt von Köln nach München. Dafür müssen Sie den Speichervorgang für eine weitere Karte wiederholen.

4 Tippen Sie auf *Herunterladen*, um die Karte zu speichern.

5 Achten Sie darauf, dass ausreichend Speicherplatz zur Verfügung steht. Eine einzige Karte kann größer als ein GB sein.

6 Zurück in der Übersicht Ihrer Offlinekarten, bietet das Menü eines Eintrags (*drei Punkte*) die Möglichkeit, die Karte umzubenennen, zu aktualisieren oder zu löschen.

Google Maps: Den eigenen Standort freigeben in Echtzeit

Im Menü der Maps-App finden Sie die Option zur *Standortfreigabe*.

Was ist das? Sie können damit einer anderen Person erlauben, Ihren Standort auf dem Smartphone der anderen Person in Google Maps zu sehen – und in Echtzeit nachzuverfolgen, wohin Sie sich gerade bewegen.

Das kann hilfreich sein, wenn Sie sich auf einem großen Platz verabredet haben und sich nicht finden, oder wenn Sie im Stau stehen, nicht ständig den aktuellen Stand durchgeben können, Ihr Gegenüber aber trotzdem auf dem Laufenden halten wollen, wann Sie da sind.

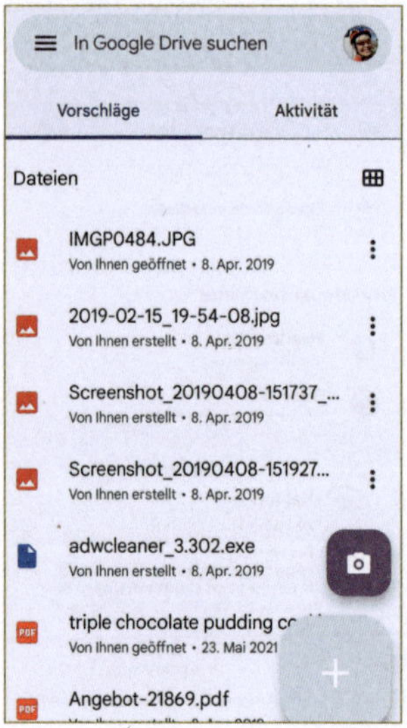

Legen Sie fest, wie lange Sie den Standort freigeben wollen und wie die Freigabe übermittelt werden soll. Sie können sie per *Bluetooth* übertragen oder als Link per *E-Mail*. Oder Sie wählen einen oder mehrere Kontakte aus. Der Empfänger benötigt übrigens kein Google-Konto, um Ihren Link zu sehen. Maps verschickt in dem Fall einen Link, der im Browser geöffnet wird.

Google Drive

Auf Google Drive können Sie beliebige Dateien ablegen und mit einem Ihrer Geräte wieder abrufen – sei es Ihr Galaxy-Smartphone, ein Smartphone oder Tablet eines anderen Herstellers oder ein PC oder Mac. Auch Netzwerkspeicher und einige internetfähige Fernseher unterstützen Google Drive.

Nutzen Sie Google Drive als Datensicherung im Internet, um wichtige Daten vor Feuer und Diebstahl zu schützen. Oder geben Sie über Google Drive Dateien für Freunde, Familie und Bekannte frei. Selbst eine gemeinsame Bearbeitung von Office-Dateien ist möglich. Die Drive-App finden Sie im App Drawer oder im Play Store. Drive ist außerdem für iOS, macOS und Windows erhältlich und auch in Samsungs Dateien-App integriert.

Kostenlos stehen Ihnen 15 GB zur Verfügung. Wer mehr Platz benötigt, schließt ein Abonnement für Google One ab. Ab 19,99 Euro pro Jahr erhält man 100 GB Speicherplatz. Das Abo lässt sich zudem mit fünf Familienmitgliedern teilen.

GPS-Tracker im Test

Die Stiftung Warentest untersuchte im März 2024 neun GPS-Tracker, darunter sechs für Hunde und drei für Gegenstände. Die Geräte kauften wir im Oktober 2023 im Handel. Die Preise recherchierten wir im Januar 2024 auf den Webseiten der Anbieter. Alle Geräte ließen sich reibungslos per App bedienen. Testsieger ist der Tiertracker Prothelis Area Pets. Er ortet schnell, sehr genau und lässt sich leicht bedienen (219 Euro für zwei Jahre Nutzung). Kein GPS-Tracker für Gegenstände schnitt gut ab, eine Alternative sind Bluetooth-Tracker wie der Apple AirTag (39 Euro). Der Preistipp: Gut und günstig ist das Fressnapf-Gerät für Hunde. Es kostet 76 Euro für zwei Jahre. Den vollständigen Test finden Sie online unter test.de/gps-tracker.

Social-Media-Apps

Facebook ist das größte soziale Netzwerk weltweit, weshalb Sie die entsprechende App auf fast allen Samsung-Smartphones vorinstalliert im App Drawer finden.

Der Dienst erlaubt es Ihnen, mit Familie, Freunden und Bekannten in Kontakt zu bleiben, den Aktivitäten von Stars und Sternchen, Unternehmen, Geschäften oder Bands und Veranstaltungen direkt zu folgen.

Mit Facebook starten

Beim ersten Start können Sie sich mit Ihrem vorhandenen *Benutzernamen* und *Passwort* anmelden oder ein neues Konto erstellen. Den Zugriff auf Ihre Kontakte können Sie überspringen.

Die Foto-Community-App Instagram

Fotos können Sie zwar auch über Facebook teilen, viele bevorzugen dafür aber Instagram – das übrigens genauso wie WhatsApp zum

Konzern Meta (ehemals Facebook) gehört. Die App bietet aber auch Zusatzfunktionen, vor allem zum Bearbeiten von Fotos und zum Erstellen kleiner Storys, also Fotogeschichten. Ansonsten geht es in erster Linie darum, Fotos zu kommentieren und Personen – natürlich auch Prominenten und den sogenannten Influencern („Einflussnehmern“) – zu folgen. Oder Sie finden über die sogenannten Hashtags – also das Raute-Symbol # – Bilder zu allen nur denkbaren Themen.

Messenger-Apps: Signal, WhatsApp und Co

Um Messenger-Apps kommen Sie fast nicht herum in der Kommunikation: Die SMS war gestern, heute nutzt man WhatsApp, Signal und Co. Allerdings hat jede Messenger-App einen Haken, denn die Person, mit der man kommunizieren will, benötigt die gleiche Messenger-App auf ihrem Smartphone.
Die meistgenutzte Messenger-App ist WhatsApp, was Sie aber nicht automatisch zur besten App macht. Im letzten Test der Stiftung Warentest muss sich WhatsApp mit der Gesamtnote Befriedigend (2,6) begnügen. Testsieger mit einer Gesamtnote Gut (2,3) ist Signal. Sie punktete mit Vielseitigkeit und überzeugender Verschlüsselung.

Signal – die Alternative zu WhatsApp

Die Signal-App ist im Google Play Store erhältlich. Nach der Installation benötigt Signal – ähnlich wie WhatsApp – eine Registrierung per Mobilfunknummer sowie Zugriff auf das Adressbuch, um die

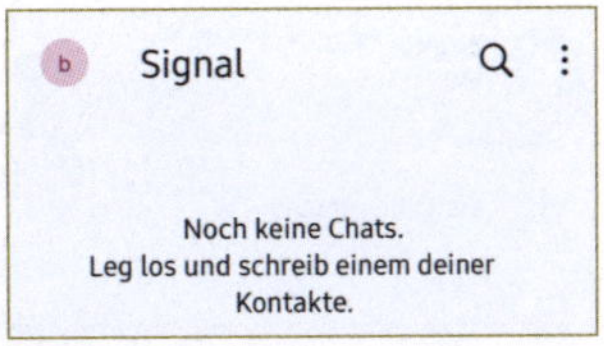

Kontakte anzuzeigen, die bereits Signal einsetzen. Ohne diese Rechte können Sie die App nicht sinnvoll nutzen.

Ansonsten bietet Signal die üblichen Funktionen: Sie können Gruppen-Chats starten und Audio- und Videotelefonate führen. Auch Sprachnachrichten und der Versand von Bildern und Dateien wird unterstützt. Selbstverständlich können Sie Nachrichten auch mit Smileys, Stickern und GIFs verschönern.

Zum Schutz der Privatsphäre lassen sich übrigens Lesebestätigungen deaktivieren und für alle neuen Nachrichten festlegen, dass diese nach einer bestimmten Zeit wieder verschwinden, sprich automatisch nach dem Lesen gelöscht werden.

Der Marktführer: WhatsApp

In unserer Untersuchung landete WhatsApp eher im Mittelfeld. Der Anbieter war jedoch einer der ersten am Markt. Kombiniert mit dem Mutterkonzern Meta im Rücken, erreichte die App eine hohe Verbreitung. Die Chance, dass Sie Ihre Kontakte hier bereits finden, ist sehr hoch.

Wenn Sie auf ein neues Gerät umziehen, müssen Sie auf dem alten Gerät (bei eingesteckter SIM-Karte) ein Back-up aller Chats und Medien ausführen. Anschließend können Sie auf dem neuen Handy (nun mit dort eingelegter SIM) alle Daten aus dem Back-up wiederherstellen.

Zwei WhatsApp-Konten verwenden

WhatsApp unterstützt inzwischen auch die Nutzung mehrerer Konten. Die Funktion finden Sie in den *Einstellungen* der App (*drei Punkte oben rechts*). Tippen Sie dann einfach auf das *Plus*-Zeichen rechts neben Ihrem Profil am oberen Bildrand, um ein Konto hinzu-

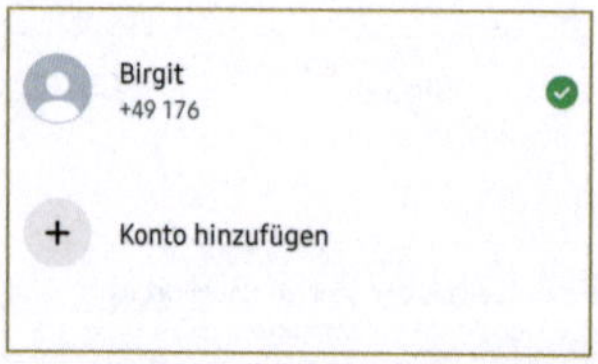

zufügen. Anschließend können Sie an selber Stelle zwischen den beiden Konten wechseln.

Falls Sie ein zweites Konto mit einem eigenen Adressbuch benötigen, sollten Sie den Dual Messenger in den *Erweiterten Funktionen* der *Einstellungen*-App Ihres Samsung-Smartphones konfigurieren. Dieser erlaubt es, bestimmte Apps mit zwei Konten zu nutzen – auch wenn diese Apps nur ein Konto erlauben.

Dafür wird eine Kopie der App in einem abgegrenzten Bereich erstellt – denn eine App zweimal installieren geht unter Android eigentlich nicht.

1 Tippen Sie auf die App, die Sie mithilfe des Dual Messengers ein zweites Mal installieren wollen.

2 Bestätigen Sie den Dialog mit *Installieren* und bestätigen Sie auch den Haftungsausschluss.

3 Nun können Sie noch getrennte Kontakte-Listen aktivieren, falls Sie beispielsweise WhatsApp zum einen mit privaten und zum anderen nur mit geschäftlichen Adressen nutzen wollen. So lässt sich auch die Datensammelei von WhatsApp einschränken: Sie legen einfach ein Telefonbuch ausschließlich mit den Kontakten an, die Sie für WhatsApp haben wollen.

4 Im App Drawer sehen Sie nun zwei *WhatsApp*-Symbole – das zweite trägt zusätzlich das orange Symbol des Dual Messengers in der rechten unteren Ecke.

Generell gilt, für ein zweites WhatsApp-Konto benötigen Sie eine eigene Telefonnummer. Die zweite Nummer kann aber auch eine Festnetznummer sein oder eine Handynummer, deren SIM-Karte in einem anderen Handy genutzt wird.

Auf Samsung-Smartphones, die die Funktion *Sicherer Ordner* unterstützen, können Sie sogar eine dritte WhatsApp-Kopie nutzen, nämlich in *Sicherer Ordner*.

Weitere gute Messenger-Apps: Viber und Wire

Alternativen zu WhatsApp und Signal gibt es viele. Aber welche sind empfehlenswert? Den zweiten Platz teilen sich Viber und Wire – allesamt mit der Note 2,5. Auch sie eignen sich gut als Ersatz für WhatsApp. Viber kann IP-Adressen verschleiern. Allerdings wurden im Test gelegentlich Werbeanzeigen anderer Firmen eingeblendet. Wire punktete mit der saubersten Datenschutzerklärung, vielen Funktionen und einer guten Verschlüsselung.
Den vollständigen Test zu den Messenger-Apps finden Sie online unter www.test.de/messenger.

Die Anonymste: Threema

Eine gute, aber kostenpflichtige Alternative ist auch Threema, die für Android und iOS erhältlich ist. Für einen einmaligen Betrag von 5 bis 6 Euro garantiert sie mehrere Sicherheits- und Zertifizierungsstufen zwischen Ihnen und Ihren Kontakten sowie Servern, die nicht beispielsweise in den USA, sondern in der Schweiz stehen. E-Mail oder Telefonnummer werden bei der Anmeldung nicht abgefragt. Neben geheimen Chats mit Ende-zu-Ende-Verschlüsselung können Nutzer sich nur unter bestimmten abgesicherten Bedingungen gegenseitig hinzufügen, sodass dies die anonymste und sicherste Messenger-Alternative ist. Als Gesamtnote erzielte die App in unserem Test allerdings nur eine 3,1. Die lokalen Back-ups sind zwar gut für die Privatsphäre, erschweren aber einen Handywechsel.

Die Umstrittene: Der Messenger Telegram

Die viel diskutierte App Telegram empfehlen wir nicht mehr und vergeben kein Qualitätsurteil. Auch wenn sie technisch überzeugend ist: Auf ihr finden sich Aufrufe zu Mord, Chats zu Waffen- und Drogenhandel. Der in Dubai ansässige Anbieter löscht diese laut Bundeskriminalamt selbst dann nicht, wenn sie gemeldet werden. Mehrere Bußgeldverfahren laufen daher gegen den Anbieter.

Alternative Messenger in der Praxis

Eine Einschränkung haben die Alternativen zu WhatsApp: Es nutzt Ihnen wenig, wenn nur Sie den sichersten Messenger verwenden. Damit Sie sich mit Ihren Freunden unterhalten können, müssen Sie und Ihre Kontakte den gleichen Messenger benutzen. Da WhatsApp oft bereits vorinstalliert ist, dürften die meisten Ihrer Kontakte dort angemeldet sein.
Für Alternativen zu WhatsApp müssen Sie also aktiv Überzeugungsarbeit leisten. In der Praxis haben viele Nutzerinnen und Nutzer jedoch meist schon mehrere Messenger installiert.
Und immerhin können Sie alle Messenger-Apps in einem Ordner zusammenfassen (siehe „Apps platzieren und deinstallieren“, ab Seite 61).

VPN – der Schutz beim Surfen

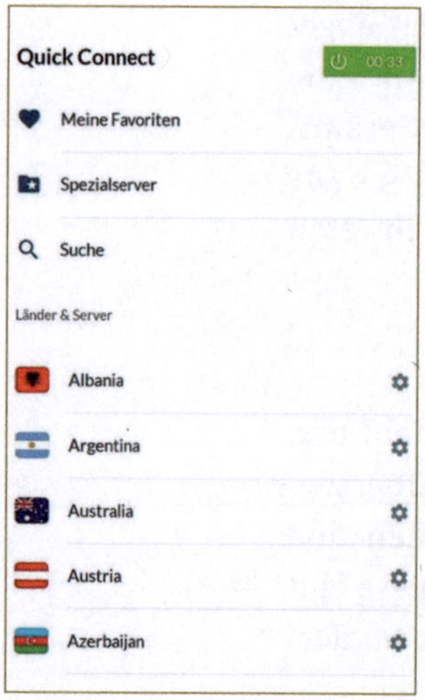

VPN-Dienste schützen vor Datenraub durch Hacker in offenen WLAN-Netzen. Solche Netze in Cafés, Bahnhöfen und am Flughafen sind bequem und ein toller Service. Dadurch, dass Sie unverschlüsselt sind, kann sie aber auch jeder betreten. Surfen Sie in so einem offenen Netzwerk, besteht die Gefahr, Opfer eines Hackerangriffs oder Datendiebstahls zu werden.
Sie haben doch nichts zu verbergen? Im Gegenteil: Passwörter, Nachrichten aus Messenger-Diensten, Finanz- oder Gesundheitsdaten sind begehrte Beute. Virtuelle private Netzwerke – kurz: VPNs – schützen Sie davor. Sie verschlüsseln den Datenstrom des Nutzers.
Aber auch bei Geoblocking können VPNs helfen. Geoblocking bedeutet, dass Sie sich etwa auf einigen

US-Streamingportalen nicht registrieren und einloggen können, weil Sie als Nutzer aus Deutschland erkannt werden. VPNs helfen, dies zu umgehen. Wählt man als Standort etwa New York, kann man der US-amerikanischen Webseite vorgaukeln, man würde sich in den USA befinden. Dadurch lassen sich etwa Dienste nutzen, die in Deutschland eigentlich gar nicht verfügbar sind: etwa die bei Serienfans beliebte Streaming-Plattform HBO Max oder das Sportportal ESPN+.

VPN-Dienste im Test

Die Stiftung Warentest hat im Juni 2021 insgesamt 14 Dienste für virtuelle private Netzwerke mit deutschsprachiger Webseite sowie Software für Windows, Android und iOS untersucht. Wir bewerten die Dienste in fünf Disziplinen: Geschwindigkeit und Zuverlässigkeit, Schutz persönlicher Daten, Einrichtung und Betrieb, Vielseitigkeit sowie Mängel in den allgemeinen Geschäftsbedingungen. Aus den fünf Teilnoten („Gruppenurteilen“) ergibt sich die Gesamtnote, das test-Qualitätsurteil.

NordVPN (ab rund 5 Euro pro Monat, Note 2,9) und Surfshark VPN (ab rund 2 Euro, Note 3,0) schnitten am besten ab. Sie funktionierten zuverlässig und schnell. Abzug gab es vor allem wegen sehr deutlicher Mängel in den AGBs der beiden Dienste. Funktionell eingeschränkt, aber komplett gratis, arbeiten VPNs von Browsern wie Opera. Mehr zum Thema finden Sie online unter www.test.de/VPN.

Sicherheit und Datenschutz

Auf Ihrem Smartphone sind sehr viele private und sensible Daten von Ihnen gespeichert – seien es Ihre Passwörter, Kontodaten oder Gesundheitswerte. Unbefugte Apps, Webseiten und nicht zuletzt auch Cyberkriminelle würden all diese Daten liebend gern abrufen. Hier erfahren Sie, wie Sie sich schützen können.

Der gläserne Nutzer

Mit Werbung – oder besser personalisierter Werbung – verdienen vermeintlich kostenlose Internetangebote ihr Geld. Daran ist zunächst nichts Verwerfliches, Sie jedoch geben als gläserner Nutzer viele Ihrer privaten Daten preis.
Andererseits funktionieren Dienste wie Google oder der Sprachassistent *Gemini* erst dann richtig, wenn sie bestimmte Dinge über den Nutzer wissen. Und dass Android und die Updates quasi gratis sind, ist auch ein Vorteil. Es geht letztlich darum, ein Gleichgewicht zwischen Datenschutz und Sicherheit auf der einen Seite und der kostenlosen Nutzung des Internets auf der anderen Seite zu finden.

Gerätesicherheit

Unabhängig davon sollten Sie Ihr Smartphone grundsätzlich vor unberechtigten Zugriffen Dritter schützen. Eine Geräte-PIN haben Sie ja schon eingerichtet, Ihr Galaxy-Smartphone bietet aber noch andere Möglichkeiten, den Sperrbildschirm aufzuheben.

Biometrische Sicherheit: Fingerabdruck und Gesichtserkennung

Sehr beliebt sind bei Nutzern und Herstellern biometrische Daten zum Sichern von Geräten. Samsung bietet vor allem die Entsperrung per Fingerabdruck oder per Gesichtserkennung an.

1. Öffnen Sie die *Einstellungen*-App.
2. Gehen Sie zu *Sicherheit und Datenschutz* > *Biometrische Daten*.

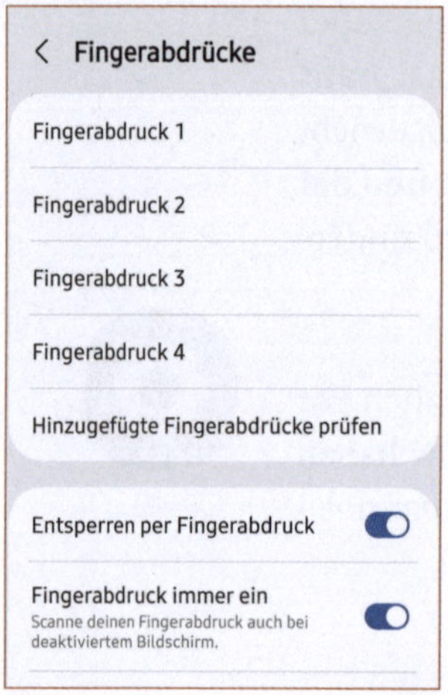

3 Registrieren Sie hier Gesicht oder Fingerabdrücke. Welche Methode Sie auch wählen, Sie müssen zuerst Ihre *PIN* eingeben.

4 Folgen Sie nun den Anweisungen auf dem Bildschirm. Achten Sie bei der Erfassung von Fingerabdrücken darauf, dass sich die Position des Symbols nach jedem Scanvorgang geringfügig ändert und Sie jeweils in die Kreismarkierung tippen müssen.

5 Falls Sie sich für die Gesichtserkennung entschieden haben, können Sie noch festlegen, ob der Sperrbildschirm sofort oder erst nach einer zusätzlichen Wischgeste aufgehoben wird.

6 Bei den Fingerabdrücken empfiehlt es sich, das Symbol anzeigen zu lassen, auch wenn der Bildschirm aus ist. Das Symbol erscheint allerdings erst, nachdem Sie auf den Bildschirm getippt haben.

7 Falls Sie beide Methoden eingerichtet haben, können Sie auch beides zum Entsperren nutzen.

PIN, Gesichtserkennung oder Fingerabdruck nutzen?

Die Gesichtserkennung bietet den geringeren Schutz. Sie lässt sich unter Umständen mit einem Foto austricksen. Sie ist aber auch die schnellste und bequemste Methode.

Um den Fingerabdrucksensor auszutricksen, muss ein deutlich höherer Aufwand betrieben werden. Die meiste Sicherheit bietet jedoch die PIN. Aber immer einen vierstelligen oder gar sechsstelligen Code eingeben, ist recht aufwendig. Noch besser wäre ein komplexes Passwort aus Groß- und Kleinbuchstaben, Zahlen und Sonderzeichen. Bei der Auswahl der für Sie besten Methode sollten Sie bedenken: Es geht darum, die

Zugangsdaten zu Ihren E-Mail-Konten, Social-Media-Konten und eventuell sogar zu Ihrem Bankkonto zu schützen.

Automatische Sperre

Hinter dem Begriff verbirgt Samsung mehrere neue Sicherheitsfunktionen, die Ihr Gerät besser vor Hackerangriffen schützen sollen. Sind sie aktiv, wird die Installation von Apps aus nicht autorisierten Quellen gesperrt, Befehle, die über ein USB-Kabel gesendet werden, unterbunden und Malware-Bilder in Nachrichten-Apps wie WhatsApp gesperrt. Die maximalen Einschränkungen sorgen unter anderem für einen täglichen Malware-Scan und die Sperrung von Geräteadministrator-Apps, unsicheren WLAN-Netzwerken und veralteten 2G-Netzen. Es werden aber auch Standortdaten auf freigegebenen Bildern entfernt und die Funktion für die Freigabe von Alben in der Galerie abgeschaltet.

Sicherheits-Dashboard

Bleiben wir in den *Einstellungen* für Sicherheit und Datenschutz. Das mit Android 13 und One UI 5 eingeführte Sicherheits-Dashboard zeigt Ihnen auf einen Blick, ob für Ihr Gerät ein erhöhtes Risiko besteht. Tippen Sie auf eine Kategorie wie *App-Sicherheit*, um sich weitere Details anzeigen zu lassen:

- **App-Sicherheit:** Hier sehen Sie, wann der vorinstallierte Malware-Scanner zuletzt Ihr Gerät geprüft hat. Vor der ersten Nutzung müssen Sie den App-Schutz allerdings noch aktivieren.
- **Updates:** Erfahren Sie hier, wann Ihr Gerät die letzten Sicherheitsupdates erhalten hat. Tippen Sie auf *Sicherheitsupdate* oder *Google Play-Systemupdate*, um manuell nach Aktualisierungen zu suchen. Scrollen Sie nach unten und rufen Sie die *weiteren Sicherheitseinstellungen* auf:

Weitere Sicherheitseinstellungen

▶ **Unbekannte Apps installieren:** Apps sollte man eigentlich nicht aus unbekannten Quellen installieren. Ausnahmen können Sie an dieser Stelle für jede App hinzufügen. Bitte beachten Sie, dass die *Automatische Sperre* zuerst deaktiviert werden muss, bevor Sie eine App aus einer unbekannten Quelle installieren können.

▶ **Verschlüsseln oder Entschlüsseln der SD-Karte:** Ab Werk wird nur der interne Speicher Ihres Smartphones verschlüsselt und ist damit bei Verlust oder Diebstahl geschützt. Die Verschlüsselung der SD-Karte muss bei Bedarf unter *Andere Sicherheitseinstellungen* manuell aktiviert werden.

▶ **Erweiterter Datenschutz:** Hier können Sie die Verschlüsselung aller Daten aktivieren, die Sie in der Samsung Cloud sichern oder synchronisieren. Den Wiederherstellungscode sollten Sie unbedingt notieren, dass Sie sonst die Daten ohne ihr aktuelles Smartphone nicht wiederherstellen können.

▶ **Geräteadministrator-Apps:** Sie sollten zudem die Geräteadministrator-Apps überprüfen. Diese Apps haben Zugriff auf alles, sprich alle Berechtigungen. *Find My Mobile* und der *KLMSAgent* sind legitime Geräteadministratoren.

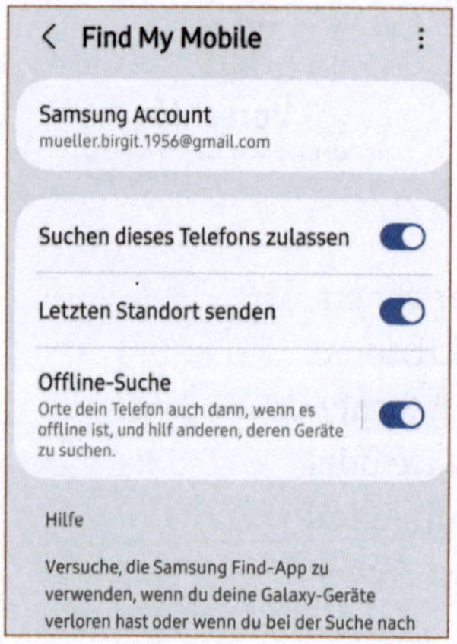

Der Diebstahlschutz: Find My Mobile

Über das Sicherheits-Dashboard können Sie auch die Funktion *Find My Mobile* aktivieren. Sie erlaubt es, ein verlorenes oder gestohlenes Gerät zu orten. Sie können es aber auch klingeln lassen oder bei Bedarf sperren beziehungsweise aus der Ferne vollständig löschen.

1 Tippen Sie auf *Schutz für verlorene Geräte* und anschließend auf *Suchen dieses Telefons zulassen*.

2 Sie sehen nun, mit welchem Samsung-Konto die Funktion verknüpft ist. Mit diesem Konto müssen Sie sich auf der von Samsung betriebenen Webseite unter samsungfind.samsung.com anmelden.
3 Per *Remote-Entsperrung* können Sie Ihr Smartphone aus der Ferne entsperren. Diese Funktion sollte aber nur zum Einsatz kommen, falls Sie die eigentliche Entsperrmethode für Ihr Gerät vergessen haben.
4 Aktivieren Sie auch das Senden des letzten Standorts. Damit ist sichergestellt, dass ein aktueller Standort auch bei niedrigem Akkustand vorliegt.
5 Die Offlinesuche verwendet Standortdaten von Geräten anderer Nutzerinnen und Nutzer in Ihrer Nähe, um Ihr Gerät zu orten. Sie selbst liefern aber ebenfalls Daten zu Galaxy-Geräten in Ihrem Umfeld, um diesen Dienst mit Daten zu versorgen. Die Offlinesuche kann im Fall eines Diebstahls oder Verlusts sehr hilfreich sein.
6 Testen Sie unbedingt die Funktion *Find My Mobile*, bevor es zu einem Ernstfall kommt.
7 Außerdem sollten Sie einen Blick in den Diebstahlschutz von Android werfen. Er bietet ähnliche Funktionen wie Samsung Find wie Remote-Sperre und Offline-Gerätesuche. Hinzu kommt die Diebstahl-Displaysperre, die erkennt, wenn ein Gerät weggenommen wird und dann automatisch das Display sperrt.

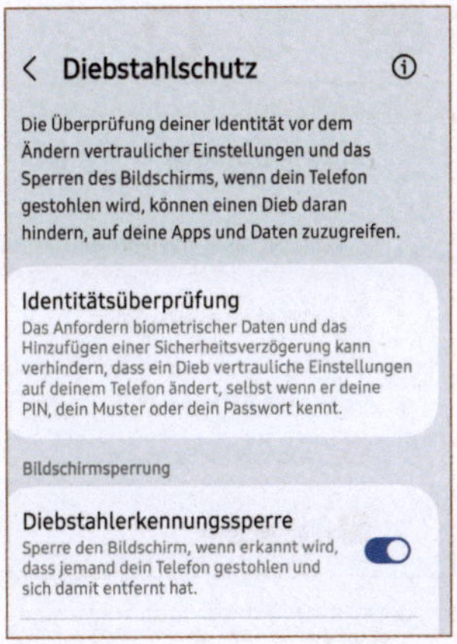

Die Funktion Sicherer Ordner

Wer noch mehr Sicherheit benötigt, sollte die Funktion *Sicherer Ordner* aktivieren. Was auf den ersten Blick aussieht wie eine App, inklusive Symbol im App Drawer, ist ein spezieller Bereich im internen Speicher, der vom Rest des Systems strikt getrennt ist. Was außerhalb des sicheren Ordners passiert, hat keinen Einfluss auf diesen Bereich – was im sicheren Ordner ist, bleibt dort.

Der sichere Ordner ist also ideal für alle Apps und Daten, die ein Plus an Sicherheit benötigen oder vertragen. Dazu können Banking-Apps, Gesundheits-Apps oder besonders vertrauliche Dokumente gehören. Oder Sie sind in der Situation, dass Sie Ihr Smartphone regelmäßig mit anderen Familienmitgliedern teilen, aber trotzdem einen Bereich für sich haben wollen.

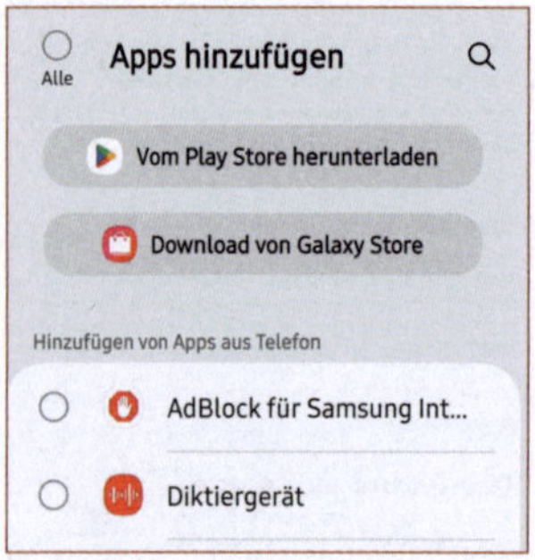

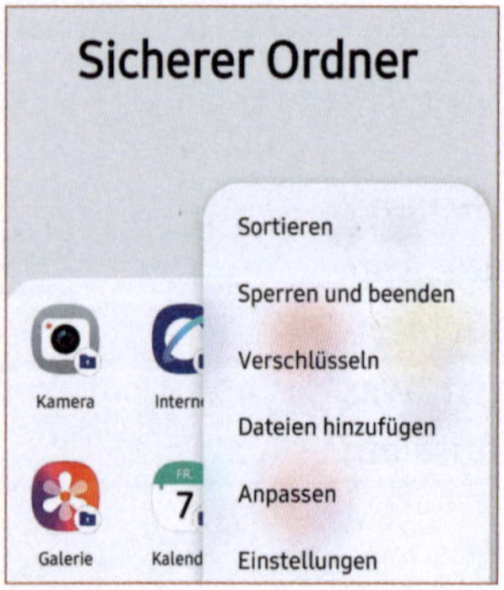

Grundsätzlich können Sie im sicheren Ordner alles machen, was Sie sonst auch mit Ihrem Smartphone tun: Telefonieren, surfen, fotografieren oder Apps wie E-Mail und WhatsApp nutzen, alles ist möglich.

Da der sichere Ordner vollständig isoliert ist, können Sie sogar ein weiteres Facebook-Konto und ein weiteres WhatsApp-Konto einrichten. Auch den Play Store sowie jeden anderen Dienst können Sie mit einem Zweitkonto nutzen.

Die Installation von Apps und die Einrichtung von Konten laufen selbstverständlich genauso ab wie außerhalb des sicheren Ordners.

Den sicheren Ordner einrichten

1 Dies geschieht ebenfalls über die *weiteren Sicherheitseinstellungen*. Beim ersten Start müssen Sie die Berechtigungen bestätigen.

2 Danach geben Sie eine *PIN* oder ein Entsperrmuster für den sicheren Ordner ein und legen fest, ob auch eine Entsperrung per Fingerabdruck möglich sein soll. Erlauben Sie außerdem das Zurücksetzen der Sperre mit Ihrem Samsung-Konto.

3 Nun wird *Sicherer Ordner* erstellt.

Die Bedienoberfläche des sicheren Ordners ist sehr einfach gehalten. Sie haben die App-Symbole ähnlich wie im App Drawer und die Symbole für Menü und das Hinzufügen von Apps am oberen Bildrand.

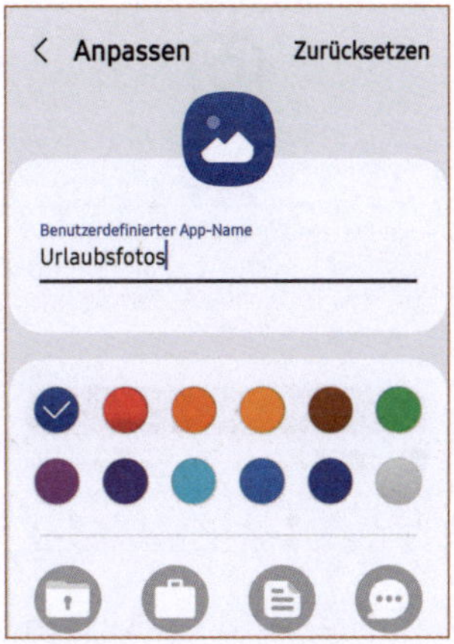

- **Das *Plus*-Zeichen** öffnet einen Dialog, über den Sie bereits installierte Apps in den sicheren Ordner kopieren oder neue Apps aus dem Play Store oder Galaxy Store beziehen können.
- ***Dateien hinzufügen* im *Menü*** gibt Ihnen Zugriff auf Ihre Fotos, Videos, Musik, Dokumente und Dateien, um diese in den sicheren Ordner zu verschieben.
- **Im *Menü* lässt sich** ebenfalls das Symbol des sicheren Ordners anpassen – auch so, dass es auf den ersten Blick gar nicht mehr auf den sicheren Ordner hinweist. Hier finden Sie selbstverständlich auch die *Einstellungen*, über die Sie Apps und Konten verwalten können.

Die Passwortverwaltung: Samsung Pass

Passwörter öffnen den Zugang zu Ihren Onlinekonten. Entsprechend komplex sollten diese sein. Samsungs Passwortmanager merkt sich für Sie die komplexen Phrasen. Sobald Sie sich bei einem Konto oder einer Webseite anmelden, speichert er auf Wunsch die Anmeldedaten und trägt sie künftig für Sie ein. Sie müssen nur noch mit PIN oder Fingerabdruck bestätigen.

1 Öffnen Sie die *weiteren Sicherheitseinstellungen* und tippen Sie auf Passwörter, *Passkeys und automatisches Ausfüllen*, um *Samsung Pass* einzurichten.

2 Schalten Sie, wie oben in der App vorgeschlagen, die *automatische Synchronisierung* ein, um Ihre Samsung Pass-Daten aktuell zu halten. Dadurch werden alle Passwörter nicht nur lokal gespeichert, sondern auch verschlüsselt auf Samsung Servern. So stehen Ihnen die Passwörter auf allen Galaxy-Geräten zur Verfügung – auch auf jedem neuen Gerät.

3 Den *Umstieg auf Samsung Wallet* können Sie indes verschieben.

4 Rufen Sie nun eine Webseite auf oder starten Sie eine App, bei der Sie sich anmelden müssen.

5 Sind die Anmeldedaten in Pass hinterlegt, wird Ihnen das Konto oberhalb der Tastatur vorgeschlagen und durch Antippen die Daten in die Website oder App eingetragen. Die Eingabe an sich müssen Sie per Fingerabdruck oder PIN bestätigen.

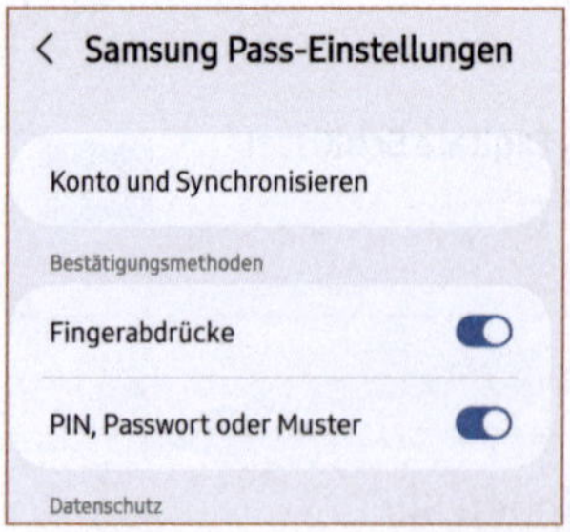

6 Sind die Daten nicht hinterlegt, erscheint nach der Anmeldung der Dialog zur Speicherung der Anmeldedaten in Pass. Setzen Sie falls nicht erforderlich, den Haken bei *Mit Samsung Pass anmelden* und bestätigen Sie mit *Speichern*.

In den *Samsung Pass-Einstellungen* können Sie jederzeit die hinterlegten Anmeldedaten prüfen. In den Einstellungen der App sollten Sie die Option *Mit Samsung Tastatur automatisch ausfüllen* aktivieren. Dort lassen sich zudem alle in Samsung Pass hinterlegten Daten löschen.
Samsung bietet Ihnen auch an, statt Samsung Pass die neue App Samsung Wallet für die Verwaltung Ihrer Kennwörter zu nutzen.

Samsungs digitale Geldbörse bietet sich dafür aber nur an, wenn Sie Samsung Wallet auch als Bezahlmethode nutzen wollen.

Gute Passwortmanager von Drittanbietern im Test

Die Stiftung Warentest untersuchte im Juli 2022 insgesamt 16 Passwortmanager. Den Testsieg teilen sich 1Password (38 Euro pro Jahr) und Dashlane (53 Euro im Jahr), beide mit der Note 2,2. Bitwarden ist mit jährlich rund 9 Euro der günstigste Gute, mit der Note 2,5. Alle drei haben jedoch sehr deutliche Mängel in ihren AGBs. Der Anbieter Avira auf dem dritten Platz (25 Euro; Note 2,5) ist der beste Anbieter mit nur sehr geringen Mängeln. Für den russischen Anbieter Kaspersky haben wir aufgrund von Warnungen des BSI und vor dem Hintergrund des Ukraine-Kriegs kein Qualitätsurteil vergeben. Alle Anbieter stellen auch kostenlose Varianten zum Ausprobieren bereit. Den vollständigen Test finden Sie unter test.de/passwortmanager.

Authentifizierungs-Apps im Test

Wer Online-Konten nur per Passwort sichert, macht es Hackern recht leicht. Authentifizierungs-Apps sorgen für doppelten Schutz und sind gratis. Beim Einloggen kommt zum Passwort ein zweiter Faktor hinzu (2FA): ein Zahlencode, den die App generiert.
Zwischen Mai und September 2024 testeten wir sieben kostenlose Apps mit Einmal-Passwörtern. Wir prüften das Einbinden der App in bestehende Accounts und deren Funktionsfähigkeit, Übersichtlichkeit, die Einstellungsoptionen sowie die Möglichkeit, den vorherigen Zustand der App im Verlustfall wiederherstellen zu können. Darüber hinaus prüften wir das Datensendeverhalten per Man-in-the-Middle-Attack sowie, ob die Datenschutzerklärungen der Anbieter den Anforderungen der DSGVO entsprechen. Alle Apps im Test schützen besser als ein Passwort allein. Die Unterschiede liegen im Detail: 2FAS ist am besten nutzbar, Red Hat FreeOTP am datensparsamsten. Mehr dazu auf test.de, Stichwort 2FA.

Feintuning der Gerätesicherheit

Sicherheit geht leider sehr oft zulasten des Bedienkomforts. Das gilt auch für das Entsperren des Geräts, wenn dies eigentlich überflüssig ist – etwa zu Hause.

Die Funktion *Extend Unlock* (vormals Smart Lock) in den *Einstellungen* des Sperrbildschirms entsperrt daher Ihr Gerät automatisch in von Ihnen festgelegten *Vertrauenswürdigen Orten* und bei *Vertrauenswürdigen Geräten*.

▶ **Ein vertrauenswürdiger Ort** kann beispielsweise Ihre Wohnung oder Ihr Arbeitsplatz sein. Aktivieren Sie das bereits in Ihrem Google-Konto hinterlegte „Zuhause“ durch Antippen als *Vertrauenswürdigen Ort* oder fügen Sie einen solchen hinzu. Sobald Sie dort geortet werden, hebt Smart Lock die Gerätesperre auf.

▶ **Geräte müssen per Bluetooth** mit Ihrem Smartphone verbunden sein, um als vertrauenswürdig gelten zu können. Verbinden Sie etwa einen Kopfhörer, eine Smartwatch oder eine Freisprecheinrichtung und bestätigen Sie es als *Vertrauenswürdiges Gerät*.

Sichere Sperreinstellungen

In den *Einstellungen* des Sperrbildschirms finden Sie auch *Sichere Sperreinstellungen*. Hier können Sie festlegen, wie schnell das Telefon gesperrt wird, nachdem sich der Bildschirm automatisch abschaltet.

▶ **Aktivieren Sie**, wenn gewünscht, *Mit Funktionstaste sofort sperren*, um die Gerätesperre bei Bedarf manuell zu aktivieren.

▶ **Zur Vorsicht sollten Sie** ebenfalls die Funktion aktivieren, die Ihr Gerät nach 20 falschen Entsperrversuchen *automatisch zurücksetzt* – also komplett löscht. Damit verhindern Sie, dass jemand versucht, Ihre PIN zu erraten.

- **Netzwerk und Sicherheit sperren** sollte ebenfalls aktiv sein. So schließen Sie aus, dass WLAN und mobile Daten bei gesperrtem Gerät ausgeschaltet werden – denn dann könnte *Find My Mobile* Ihr Gerät nicht mehr finden.
- **Wird die Option für den Sperrmodus** auf dem Bildschirm zum Ausschalten des Geräts angezeigt, lassen sich schnell alle Komfortfunktionen wie Smart Lock und Biometrie deaktivieren – Ihr Gerät lässt sich anschließend nur noch per PIN entsperren.

Schutz vor Viren und Schadprogrammen

Ihr Galaxy-Smartphone bietet ab Werk auch einen Schutz vor Schadprogrammen. Den finden Sie in der *Akku- und Gerätewartung* in der *Einstellungen*-App unter dem Punkt *Geräteschutz*. Die *Anti-Malware-Funktion* bietet Samsung in Zusammenarbeit mit McAfee an. Ab Werk ist sie leider deaktiviert.

Grundsätzlich ist Android weniger anfällig für Schadprogramme als beispielsweise Windows – unter anderem, weil Sie zusätzliche Software nur aus vorgegebenen Quellen beziehen. Trotzdem gelingt es Cyberkriminellen immer wieder, Malware auf Smartphones einzuschleusen. Ein Grundschutz wie der von McAfee und Samsung ist also nicht überflüssig.

Mehr Sicherheit durch Android-Updates

Wie bereits erwähnt, ist Android von der Architektur her sicherer als Windows. Trotzdem gibt es auch Fehler in Android, die klaffende Sicherheitslücken in das Betriebssystem reißen.

Die dafür benötigten Updates stellt Google monatlich zur Verfügung. Samsung gehört indes zu den wenigen Anbietern, die sich verpflichtet haben, diese Updates auch regelmäßig an die Nutzer weiterzugeben. Inzwischen gilt diese Zusage für einen Zeitraum von bis zu sieben Jahren ab der Markteinführung eines Modells. Darüber hinaus gibt es für bestimmte Geräte jedes Jahr eine neue Android-Version.

Die großen Versionsupdates, die Samsung meist mit Änderungen an Apps und Bedienoberfläche verknüpft, spendiert es seinen Produkten in der Regel fünfmal (ab Galaxy S21). Das Galaxy S25, das mit Android 15 ausgeliefert wird, wird indes sieben Jahre lang Sicherheitsupdates und neue Android-Versionen erhalten, also noch die Versionen Android 16 bis 22.

Alle Updates erhalten Sie automatisch, allerdings nur, wenn Ihr Gerät im WLAN ist. Über den Punkt *Software-Update* in der *Einstellungen*-App lässt sich eine Aktualisierung aber auch manuell anstoßen.

1 Tippen Sie auf *Herunterladen und installieren*, um nach Updates zu suchen.

2 Eine farbige Markierung zeigt an, dass bereits ein Update verfügbar ist. Tippen Sie die Markierung an, um zum Dialog zu gelangen, der das Update installiert.

3 Liegt kein neues Update vor, werden Sie über die aktuell installierte Version informiert. Anderenfalls können Sie nach dem Download des Updates entscheiden, ob Sie es sofort oder zu einem späteren Zeitpunkt installieren.

4 Für die Installation des Updates wird Ihr Gerät heruntergefahren und automatisch neu gestartet. Es ist in dieser Zeit also nicht benutzbar. Auch der Neustart kann länger dauern als üblich.

5 Der Vorgang darf auf keinen Fall unterbrochen werden. Deswegen ist ein Update bei niedrigem Akkustand nicht möglich.

Sehr selten kommt es vor, dass ein Update scheitert. Ein sehr langer Startvorgang (20 Minuten oder mehr) ist ein Zeichen für ein gescheitertes Update. In dem Fall können Sie den Vorgang jederzeit wiederholen. Noch seltener ist, dass ein Gerät nach einem Update nicht mehr startet. In dem Fall müssen Sie leider den Support von Samsung kontaktieren. Möglicherweise liegt sogar ein Hardwarefehler vor.
Als Vorsichtsmaßnahme sollten Sie deswegen vor einem Update eine Datensicherung durchführen.

Die Datensicherung

Es gibt viele Gründe, dass Sie sich wünschen können, eine Datensicherung vorgenommen zu haben: Ihr Galaxy-Smartphone könnte einen Defekt gehabt haben, Sie können es verlieren, vielleicht wird es auch gestohlen, oder Sie haben einfach etwas gelöscht, was Sie nicht löschen wollten.
Die Daten, die Sie auf Ihrem Smartphone haben – seien es nun Fotos, E-Mails, Nachrichten oder die bereits vorgenommenen Einstellungen – sind auf alle Fälle wert, gesichert zu werden. Samsung bietet Ihnen dafür verschiedene Optionen an.

Datensicherung in der Cloud

Am einfachsten sichern Sie Daten und Einstellungen in der Cloud. Das geschieht nämlich vollkommen automatisch und im Hintergrund – Sie müssen eigentlich auch nichts konfigurieren, da die Sicherung ab Werk aktiv ist.

1 Öffnen Sie erneut die *Einstellungen*-App und wählen Sie den Punkt *Konten und Sicherung*.

2 Sie können Ihre Daten in der Samsung Cloud und auf Google Drive sichern.

3 Tippen Sie jeweils auf *Sichern von Daten*, um die Sicherungseinstellungen zu prüfen oder eine manuelle Datensicherung anzustoßen.

4 Für die Sicherung der Samsung Cloud können Sie auch nur einzelne Kategorien auswählen.

5 Google sichert Ihre Apps, einige Daten wie SMS, Geräteeinstellungen und Anruflisten sowie alles, was mit dem Google-Konto zu tun hat – die von Samsung angebotene Sicherung ist also umfangreicher. Fotos sichert Google übrigens über seine Fotos-App.

6 Tippen Sie auf *Jetzt sichern*, um eine manuelle Sicherung anzustoßen.

Rücksicherung – Wiederherstellen einer Cloud-Datensicherung

Eine Datensicherung ist nur so gut wie ihre Rücksicherung, also wie gut sie nach dem Ernstfall wiederherstellbar ist. Das Samsung-Konto erlaubt es Ihnen, jederzeit gesicherte Daten wiederherzustellen.

1 Tippen Sie dafür auf *Wiederherstellen von Daten*.

2 Sie können nun zwischen verschiedenen Datensicherungen wählen – auch Sicherungen, die Sie mit einem anderen Samsung-Smartphone erstellt haben.

3 Wählen Sie durch Antippen die Daten aus, die Sie wiederherstellen wollen. Sie können also auch nur eine einzelne Kategorie zurücksichern beziehungsweise bei den Apps gar einzelne Anwendungen auswählen, wenn Sie auf den *nach rechts gerichteten Pfeil* tippen.

4 Schließen Sie den Vorgang mit *Wiederherstellen* am unteren Bildrand ab.

5 Die Daten von Google lassen sich nicht manuell zurücksichern, sondern nur im Rahmen der Einrichtung des Google-Kontos für Android.

Die Datensicherung über Smart Switch

Smart Switch ist eine App von Samsung, mit der Sie Daten sichern, wiederherstellen und von einem Smart-phone auf ein anderes übertragen können.
Die Datensicherung kann auf einer Speicherkarte, im internen Speicher, einem mit dem Smartphone verbundenen externen Laufwerk oder einem PC erfolgen.

Sicherung auf einer SD-Karte oder einem USB-Stick

1 Verbinden Sie den USB-Stick mit Ihrem Smartphone oder legen Sie eine SD-Karte ein (falls unterstützt).

2 Starten Sie die *Smart-Switch-App*.

3 Tippen Sie auf das *Speicherkartensymbol* am oberen Bildrand.

4 Wählen Sie den Speicherort für die Sicherung durch Antippen aus.

5 Sie können nun *Alles* oder *Nur Konten*, *Anrufe*, *Kontakte* und *Nachrichten* sichern, oder eine individuelle Sicherung zusammenstellen. Nicht gesichert werden Onlinekalender, der WhatsApp-Chat-Verlauf (den sichert WhatsApp bereits), Hintergründe aus dem Theme Store sowie Bilder, die bereits in der Samsung Cloud abgelegt wurden.

6 Tippen Sie auf *Sichern* und bestätigen Sie den Hinweis, dass die Datensicherung mit Ihrem Samsung-

Konto verschlüsselt wird. Bei der Rücksicherung müssen Sie also die Anmeldedaten für Ihr Samsung-Konto eingeben!

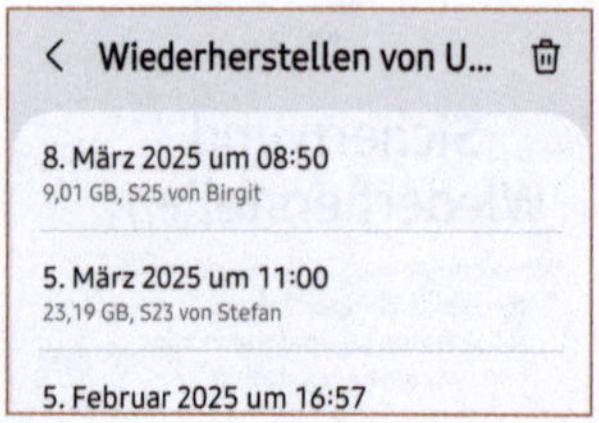

7 Die Dauer der Sicherung ist von der Menge der zu sichernden Daten abhängig. Auch die Geschwindigkeit des USB-Sticks spielt eine Rolle. Ein Stick, der USB 3.0 unterstützt, verkürzt den Vorgang deutlich.

Rücksicherung von einer SD-Karte oder einem USB-Stick

Im Prinzip gehen Sie genauso vor wie bei der Datensicherung, nur dass Smart Switch nun eine vorhandene Datensicherung erkennt und die Rücksicherung dieser Daten anbietet. Über das *Verlauf*-Symbol (*drei Striche mit Uhr*) können Sie eine Sicherung auswählen und anschließend auch festlegen, welche Daten zurückgesichert werden.

Temporäre Cloud-Sicherung

Falls Sie weder SD-Karte noch USB-Speicherstick haben und es Ihnen in erster Linie um eine bequeme Datensicherung für den Umzug auf ein anderes Gerät geht, hat Samsung auch eine Lösung für Sie. Tippen Sie in der Smart-Switch-App oben rechts auf das Wolken-Symbol

Info

Externe SSD-Laufwerke im Test: In der Untersuchung im November 2023 von 40 SSD-Speichern mit 1 bzw. 2 Terabyte (TB) siegten SanDisk Extreme Pro Portable (136 Euro), Seagate FireCuda Gaming (175 Euro) und Transcend ESD380C Portable (108 Euro) mit 1 TB. Preistipp: Corsair EX100U (1 TB) für 83 Euro. Den ausführlichen Test finden Sie unter test.de, Stichwort SSD-Laufwerk.

für eine zeitlich begrenzte Datensicherung in der Cloud. Die Daten speichert Samsung zwar nur 30 Tage auf seinen Servern, dafür steht Ihnen unbegrenzter Speicherplatz zur Verfügung. Sie können vorübergehend also auch alle Fotos, Videos und Musikdateien in der Cloud sichern und von dort auf ein beliebiges Gerät zurücksichern.

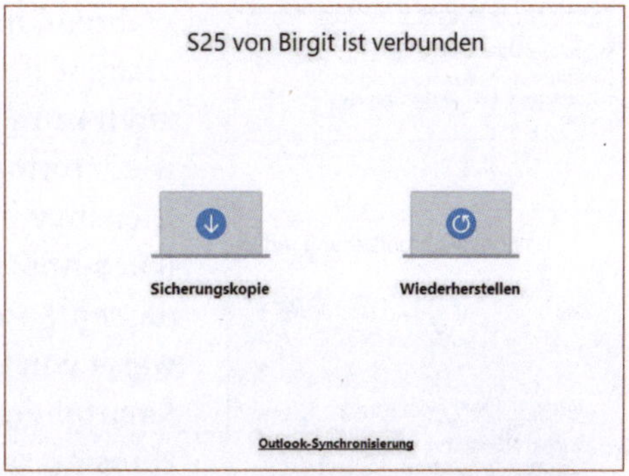

Datensicherung und Rücksicherung mit einem PC

Dafür benötigen Sie die Smart-Switch-Software für Windows, die Sie auf der Samsung-Webseite oder über Google (Smart Switch Windows) finden. Nach der Installation von Smart Switch müssen Sie nur noch eine Verbindung per USB-Kabel zwischen PC und Galaxy-Smartphone herstellen und auf dem PC auf *Sicherungskopie* klicken. Zum Abschluss der Sicherung wird Ihnen noch eine Übersicht der gesicherten Daten angezeigt. Bei der Wiederherstellung können Sie ebenfalls die benötigten Elemente und auch, falls mehrere Sicherungen vorhanden sind, den Datenstand auswählen.

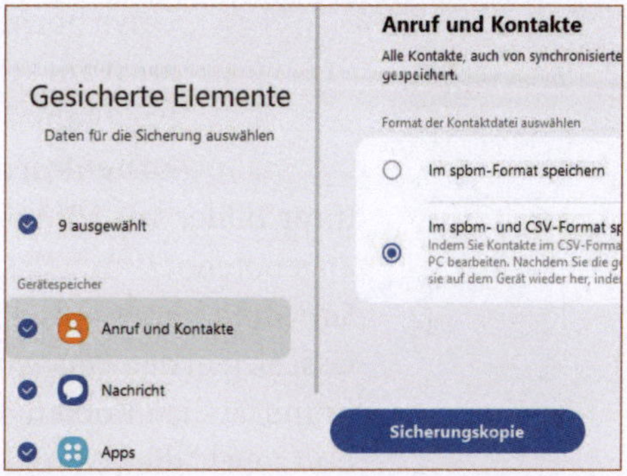

Welche Sicherung ist nun die beste?

Die beste Sicherung ist die Ihnen tatsächlich zur Verfügung stehende. Die Cloud-Sicherung wird automatisch ausgeführt, sie berücksichtigt jedoch nicht alle Daten. Ein Grundschutz vor unerwünschten Datenverlusten ist damit aber gegeben.
Bilder und Musik, also alles, was viel Platz benötigt, sollten Sie zusätzlich per Smart Switch sichern. Ob die Sicherung auf einer

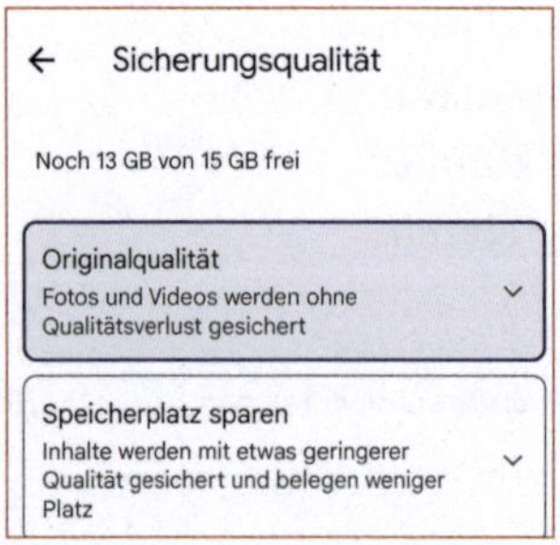

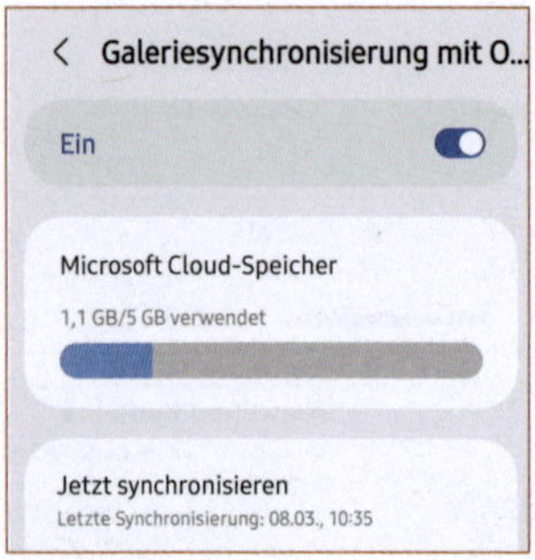

SD-Karte, einem USB-Stick oder einem PC landet, ist unerheblich. Auf alle Fälle sichern Sie so die meisten Daten.

Der Sonderfall: Fotos sichern

Während man Einstellungen von Apps, Kontakte und Termine notfalls auch ohne Datensicherung rekonstruieren kann, sind Bilder im Falle eines Falles meist unwiederbringlich verloren. Hier können die Cloud-Dienste von Google und Microsoft hilfreich sein. Die Fotos-App von *Google* kann Bilder automatisch auf dessen Servern speichern. Sobald Sie also beispielsweise von einem Ausflug zurückkehren und sich Ihr Smartphone im heimischen WLAN einloggt, würde die Fotos-App alle neuen Bilder im Hintergrund auf Google Drive hochladen – dann stehen sie Ihnen automatisch auch am PC oder einem synchronisierten Smartphone bzw. Tablet zur Verfügung. Google bietet Ihnen 15 GB kostenlosen Speicher. Die Option zur Synchronisation Ihrer Bilder wird Ihnen direkt beim ersten Start der Fotos-App angeboten.

Samsung bietet dieselbe Funktion über Microsoft OneDrive. Sie lässt sich in den *Einstellungen* der Galerie-App aktivieren. Es landen grundsätzlich Kopien der Originaldateien auf Microsofts Servern und sobald die 5 GB, die Ihnen kostenlos zur Verfügung stehen, voll sind, wird nicht mehr gesichert. Sie sind also gezwungen, ab und an Fotos von Ihrem Telefon auf ein anderes Medium auszulagern.

Daten vom alten Samsung auf ein neues übertragen per Smart Switch

Falls Sie sich bei der Ersteinrichtung gegen die Datenübernahme entschieden haben, können Sie dies jederzeit nachholen. In der *Einstellungen*-App finden Sie unter *Konten und Sicherung* den

Punkt *Daten vom alten Gerät übertragen*. Rufen Sie die Funktion durch Antippen auf und schauen Sie auf Seite 14, wo der Vorgang beschrieben wird.

Übrigens, eine auf einem alten Samsung-Smartphone erstellte Datensicherung können Sie ebenfalls zum Zweck der Datenübernahme einspielen – egal ob Sie in der Samsung-Cloud, auf einem PC oder einer SD-Karte gesichert haben (siehe Seite 151).

Für Android-Smartphones anderer Hersteller sowie iPhones und iPads von Apple gilt die Anleitung gleichermaßen.

Datenschutz: Berechtigungen von Apps verwalten

Ein Grund, warum Android ein recht sicheres Betriebssystem ist, sind die App-Berechtigungen. Ohne Ihre ausdrückliche Zustimmung dürfen Apps nämlich fast gar nichts. Google verfeinert die Berechtigungen zudem kontinuierlich, damit Apps wirklich nur noch auf erforderliche Daten zugreifen können.

Leider ist es nicht ungewöhnlich, dass Apps mehr Berechtigungen einfordern, als sie augenscheinlich benötigen. Ob dies Absicht ist oder Nachlässigkeit der Entwickler – Google lässt solche Apps jedoch im Play Store zu. Einer Taschenlampen-App etwa sollten Sie die Zugriffe auf Kamera, Kontakte, Mikrofon und Standort gar nicht erst gewähren.

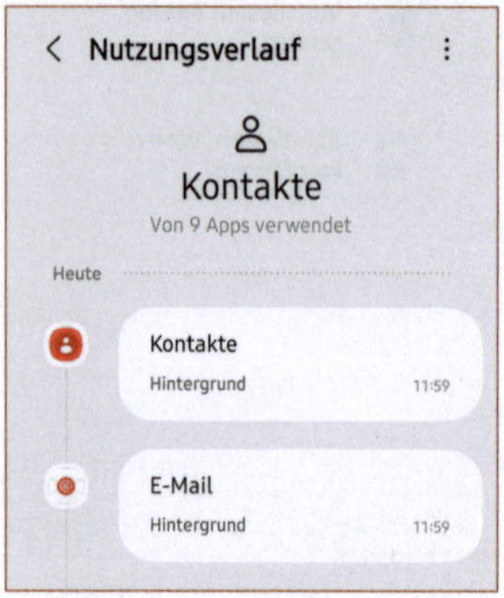

App-Berechtigungen kontrollieren und einschränken

Falls Sie wissen wollen, welche App auf welche Berechtigung zugreift, öffnen Sie in der *Einstellungen*-App den Punkt *Sicherheit und Datenschutz* und lassen sich dort unter *Datenschutz* die *in den letzten 24 Stunden verwendeten Berechtigungen* anzeigen.

1 Tippen Sie auf Berechtigungen oder Apps, um die Zugriffe per Berechtigung oder per App zu sortieren.

2 Sie sehen nun, welche Berechtigung zuletzt von welcher App genutzt wurde bzw. welche App auf welche Berechtigung zugegriffen hat.

3 Tippen Sie beispielsweise auf eine Berechtigung und dann auf eine App, um der App die Berechtigung zu entziehen.

4 Oder Sie tippen auf eine App und dann auf die Berechtigung, um diese ebenfalls zu deaktivieren.

5 *Gemini* benötigt beispielsweise Zugriff auf den Kalender, damit Sie per Sprachbefehl einen Termin eintragen oder Inhalte des Kalenders abrufen können. Smart Switch benötigt diese Berechtigung, um den lokalen Kalender zu sichern.

6 Alternativ können Sie in den weiteren Datenschutzeinstellungen auch die *Berechtigungsverwaltung* aufrufen. Sie listet zu jeder Berechtigung alle Apps, die diese Berechtigung nutzen. Durch Antippen können Sie auch hier einer App die fragliche Berechtigung entziehen. Der Vorteil der Berechtigungsverwaltung ist übrigens, dass Sie hier auch Apps sehen, die eine Berechtigung zwar haben, aber gar nicht nutzen.

7 Deaktivieren Sie Berechtigungen generell nur mit Vorsicht, vor allem wenn Sie nicht wissen, warum die App diese Berechtigung hat.

Berechtigungen einer App prüfen

Tippen und halten Sie das Symbol einer App im App Drawer oder auf einem Startbildschirm, bis das Kontextmenü erscheint.

1 Tippen Sie auf das *Info*-Symbol oben rechts.

2 Tippen Sie anschließend auf *Berechtigungen*.

3 Nun sehen Sie, welche Berechtigungen die App tatsächlich hat und welche sie gerne noch hätte.

4 Tippen Sie auf eine Berechtigung, um deren Status zu ändern.

5 Weitere Details finden Sie oben rechts über das Menü (*drei Punkte*). Unter *Alle Berechtigungen* werden auch solche aufgelistet, die Sie nicht konfigurieren können.

6 Des Weiteren können Sie einer App die Berechtigungen automatisch entziehen, falls sie längere Zeit nicht genutzt wurde.

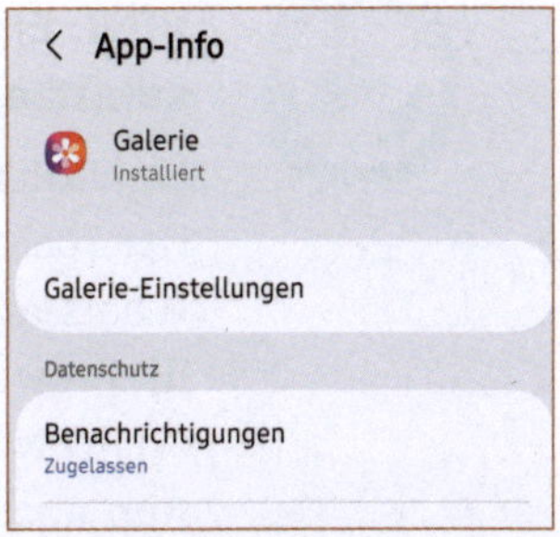

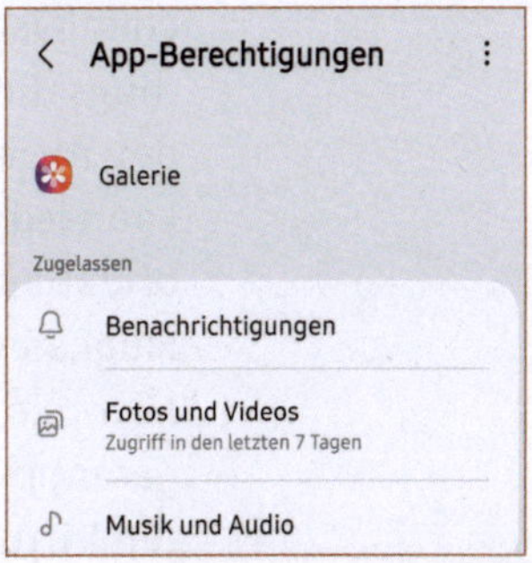

Weitere Datenschutzeinstellungen

Unter *Weitere Datenschutzeinstellungen* sind relevante Informationen für das Samsung- und auch das Google-Konto zusammengefasst. Sie erhalten nicht nur Zugriff auf die Datenschutz-Webseite von Samsung, sondern auch den Standortverlauf und den Autofill-Dienst von Google.

Unter *Werbung* sollten Sie die personalisierte Werbung deaktivieren. Dadurch wird die Werbung, die Apps einblenden, möglicherweise noch uninteressanter, die App-Entwickler erstellen dafür kein Nutzerprofil von Ihnen.

Außerdem sollten Sie entscheiden, ob Sie von Google personalisierte Inhalte aufgrund der Nutzung Ihres Smartphones und Ihrer Apps erhalten wollen.

VPN: Eigene Daten in öffentlichen WLAN-Netzen schützen

Eigentlich gilt in der IT-Welt alles als sicher, was verschlüsselt ist. Der Speicher Ihres Galaxy-Smartphones ist verschlüsselt, Whats-App verschlüsselt alle Nachrichten und zu Webseiten baut Ihr Browser auch eine verschlüsselte Verbindung auf.

WLAN-Netze wurden allerdings schon verschlüsselt, als es Whats-App noch nicht gab und Smartphones schlichtweg zu wenig Rechenleistung hatten, um ihren Speicher zu verschlüsseln. Allerdings dient die Verschlüsselung eines WLAN-Netzwerks lediglich der Absicherung nach außen – innerhalb desselben Netzwerks kann jeder jeden sehen. Problematisch ist das unter Umständen in öffentlichen WLAN-Netzen, also im Restaurant, im Hotel oder am Flughafen.

Hier hilft die Funktion *Sicheres WLAN*, die sich über die *Einstellungen*-App aktivieren lässt. Dabei handelt es sich um ein sogenannten Virtuelles Privates Netzwerk (VPN), ein zusätzliches isoliertes Netzwerk, das innerhalb des drahtlosen Netzwerks aufgebaut wird.

1 Rufen Sie in der *Einstellungen*-App den Punkt *Sicherheit und Datenschutz* auf.

2 Tippen Sie auf die *Weiteren Sicherheitseinstellungen* und anschließend auf *Sicheres WLAN*.

3 Sobald Sie auf *Schützen* tippen, wird ein VPN aufgebaut, das Sie innerhalb des WLAN mit einem Server von Samsung verbindet. Alle Internetdaten, also Verbindungen zu Webseiten, WhatsApp und E-Mail-Servern, laufen nun mit einer zusätzlichen Verschlüsselung über Server von Samsung. Es ist nicht mehr möglich, Ihre Daten innerhalb des öffentlichen WLAN-Netzes abzuhören.

VPN: Einschränkungen der Funktion von Sicheres WLAN

Samsungs VPN-Dienst ist allerdings nur eingeschränkt kostenlos. Ihnen steht nur ein Datenvolumen von 1024 MB pro Monat zur Verfügung. Übrigens, *Sicheres WLAN* ist auch als Schnellzugriff verfügbar.

Ein größeres oder gar unbegrenztes Datenvolumen per VPN erhalten Sie als Abonnement von Samsung oder einem anderen Anbieter – oder mit einem eigenen VPN. Die Funktion wird nämlich von Routern verschiedener Hersteller unterstützt. In dem Fall verbindet Sie das VPN in einem öffentlichen WLAN-Netz mit Ihrem Router zu Hause: Sie surfen also letztlich über Ihren privaten Internetanschluss, obwohl Sie unterwegs sind. Die Anmeldedaten für das VPN entnehmen Sie der Bedienungsanleitung Ihres Routers.

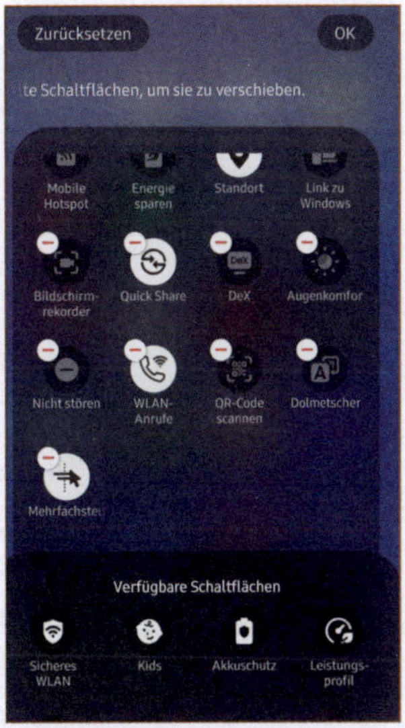

Eigene VPN-Verbindung einrichten

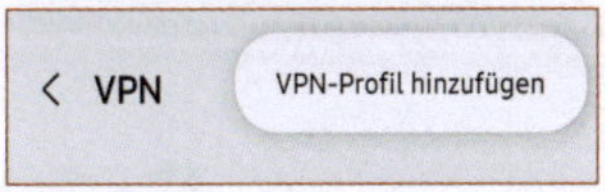

1 Öffnen Sie die *Einstellungen*-App und tippen Sie auf *Verbindungen*.

2 Scrollen Sie nach unten und rufen Sie *Weitere Verbindungseinstellungen* auf.

3 Hier versteckt sich die Option zum *Einrichten eines VPN*, die Sie durch Antippen starten.

4 Die *drei Punkte* oben rechts erlauben es nun, ein VPN-Profil hinzuzufügen.

5 Den Namen der VPN-Verbindung können Sie frei wählen.

6 Aus der Anleitung Ihres Routers benötigen Sie die Daten für den VPN-Typ sowie in der Regel Adresse und Passwort für den VPN-Server (Ihr Router ist der VPN-Server) und Nutzername und Passwort für den eigentlichen VPN-Zugang.

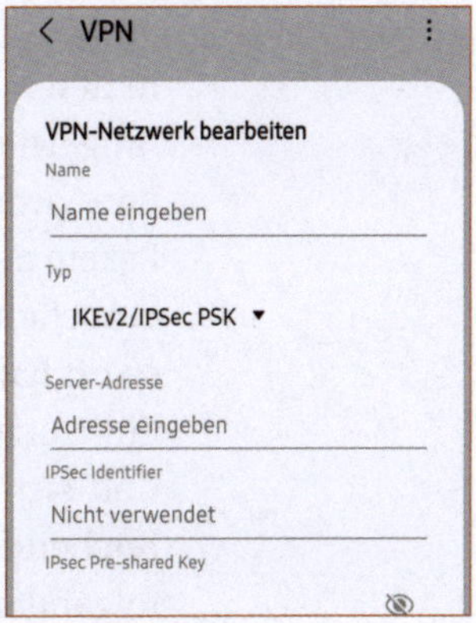

7 Nach erfolgreicher Einrichtung können Sie das VPN durch Antippen starten.

Eine erfolgreiche Verbindung wird mit einem Schlüsselsymbol in der Statusleiste oben sowie einem Eintrag in den Benachrichtigungen angezeigt. So können Sie die Verbindung auch trennen.
Alternativ unterstützten Fritz-Boxen mit aktueller Geräte-Software auch die freie VPN-Software Wireguard. Auf Ihrem Galaxy-Smartphone benötigen zusätzlich die kostenlose Wireguard-App, über die Sie die Wireguard-Verbindung einrichten können. Die benötigen Verbindungsdaten wiederum finden Sie in der Bedienoberfläche Ihrer Fritz-Box unter *Internet*, *Freigaben VPN (Wireguard)*. VPN-Dienste gibt es auch von Drittanbietern (siehe Details dazu auf Seite 136).

Schadsoftware vermeiden durch Nutzerverhalten

In den Medien wird immer wieder auf Schadsoftware für Android hingewiesen. Die Anbieter von Sicherheitssoftware raten daher, einen Virenschutz für Android zu installieren – einige bieten sogar Pakete mit Antivirenprogrammen für PC und Smartphone an. Aber braucht man wirklich, wie am Windows-PC, einen Virenschutz? Wie so oft hängt das auch hier vor allem vom Nutzerverhalten ab.
Ein Nutzer kann unbewusst den besten Virenschutz austricksen und sich eine Schadsoftware einfangen, falls der Angreifer ausreichend clever und gründlich vorgeht. Beachten Sie daher die folgenden Punkte:

Immer neueste Updates installieren

Ohne Updates hat Android Sicherheitslücken, bei denen auch die beste Sicherheitssoftware keinen Schutz bieten kann. Monatliche Updates erhalten derzeit die Modelle der Serien Galaxy S25, S24, S23, S22, S21 sowie Z Fold 6, Z Fold 5, Z Fold 4, Z Fold 3 sowie Z Flip 6, Z Flip 5, Z Flip 4, Z Flip 3 sowie diverse Enterprise-Modelle. Ältere und günstigere Geräte sowie alle Tablets versorgt Samsung indes alle drei oder sechs Monate mit Patches. Es ist aber nicht ausgeschlossen, dass Updates für noch ältere Produkte verteilt werden.

Nur geprüfte Apps

Apps von Drittanbietern zu installieren ist möglich, aber nicht ratsam – und eigentlich auch nicht notwendig. Im Google Play Store, in Samsung Galaxy Apps und auch im Amazon App Store sollten Sie alles finden, was Sie benötigen.

Nicht rooten

Beim „Root"-Verfahren wird die Software freigeschaltet, damit auch ein verändertes Android starten kann. In Einzelfällen sind solche Änderungen vielleicht erwünscht – sie stellen aber stets auch ein Einfallstor für Schadsoftware dar.

Persönliche Vorsicht

Betrüger lauern leider fast überall. Geben Sie daher niemals per E-Mail, SMS oder anderswo persönliche Daten, Bankzugänge und Ähnliches an – so täuschend echt die Anfrage auch anmuten mag. Onlinehändler und Banken werden nie außerhalb einer Anmeldeseite nach Ihrem Passwort oder Ihrer PIN fragen. E-Mails, wonach Ihr Konto aufgrund eines Betrugsversuchs gesperrt wurde, auch Mahnungen und selbst rechtliche Drohungen per E-Mail sind fast immer gefälscht – außer Sie wissen von dem Zahlungsrückstand oder dem rechtlichen Problem. Im Fall der Fälle hilft eine Google-Suche, Betrüger zu enttarnen.

Tipps und Tricks

Die wichtigsten Funktionen Ihres Samsung-Smartphones haben Sie nun kennengelernt. Es bleiben noch einige Tipps und Empfehlungen, die Ihnen den täglichen Umgang mit Ihrem Gerät erleichtern können.

Schutz und Akkupflege

Samsung verwendet für seine Smartphones hochwertige Materialien wie gehärtetes Glas, spezielle Aluminiumlegierungen und ausgesuchte Kunststoffe. Glasoberflächen sind zudem mit Beschichtungen versehen, die Schmutz und Fingerabdrücke abweisen sollen.

Trotzdem hinterlässt der tägliche Gebrauch Spuren. Die meisten lassen sich mit einem trockenen Mikrofasertuch entfernen.

Leider gelten Smartphonedisplays auch als „Bakterienschleudern". Wer eine gründlichere Reinigung benötigt, kann auch ein in destilliertes Wasser oder ein in ein Desinfektionsmittel auf Alkoholbasis (z.B. 70 Prozent Isopropylalkohol oder Ethylalkohol) getauchtes Tuch zur Reinigung von Oberflächen verwenden.

Das Gerät darf aber nicht übermäßiger Feuchtigkeit ausgesetzt oder gar in destilliertes Wasser oder eine Reinigungslösung getaucht werden.

Schutzhüllen und Displayfolien

Mit jedem neuen Gerät wandeln die Hersteller von Smartphonedisplays auf einem schmalen Grat. Besonders hartes Glas ist weniger anfällig für Kratzer, geht aber leichter zu Bruch, etwa bei einem Sturz. Besonders das damalige Samsung Galaxy S8 aus dem Jahr 2017 hatte dahingehend Probleme. Den obligatorischen Falltest in unserer Falltrommel mit 80 Zentimetern Fallhöhe überstanden die

Geräte nur schwer angeschlagen: Risse und Sprünge auf den Displays, an den Ecken war das Glas sogar zersplittert – und das schon nach 50 Stürzen auf Stein. Handys müssen im Test üblicherweise 100 solcher Stürze aushalten.

Je weicher die Glaskomponenten, desto anfälliger ist das Display hingegen. Scharfe und spitze Gegenstände wie ein Schlüssel in der gleichen Jackentasche wie das Smartphone können Kratzer hinterlassen. Und selbst bei modernstem Display-Glas: Auch bei aller Vorsicht werden irgendwann feinste und kleinste Kratzer zumindest im Gegenlicht zu sehen sein.

Wer das verhindern will, muss zu einer Schutzhülle und/oder einer Displayfolie greifen. Schutzhüllen reduzieren zudem das Risiko von Sturzschäden – dabei stellt das Display die teuerste Komponente Ihres Smartphones dar.

Folien und Hüllen haben jedoch einen Nachteil: Sie nehmen Ihnen das Gefühl für die Wertigkeit der von Samsung verwendeten Materialien.

Akkupflege

Bei modernen Smartphones kann der Akku nicht selbst ausgetauscht werden. Um eine möglichst hohe Lebensdauer zu erreichen, sollten Sie diese Punkte beachten:

- **Den Akku nicht komplett entladen:** Eine Ladung von 50 auf 100 Prozent belastet den Akku weniger als eine Ladung von 10 auf 100 Prozent.
- **Den Akku nicht komplett laden:** Auch permanentes Volltanken belastet den Akku. Am besten schwankt die Ladung Ihres Smartphones stets irgendwo zwischen 20 und 80 Prozent. In den Einstellungen für Akku und Gerätewartung können Sie übrigens die Ladung des Akkus auf 80 Prozent begrenzen. Tippen Sie dafür in den Einstellungen auf *Akku* und anschließend auf *Akkuschutz*.

Funktionstaste einrichten: Ausschalten statt Assistent

Ab Werk startet das lange Drücken der Seitentaste den Google Assistant beziehungsweise den KI-Chatbot Gemini, statt – wie bei Geräten anderer Hersteller – das Menü zum Ausschalten des Geräts einzublenden. Stattdessen findet sich der „Knopf“ zum Ausschalten in den Schnellzugriffen. Das können Sie aber ändern.

Der gewohnte Zustand: Funktionstaste für Ein / Aus

1 Öffnen Sie die *Einstellungen*-App und gehen Sie zu *Erweiterte Funktionen*.

2 Tippen Sie auf den Eintrag *Funktionstaste*.

3 Sie können nun festlegen, was passiert, wenn die Taste zweimal gedrückt wird bzw. gedrückt und gehalten wird.

4 Wählen Sie unter *Drücken und halten* das *Ausschalten*-Menü, um Ihr Galaxy-Smartphone wie gewohnt abzuschalten.

Alternativ können Sie auch durch gleichzeitiges Drücken und Halten von Funktions- sowie Leiser-Taste das Ausschalten-Menü einblenden. Dies steht Ihnen unabhängig von der Konfiguration der Funktionstaste zur Verfügung.

Der neue Zustand: die Funktionstaste

Falls Sie einen Assistenten nutzen möchten, bieten sich Ihnen zwei Optionen: Sie belassen die Einstellungen, wie sie sind, oder Sie aktivieren den Assistenten durch zweimaliges Drücken der Funktionstaste,

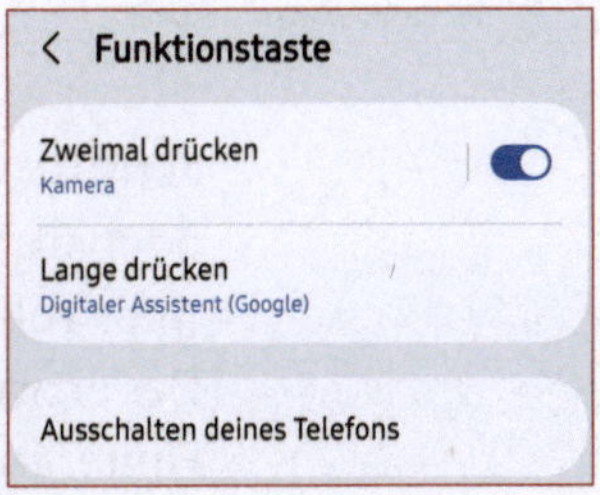

wodurch Sie allerdings auf den Kamera-Schnellstart verzichten müssen.

Standby-Modus für Apps

Android versetzt bestimmte Apps, die nicht regelmäßig verwendet werden, automatisch in den Standby. Sie werden dann nicht mehr im Hintergrund ausgeführt, außer, Sie haben dafür explizit eine Berechtigung erteilt. Denn jede App, die im Hintergrund läuft, verbraucht Strom.

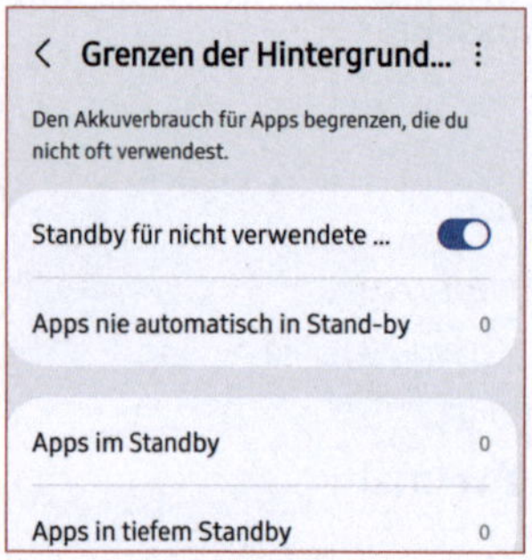

1 Tippen Sie in der *Einstellungen*-App auf *Akku*.

2 Rufen Sie anschließend den Punkt *Grenzen der Hintergrundnutzung* auf.

3 Ab Werk ist der Standby für nicht verwendete Apps aktiv.

4 Sie können nun festlegen, welche Apps stets bei Nichtverwendung in den *Standby* oder gar in den *tiefen Standby* versetzt werden sollen.

5 Tippen Sie einfach auf das *Plus*-Zeichen oben rechts, um eine App auszuwählen.

6 Das Menü oben rechts erlaubt es, Apps wieder zu entfernen.

7 Es ist aber auch möglich, Apps generell vom Standby auszunehmen.

Apps, die sich im Standby befinden, werden möglicherweise im Hintergrund nicht mehr aktualisiert und senden auch keine Benachrichtigungen. Beim tiefen Standby stellt Android sicher, dass eine App tatsächlich nur aktiv ist, wenn sie ausgeführt ist. Sobald Sie eine andere App starten oder auch nur zum Startbildschirm zurückkehren, werden solche Apps vollständig beendet.

Der erzwungene Standby empfiehlt sich also nicht für Apps, die im Hintergrund aktiv sein sollen: Messaging-Apps, Navis oder eine

Wetter-App. Versetzen Sie etwa den Play Store in den Standby, können Apps nicht mehr automatisch aktualisiert werden.
In der Regel sollten manuelle Einstellungen nicht notwendig sein, da Android den Standby für Apps selbst verwaltet. Greifen Sie nur ein, falls die Gerätewartung für eine App, die Sie nur selten verwenden, einen hohen Stromverbrauch meldet.

Die App Gerätewartung

Die *Einstellungen*-App hält eine App zur Wartung Ihres Geräts für Sie bereit. Sie überprüft den Stromverbrauch, den Massenspeicher, den Arbeitsspeicher und den Sicherheitsstatus Ihres Smartphones.
Beim Start der App werden diese Punkte analysiert – ab Werk erfolgt die Optimierung automatisch und im Hintergrund. So werden beispielsweise stromfressende, aber nicht genutzte Apps beendet, nicht benötigte temporäre Dateien des Betriebssystems und von Apps gelöscht und auch speicherhungrige Apps aus dem Arbeitsspeicher entfernt.

Hardwarediagnose bei technischen Problemen

Befürchten Sie, dass Galaxy ein technisches Problem hat? Starten Sie die in der App *Samsung Members* angebotene Telefondiagnose. Sie finden sie im Reiter *Support* am unteren Bildrand.
Tippen Sie auf *Alles testen*, um eine vollständige Diagnose durchzuführen, oder auf ein Symbol für einen speziellen Test wie *Mobiles Netzwerk* oder *Touchscreen*. Einige Tests sind interaktiv – befolgen Sie einfach die

Anweisungen auf dem Bildschirm. Am Ende wird eine Testübersicht angezeigt. Sie erlaubt es Ihnen, im Fall eines Defekts den Support von Samsung zu kontaktieren und mit konkreten Daten zu versorgen.

Im Supportbereich finden Sie den Kontakt für den Kundensupport oder ein Servicecenter in Ihrer Nähe. Falls Sie Ihr Gerät einschicken müssen, können Sie es vorher über die Gerätewartung in den Wartungsmodus versetzen, der Ihre Daten schützt. Eine vollständige Datensicherung ist trotzdem Pflicht. Wenn Sie wissen möchten, wann Ihr Samsung Galaxy das neueste Android-Update erhält, finden Sie auf der Registerkarte *Entdecken* einen Hinweis (*Glocke* am oberen Bildrand) auf den Update-Zeitplan von Samsung. Dort sehen Sie, welches Gerät wann aktualisiert werden soll.

Tipps und Tricks für jeden Tag

Es gibt Funktionen Ihres Samsung Galaxys, die Sie nicht unbedingt im Handbuch finden, obwohl sie unter Umständen sehr hilfreich sein können. Einige davon zeigen wir hier.

Vorinstallierte Apps entfernen

Viele Nutzerinnen und Nutzer ärgern sich über vorinstallierte Apps, die sie nicht benötigen. Dafür gibt es eine ganz einfache Lösung: Sie lassen sich deinstallieren oder zumindest deaktivieren. In beiden Fällen verschwinden sie aus dem App Drawer und belasten Ihr Gerät nicht mehr.

1 Tippen und halten Sie das Symbol der App, bis das Kontextmenü erscheint.

2 Wählen Sie *Deaktivieren* oder *Deinstallieren*, je nachdem, was für die App angeboten wird.
3 Die App *Google Drive* können Sie nun *Deinstallieren*.
4 Die App *Meet* lässt sich hingegen nur *Deaktivieren* – sie ist also weiterhin installiert.
5 Bei Bedarf können Sie die App jederzeit wieder *aktivieren* oder über den Play Store oder die Galaxy Apps erneut installieren.

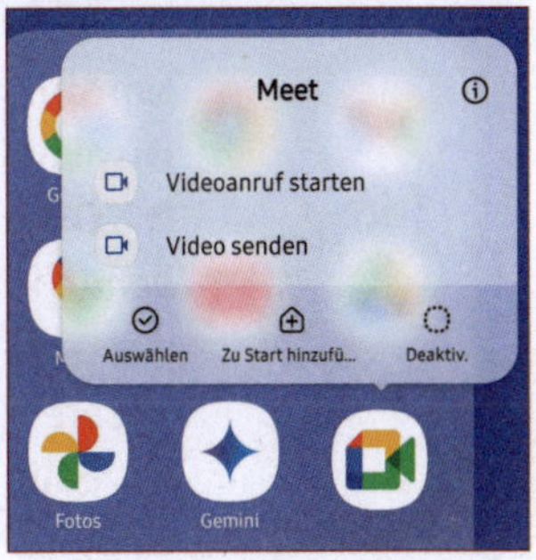

Deinstallieren / Entfernen Sie Apps nicht wahllos. Das gilt vor allem für Apps, deren Funktion Sie nicht kennen. Vor der Löschung sollten Sie die App also einmal starten oder zumindest im Internet nach einer Beschreibung suchen.
Das Löschen einer benötigten App oder Funktion kann unerwünschte Nebenwirkungen haben und den ordnungsgemäßen Betrieb Ihres Geräts einschränken.

Probleme mit Apps beheben

Kaum etwas ist ärgerlicher als eine App, die nicht funktioniert. Das kann jedoch vorkommen. Hier gibt es zwei Lösungsansätze:

- **Sie können die App deinstallieren** und erneut installieren. Möglicherweise müssen Sie sie nachher abermals einrichten – sichern Sie also vorab alle Daten der App und notieren Sie sich mögliche Zugangsdaten.
- **Sie können die App** auch auf Werkseinstellungen zurücksetzen, statt sie zu deinstallieren. Tippen Sie dafür im Kontextmenü der App auf *App-Info*, dort auf *Speicherplatz*. Hier löschen Sie alle Daten der App.

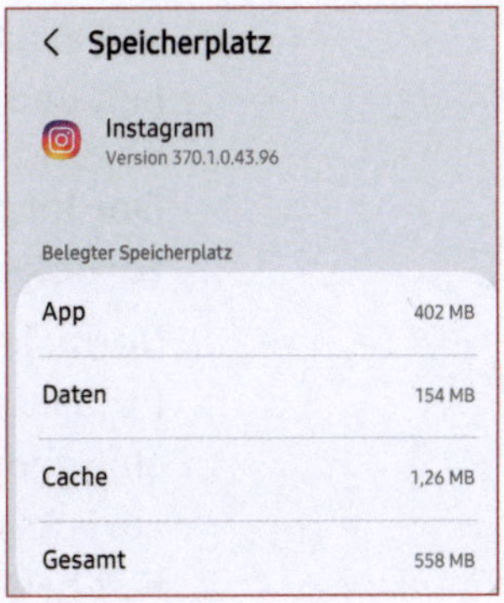

Sollte nichts funktionieren, ist möglicherweise die App fehlerhaft – vielleicht durch das letzte Update. Dann sollten Sie im Play Store eine Bewertung mit einem Hinweis hinterlassen. Viele Entwickler lesen diese Bewertungen und nehmen solche Hinweise auf.

Allgemeine Tipps und Tricks

In der *Einstellungen*-App finden Sie unter dem Punkt *Erweiterte Funktionen* interessante Optionen, die ab Werk nicht aktiv sind.

▶ **Der Punkt** *Bewegungen und Gesten* erlaubt es, bestimmte Komfortfunktionen zu verwalten. Dazu gehört das Einschalten des Displays durch zweimaliges Tippen oder Hochheben des Geräts.

▶ **Oder Sie aktivieren die Funktion** *Beim in die Hand nehmen benachrichtigen*. Das Feature soll verhindern, dass Sie Benachrichtigungen verpassen, falls Sie mal nicht in der Nähe Ihres Geräts waren.

▶ **Falls Ihr Smartphone** eine App oder ein App-Update aus dem Google Play Store als schädlich einstufen sollte, stecken meist fehlerhafte Sicherheitssignaturen dahinter. Rufen Sie dann bei Bedarf in der Gerätewartung den App-Schutz auf und tippen dann auf das Menü (*drei Punkte* oben rechts) und wählen *App-Schutzeinstellungen*. Dort können Sie die Sicherheits-Engine aktualisieren, über die Sie die neuesten Sicherheitssignaturen erhalten.

▶ **Auch die Google Play Systemupdates** erreichen manche Geräte nur mit einer gewissen Verzögerung. Hier kann ein manuelles Update über den Punkt *Updates* in den Einstellungen für Sicherheit und Datenschutz Abhilfe schaffen.

Der letzte Ausweg bei Problemen: Das Samsung Galaxy zurücksetzen

Normalerweise sollten Sie diese Funktion erst benötigen, wenn Sie Ihr Galaxy-Smartphone irgendwann verkaufen, entsorgen oder an eine andere Person weitergeben wollen. Aber manchmal kann das Zurücksetzen auf die Werkseinstellungen lästige Probleme dauerhaft beheben.

1 Öffnen Sie in der *Einstellungen*-App die *Allgemeine Verwaltung* und wählen Sie *Zurücksetzen*.
2 Sie können nun alle Einstellungen auf Standardwerte zurücksetzen. Dabei gehen keine persönlichen Daten wie Bilder oder Nachrichten verloren, aber alle Einstellungen, die Sie irgendwann wissentlich oder auch versehentlich geändert haben.
3 Falls konkrete Probleme mit Verbindungen auftauchen, egal ob WLAN, Mobilfunk oder Bluetooth, können Sie auch nur die *Mobilnetzeinstellungen* oder die *WLAN- und Bluetooth-Einstellungen* zurücksetzen.
4 Falls nichts hilft, können Sie zur finalen Maßnahme greifen und die *Werkseinstellungen* wiederherstellen. Nun werden alle Daten und Apps gelöscht, außer die SD-Karte. Eine vorherige Datensicherung, am besten per Smart Switch, ist also zwingend erforderlich.

Falls Sie Ihr Smartphone tatsächlich aufgrund eines Problems zurücksetzen, empfiehlt es sich leider, eine Datensicherung nicht wiederherzustellen. Denn genau dieser alte Datensatz könnte das Problem erneut zurückbringen.

Datenschutzmaßnahmen vor einem Verkauf des Geräts

Falls Sie Ihr Gerät verkaufen oder verschenken wollen: Gehen Sie, bevor Sie es zurücksetzen, in der *Einstellungen*-App auf *Konten und Sicherung* und löschen Sie dort das Google-Konto und das Samsung-Konto. Beide sind nämlich mit dem Diebstahlschutz verknüpft. So lässt sich das Samsung-Konto auch nur nach Eingabe Ihres Passworts löschen.
Damit stellt Samsung sicher, dass ein Dieb Ihr Smartphone nicht zurücksetzen und selbst verwenden kann – ohne Ihr Passwort lässt sich das Gerät nicht neu einrichten.

Digitales Wohlbefinden

Da Smartphones uns bei fast jeder Alltagssituation unterstützen können und zugleich unsere Kommunikationszentrale sind, vergessen wir unter Umständen, dass es auch ein Leben ohne Smartphone gibt.

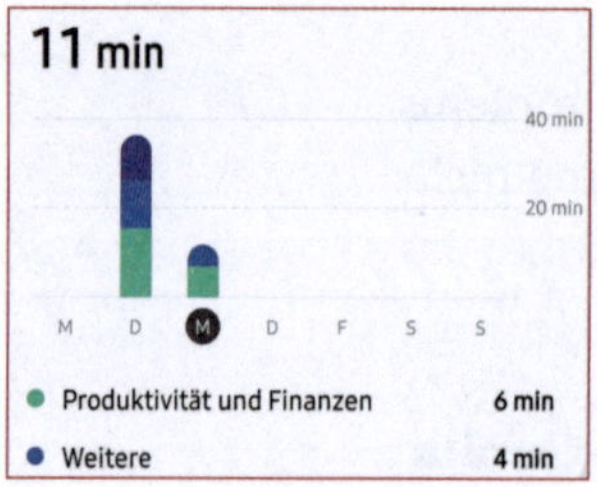

Unser sogenanntes *Digitales Wohlbefinden* soll die gleichnamige Funktion in der *Einstellungen*-App wiederherstellen. Ein Teil der Funktion der App besteht darin, Sie über die Nutzung Ihres Geräts zu informieren – also wie lange Sie es insgesamt in Gebrauch hatten und welche App welchen Anteil daran hatte.

Das *Dashboard* (tippen Sie auf *Am häufigsten verwendete Apps*) informiert Sie über Ihre wöchentliche Smartphonenutzung. Oder Sie tippen auf das *Diagramm*-Symbol am oberen Bildrand, um den Wochenbericht anzuzeigen.

Sie können aber auch Ziele für die tägliche Bildschirmzeit, das Entsperren des Geräts und die Nutzung einzelner Apps festlegen. Außerdem hilft die App, sich auf wichtige Dinge zu konzentrieren. Sie können außerdem einen Zeitplan für Ruhephasen erstellen. Setzen Sie sich bei Bedarf also eigene Grenzen, an deren Einhaltung Sie Ihr Galaxy-Smartphone erinnert.

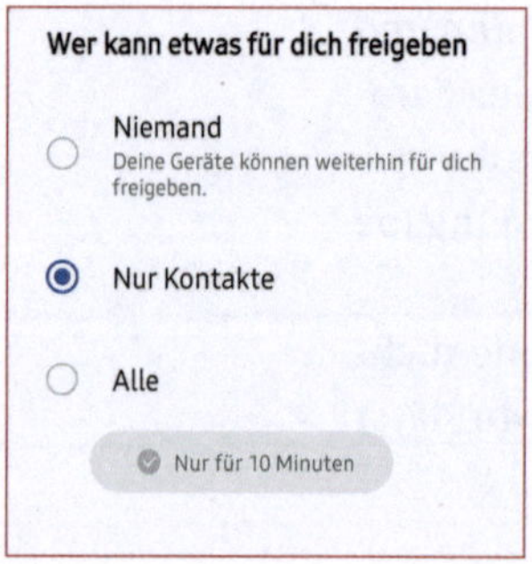

Quick Share: Schnelles Teilen von Dateien

Mit Android 15 hat Google das Teilen von Dateien mit anderen Smartphones deutlich vereinfacht. In Zusammenarbeit mit Samsung wurde aus Nearby Share nun Quick Share. Die Funktion aktivieren Sie über die Schnellzugriffe oder in der Einstellungen-App unter dem Punkt *Verbundene Geräte*.

Vor allem müssen Sie festlegen, mit wem Sie Quick Share nutzen wollen: nur mit Ihren Kontakten oder

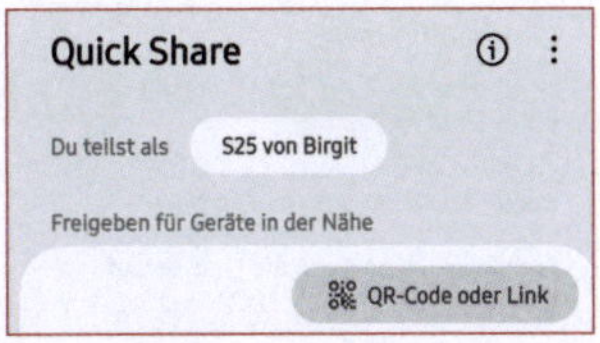

mit allen unterstützten Smartphones. Falls Sie sich für die Option „Alle" entscheiden, sollten Sie Quick Share jedoch über die Schnellzugriffe nur bei Bedarf aktivieren, um keine unerwünschten Anfragen zu erhalten.
Quick Share steht Ihnen anschließend in jeder App zur Verfügung, die über die Teilen-Option verfügt. Wählen Sie dann für die Dateiübertragung Quick Share und im folgenden Dialog sehen Sie bereits alle verfügbaren Geräte in der Nähe. Tippen Sie auf das Gerät, das die Datei (beispielsweise ein Bild oder einen Song) erhalten soll – der Empfänger muss die Übertragung nun nur noch auf seinem Gerät bestätigen.

Nützliche Apps im Alltag

Aus einer Auswahl von rund zwei Millionen Apps im Play Store die richtige zu finden, ist nicht so einfach. Von daher nun ein paar Vorschläge.
Nicht alle der hier vorgestellten Apps wurden von der Stiftung Warentest untersucht. Daher können keine Aussagen etwa über den Umgang mit privaten Daten getroffen werden.

Link zu Windows einrichten

Seit Android 12 haben Samsung und Microsoft das Zusammenspiel zwischen Smartphone und Windows-PC deutlich verbessert. Die *Link zu Windows* genannte Funktion wird auf Ihrem Galaxy-Smartphone über die Schnellbefehle aktiviert. Auf Ihrem PC müssen Sie zudem die App *Smartphone Link* starten. Sie ist, falls nicht vorhanden, im Microsoft Store erhältlich.

1 Stellen Sie sicher, dass Sie auf Ihrem Smartphone und Ihrem PC mit demselben Microsoft-Konto angemeldet sind.

2 Folgen Sie den Anweisungen auf PC und Smartphone, um automatisch eine Verbindung herzustellen.

3 Erteilen Sie der App *Link zu Windows* die benötigten Berechtigungen und gewähren Sie Ihrem PC Zugriff auf Ihr Smartphone.

Link zu Windows nutzen

Nach der Einrichtung bietet *Link zu Windows* diese Funktionen:

- *Benachrichtigungen*: Sie sehen alle Benachrichtigungen auf dem Monitor Ihres PCs und können auch direkt beispielsweise auf SMS antworten.
- **Sie sehen in der App** *Ihr Smartphone* alle Fotos auf Ihrem Smartphone. Klicken Sie auf ein Foto, um es zu öffnen und auf dem PC zu speichern.
- **Oder Sie lassen sich** den Telefonbildschirm auf dem PC-Monitor anzeigen und bedienen Ihr Smartphone mit der Maus und der Tastatur. Apps lassen sich zudem in eigenen Fenstern öffnen und sogar über einen rechten Mausklick an die Taskleiste von Windows 11 anheften.
- **Sie können aber auch** über Ihren PC telefonieren. Voraussetzung ist natürlich, dass Ihr PC neben einem Lautsprecher auch ein Mikrofon hat – oder Sie nutzen einfach ein Headset.

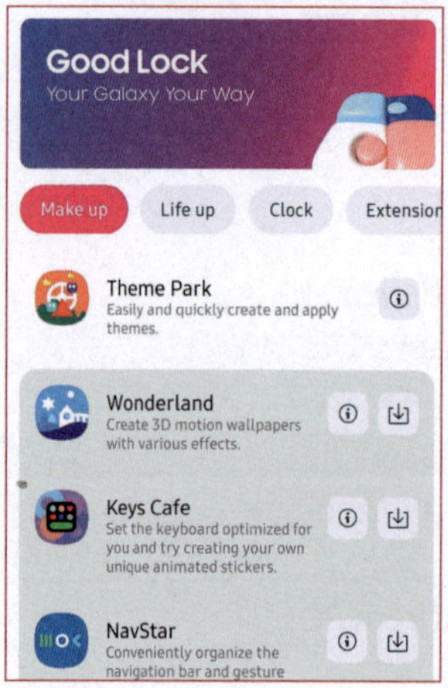

Good Lock: Die Werkzeugsammlung für One UI

Die Werkzeugsammlung *GoodLock*, die im Galaxy App Store erhältlich ist, bietet Zugang zu diversen Modulen, mit denen Sie vor allem die Bedienoberfläche One UI optimieren können. Leider ist die App nur in englischer Sprache verfügbar.

Die einzelnen Module werden über die GoodLock-App aus dem Galaxy App Store heruntergeladen und installiert. Anschließend lassen sie sich von dort aus auch aktivieren und einrichten.

- *Home Up* erlaubt eine Personalisierung des Startbildschirms. Ihnen stehen verschiedene Layouts für den Startbildschirm, den App Drawer und Ordner zur Verfügung. Es lassen sich aber auch die Übersicht der zuletzt geöffneten Apps und das Seitenpaneel anpassen.
- *QuickStar* erweitert die Konfigurationsmöglichkeiten für die Statusleiste am oberen Bildrand. Legen Sie etwa fest, welche Symbole dort überhaupt angezeigt werden sollen. Dies lässt sich separat für den Startbildschirm, den Sperrbildschirm und die geöffnete Benachrichtigungszentrale einstellen.
- *Theme Park* rufen Sie auf, um eigene Themes zu erstellen und zu speichern. Passen Sie nicht nur das Hintergrundbild, sondern auch farbliche Details von Benachrichtigungen und Tastatur an Ihre Bedürfnisse an. Ihr neues Theme speichern Sie durch Antippen des nach unten gerichteten *Pfeils* am oberen Bildrand.
- Über den Tab *Life Up* am oberen Bildrand gelangen Sie unter anderem zum *Camera Assistant*. Hier aktivieren Sie weitere optionale Kamerafunktionen wie automatisches HDR, einen Weichzeichner oder einen automatischen Objektivwechsel (ab Galaxy S22).

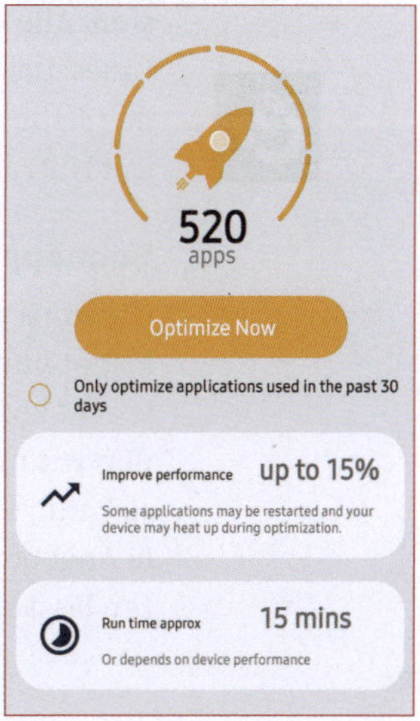

Good Guardians: Optimierungs-Tools aus dem Samsung-Labor

Ebenfalls leider nur auf Englisch sind die Good Guardians verfügbar. Die Wächter helfen Ihnen, Stromverbrauch, Arbeitsspeicher und Leistung von Apps zu optimieren. Ähnlich wie bei GoodLock müssen auch hier einzelne Module vor der ersten Verwendung aus dem Galaxy App Store geladen werden.

- *Galaxy App Booster* optimiert bei Bedarf die Leistung aller installierten Apps. Empfohlen wird die Ausführung des App Booster, nachdem ein Android-Update installiert wurde.
- Der *Battery Guardian* erkennt automatisch besonders stromhungrige Apps und versetzt diese in den Standby, um den Akku zu schonen.

Strom tanken leicht gemacht: Lade-Apps für E-Autos

Im Mai 2022 untersuchten wir 20 Lade-Apps von zehn Anbietern, die – unabhängig von Automarken – das Suchen und Nutzen von E-Auto-Ladesäulen ermöglichen. Die Auswahl erfolgte auf Grundlage hoher Downloadzahlen im Google Play Store, Bekanntheit des Anbieters und Trefferlisten bei Internetrecherchen. Von jedem Anbieter prüften wir jeweils die Android- und die iOS-Version.
Ganz vorn im Test lagen die Lade-Apps von EnBW *mobility+*, gefolgt von *Nextcharge* und *eCharge+*, jeweils in der Android- und iOS-Version. Alle sechs bieten praktische Filter zur Suche einer geeigneten Ladesäule und liefern zuverlässige Angaben, etwa zur Verfügbarkeit der Stromzapfstelle. EnBW mobility+ geht zudem besonders fair mit Nutzerdaten um (siehe test.de, Stichwort Lade-Apps).

Schnäppchenjäger: Mühsame Preisvergleich-Apps

Die Apps sollen die Suche erleichtern und Preise vergleichen. Das klappt nur teilweise und ist mühsam. Im Mai 2023 untersuchten wir je acht kostenlose Apps für Android und iOS. Einen Testsieger können wir nicht ausrufen. Alle Apps sind zeitaufwendig und lohnen sich nur, wenn man wirklich jeden Cent sparen will oder auf spezielle Angebote wartet. Am meisten spart *Marktguru*. Am besten nutzen lässt sich *Kauf-Da*. Sechs Apps bieten digitale Prospekte an.

Günstige Tankstellen finden: Clever Tanken

Diese App greift auf die Daten der Markttransparenzstelle für Kraftstoffe des Bundeskartellamts zu, bei der Tankstellen ihre aktuellen Spritpreise melden müssen. Die App *Clever Tanken* ermittelt Ihren Standort und zeigt dann die günstigsten Tankstellen in der Umgebung an – natürlich auch, wenn Sie unterwegs sind. Tankstellen in der Nähe der Strecken, die Sie häufig fahren, können Sie als Favoriten markieren – so sehen Sie schon vor Fahrtantritt, wo Sie unterwegs günstig Kraftstoff kaufen können.

Ein regelmäßiger Blick in die App erlaubt es Ihnen auch, wiederkehrende Preisschwankungen zu erkennen und damit den günstigsten Zeitpunkt für die Betankung Ihres Fahrzeugs zu finden.

1 Wählen Sie zuerst über das Menü oben links die *Spritsorte* für Ihr Fahrzeug aus. Dort können Sie auch den *Suchradius* und bei Bedarf den *Standort* festlegen.

2 Tippen Sie anschließend wieder auf das *Menü*-Symbol, um zur Startansicht zurückzukehren.

3 Mit dem Pfeil-Symbol am oberen Bildrand können Sie die Ergebnisse nach *Preis*, *Name der Tankstelle* oder *Entfernung* sortieren.

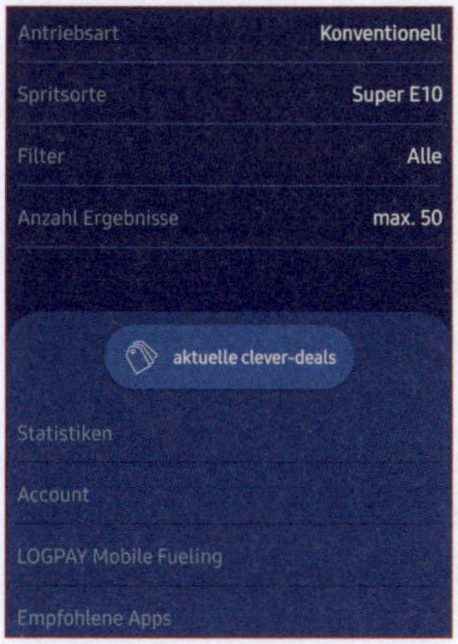

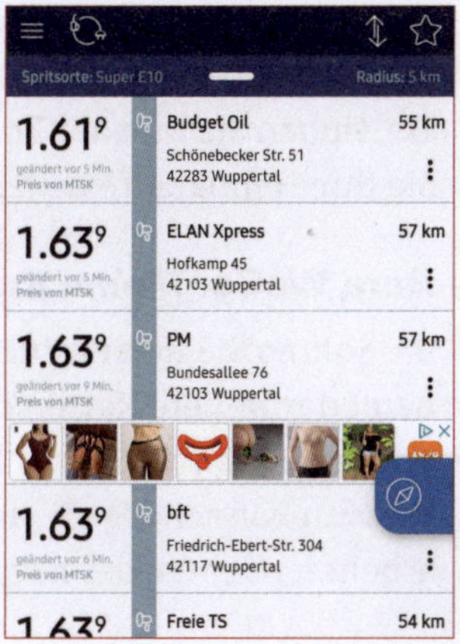

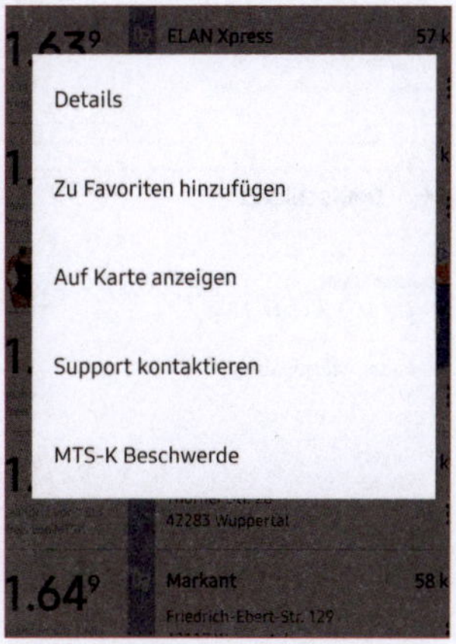

4 Tippen Sie auf einen Eintrag, um ihn zu den *Favoriten* hinzuzufügen oder die Tankstelle auf Google Maps anzuzeigen – und eine Route zu dieser Tankstelle zu planen.
5 Die *Favoriten* blenden Sie über das *Stern*-Symbol oben rechts ein oder wieder aus.

Navigation und Offlinekarten: Here WeGo

Eine kostenlose Alternative zu Google Maps, die eine sprachgeführte Offlinenavigation mit Verkehrshinweisen bietet, ist Here WeGo.

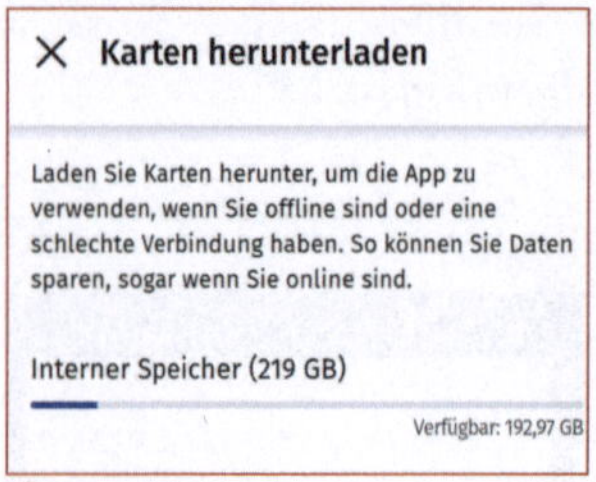

Here WeGo verfügt über Karten für fast alle Länder. Sie können sie nach Regionen unterteilt herunterladen und auf dem Smartphone speichern. Dort werden sie automatisch aktualisiert und haben kein Ablaufdatum.
1 Installieren Sie die App über den Play Store und bestätigen nach dem ersten Start der App die Bedingungen für die Nutzung der Verkehrsdaten. Die Teilnahme am Optimierungsprogramm ist freiwillig.
2 Laden Sie anschließend die Karten für die Offline-Nutzung herunter.
3 Tippen Sie auf *Fortfahren* und gewähren Sie die geforderten Berechtigungen.
4 Die App sucht nun Ihren Standort und zeigt ihn auf der Karte an.
5 Tippen Sie nun auf *Zuhause hinzufügen* und legen Sie Ihre Heimatadresse fest.

Here WeGo: Meine Karten – offline

1 Sollten Sie noch keine Karten heruntergeladen haben oder weitere Karten benötigten, scrollen Sie nach unten und tippen Sie auf *Heruntergeladene Karten*.
2 Nun können Sie die heruntergeladenen Karten bearbeiten oder wieder nach unten scrollen und weitere

Regionen auswählen und über das *Download*-Symbol herunterladen.

Here WeGo: Stimme auswählen

Kehren Sie zur vorherigen Ansicht zurück und scrollen Sie weiter nach unten, um zu den *Einstellungen* zu gelangen. Hier können Sie über die *Optionen für Stimmen* eine Stimme für die sprachgeführte Navigation herunterladen. Legen Sie auch fest, ob Straßennamen bei der Navigation angesagt werden sollen.
Da Sie gerade in den *Einstellungen* sind, sollten Sie auch die *Tempowarnungen* konfigurieren. Sie können die Warnungen abschalten oder festlegen, ab welcher Überschreitung der zulässigen Höchstgeschwindigkeit die App Sie akustisch warnt. Wenn Sie sichergehen wollen, dass Sie die meisten Geschwindigkeitskontrollen unbeschadet überstehen, sollten Sie die vorgegebenen Einstellungen nicht verändern – selbstverständlich kennt die App nicht alle Geschwindigkeitsbegrenzungen!

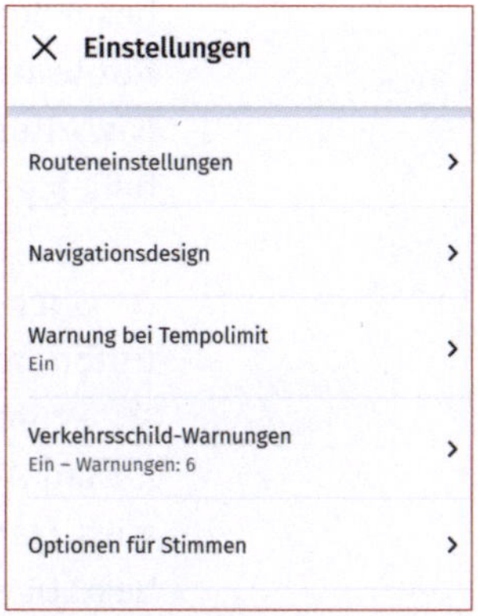

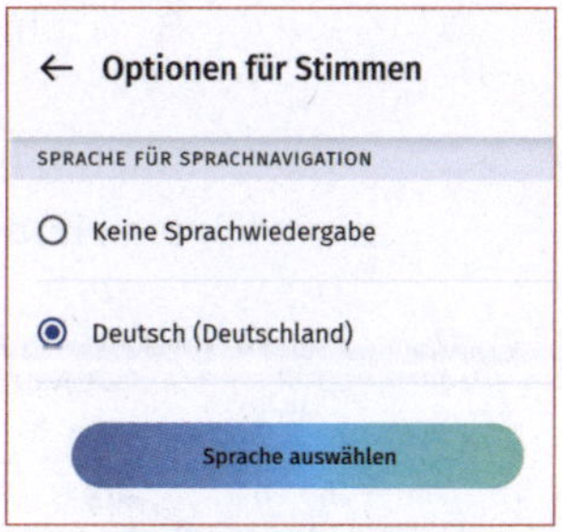

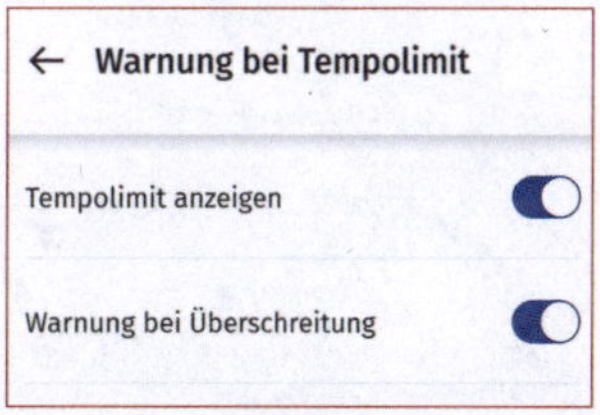

Here WeGo: Letzte Einstellungen

Verlassen Sie die *Einstellungen* wieder und tippen Sie auf *Profil einrichten*. Richten Sie sich nun ein Here-Konto ein und registrieren Sie dieses. Sie können sich auch per Facebook bei Here anmelden.
Der Vorteil der Registrierung ist, dass Ihre Favoriten in der Cloud gespeichert und gesichert werden. Sie stehen Ihnen somit auf allen Geräten und auch im Browser auf einem PC oder Mac zur Verfügung.

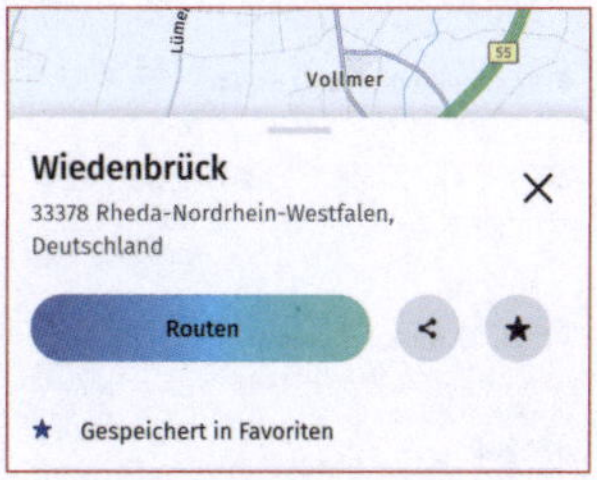

Here WeGo: Favoriten speichern

Die App erlaubt es Ihnen, *Favoriten* zu speichern. Entweder hinterlegen Sie Ziele, die Sie regelmäßig besuchen, oder Sie benutzen die Funktion, um vor Fahrtantritt eine Route zu planen.

Favoriten speichert die App übrigens in Sammlungen, denen Sie beliebige Namen geben können.

1 Suchen Sie einfach einen Ort und tippen Sie anschließend unten im Infobereich auf das *Stern*-Symbol.
2 Prüfen Sie danach bitte noch den Posteingang der hinterlegten E-Mail-Adresse. Auch wenn es bei der Einrichtung nicht erwähnt wird, Here WeGo schickt Ihnen eine E-Mail zu, mit der Sie Ihr Konto bestätigen müssen.
3 Tippen Sie dafür auf *E-Mail bestätigen*.

Nachdem Sie Karten und Sprachdateien heruntergeladen und auch ein Here-Konto angelegt haben, können Sie nun im Bedienbereich den Schieber für *App offline verwenden* umlegen. Damit arbeitet die App nun, ohne unterwegs Ihr mobiles Datenvolumen zu schmälern. Wollen Sie weitere Karten oder Sprachdateien hinzufügen, werden Sie automatisch aufgefordert, den *Onlinemodus* zu aktivieren.

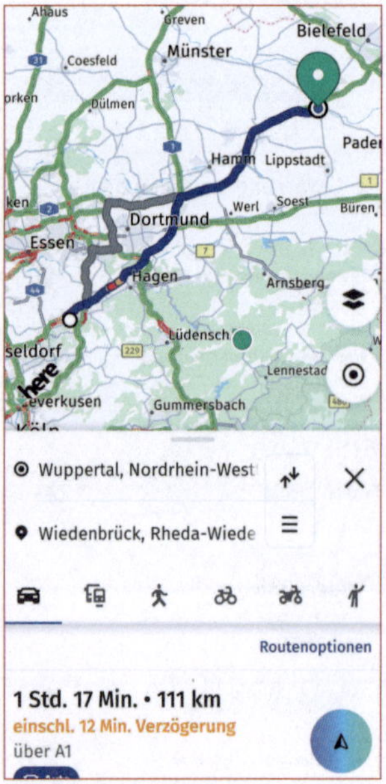

Im *Offline-Modus* erhalten Sie allerdings auch keine Verkehrshinweise wie aktuelle Staumeldungen oder anderweitige Verzögerungen.

Here WeGo: Benutzung

Ähnlich wie in Google Maps können Sie die Kartenansicht mit Wischgesten verschieben und mit zwei Fingern drehen oder vergrößern und verkleinern. Ist die Karte nicht nach Norden ausgerichtet, wird oben rechts ein Kompass eingeblendet, der nach Norden zeigt. Tippen Sie auf den *Kompass*, um die Karte wieder

auszurichten. Das *Kreis*-Symbol unten rechts zeigt stets Ihren aktuellen Standort auf der Karte an.

▶ **Tippen Sie** in das Suchfeld unter der Karte, um einen Ort zu suchen.

▶ **Die Übersicht informiert Sie,** wie lange Sie mit dem Auto oder mit öffentlichen Verkehrsmitteln unterwegs sein werden. Tippen Sie für Details auf das gewünschte Verkehrsmittel.

▶ **Tippen Sie auf eine** der vorgeschlagenen Routen/Verbindungen, um sich die Route anzuschauen und die Navigation zu starten.

▶ **Nun werden am oberen Bildschirmrand** die nächste Richtungsänderung und am unteren Rand die aktuelle Geschwindigkeitsbegrenzung, die Ankunftszeit und die Verzögerung durch Staus angezeigt.

▶ **Wischen Sie wieder** von unten nach oben über den Bildschirm, um sich weitere Details zur Route wie Wegpunkte anzeigen zu lassen.

Here WeGo: Routen vor Fahrtantritt planen

1 Um sich auf eine Fahrt vorzubereiten, müssen Sie lediglich den Zielort wie oben beschrieben zu den Favoriten hinzufügen. Dies geht übrigens auch bequem am PC oder Mac über die Website wego.here.com.

2 Falls Sie eine Person besuchen wollen, deren Adresse in der Kontakte-App gespeichert ist, müssen Sie lediglich die Details des Kontakts aufrufen und dann auf das *Ort*-Symbol neben der Adresse tippen.

3 Nun startet sofort die Here WeGo-App und bietet Ihnen die Routenplanung für den Wohnort des Kontakts an.

Die Gefahren-Warn-App: Nina

Wir erhalten heute zu allen möglichen, oftmals auch belanglosen Dingen Benachrichtigungen.

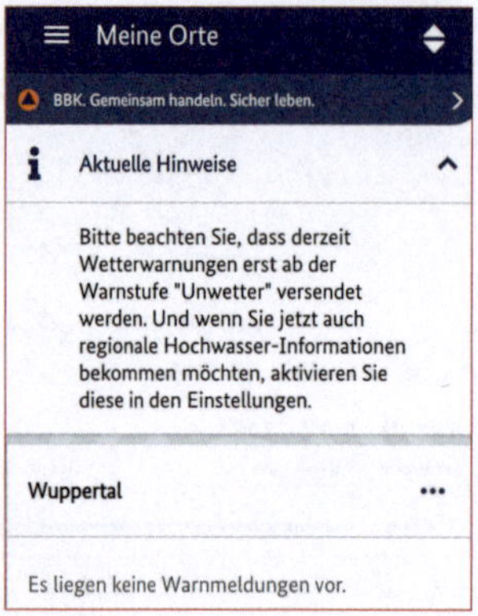

Da sollte eine App wie *Nina* des Bundesamts für Bevölkerungsschutz, die über mögliche Gefahren inklusive Wetterextremen informiert, eigentlich auf jedem Smartphone installiert sein.

▶ **Nach dem ersten Start der App** und einer kurzen Einführung müssen Sie Ihren Standort in der App hinterlegen. Sie können Meldungen auf den jeweils aktuellen Standort beschränken oder auch mehrere Orte in der App hinterlegen.

▶ **Die App informiert Sie künftig** über mögliche Notfälle in Ihrer Umgebung wie Großbrände oder ausgetretene Giftstoffe, drohende Unwetter und auch Gefahren durch Hochwasser.

▶ **Über das *Menü*** erhalten Sie außerdem Notfalltipps.

▶ **Zudem sollten Sie** der Aufforderung nachkommen und die Optimierung des Akkuverbrauchs für die Nina-App abschalten. Nur so kann die App zeitnah Warnungen erhalten und Sie informieren.

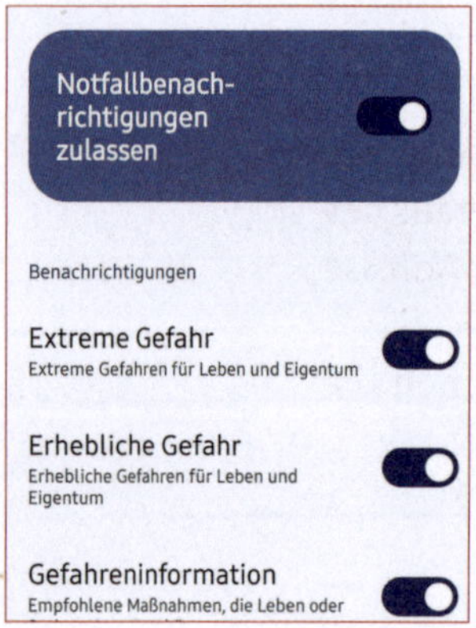

Cell Broadcast: Notfallbenachrichtigungen erhalten

Im Nachgang zur Flutkatastrophe im Ahrtal im Juli 2021 wurde 2022 das Notfallbenachrichtigungssystem Cell Broadcast auch in Deutschland eingeführt. Auf Samsung-Smartphones ist die Funktion ab Android 11 automatisch aktiviert. Bei älteren Geräten kann die Funktion über die App Nachrichten eingeschaltet werden.

1 Öffnen Sie über das *Menü* die Einstellungen der jeweiligen App.

2 Wählen Sie in Google Messages den Punkt *Erweitert* und tippen Sie auf *Notfallbenachrichtigungen an Mobilgeräte*.

3 Öffnen Sie dort ebenfalls über das *Menü* oben rechts die *Einstellungen*.

4 In Samsungs Nachrichten-App müssen Sie den *Notfallbenachrichtigungsverlauf* aufrufen und dort dann im Menü oben rechts die *Einstellungen* auswählen.

5 Tippen Sie auf die Schieberegler, um Benachrichtigungen beispielsweise nur zu extremen Gefahren oder auch zu Testwarnungen zu erhalten.

Split-Screen: Zwei Apps gleichzeitig nutzen

Android und Samsung Galaxy unterstützen eine Split-Screen-Anzeige: Es lassen sich also zwei Apps gleichzeitig auf dem Bildschirm anzeigen und bedienen. Das Display wird dabei in der Mitte geteilt.

An diesem Trennbalken können sie auch die Anteile der angezeigten Apps durch schieben verändern, also ob beide auf jeweils 50 Prozent des Bildschirms dargestellt werden sollen oder zu zwei Dritteln und einem Drittel zugunsten der oberen oder unteren App.

1 Zum Start der Split-Screen-Anzeige tippen Sie auf die Taste *Aktuelle-Anwendungen* ganz unten links.

2 Tippen Sie nun auf das *App*-Symbol am oberen Rand des Vorschaubilds und wählen Sie *In geteilter Bildschirmansicht öffnen*.

3 Suchen Sie nun über das Paneel darunter eine zweite App aus. Sie erscheint in der unteren Hälfte des Bildschirms.

4 Wechseln Sie durch Antippen zwischen den beiden aktiven Apps.

5 Tippen Sie auf die *drei Punkte* zwischen den beiden Apps, um die Größe der App-Fenster zu ändern.

6 Beenden Sie die geteilte Ansicht, indem Sie zum Homescreen zurückkehren oder die *Trennlinie* in der Mitte bis zum oberen oder unteren Bildschirmrand ziehen.

→ Weitere Split-Screen-Optionen beim Galaxy S Fold

Nur dem Samsung Galaxy S Fold, das sich wie ein Buch aufklappen lässt und somit ein fast doppelt so großes Display eröffnet, sind weitere Split-Screen-Funktionen vorbehalten. Hier können bis zu vier Apps dargestellt werden. Dadurch ergeben sich weitere Möglichkeiten der Anordnung: beispielsweise eine einzelne, breite App über die gesamte untere Hälfte und zwei einzelne Apps oben links und oben rechts.

Antivirenprogramme im Test

Im Internet lauern unter anderem Viren, Trojaner, Würmer, Erpressungs-Software und Phishing. Antiviren-Apps dienen dazu, Handys und Tablets davor zu schützen. Antiviren-Apps wehren Schadsoftware und Phishing ab. Erfreulich: Es gibt auch Apps mit guter oder sehr guter Schutzwirkung, die komplett kostenlos sind. Dazu gehört auch unser Testsieger.

Im internationalen Gemeinschaftstest untersuchten wir zwischen Februar und Mai 2023 insgesamt elf Sicherheits-Apps für Android. Wir prüften die Apps auf identischen hochwertigen Smartphones mit der aktuellsten Android-Version. Wir verwendeten die bei der Installation empfohlenen App-Einstellungen. Als Browser diente Chrome. Wir deaktivierten den Phishing-Schutz von Chrome (Safe Browsing), um den Phishing-Schutz der Apps zu testen.

Wir prüften die Apps auf ihren Schutz vor Schadsoftware mit einer Sammlung aus 1000 Schadprogrammen (Malware) und 1000 Programmen ohne schädlichen Code. Dabei bewerteten wir die Reaktionen der Apps beim Herunterladen, Installieren und Ausführen der Malware. Wir prüften, ob die Apps Malware auf Speicherkarten erkennen und ob dies auch offline klappte.

Zusätzlich prüften wir den Phishing-Schutz auf Webseiten sowie die allgemeine Handhabung bei Installation und Einrichtung, und wie sehr die Apps den Akku belasten.
Testsieger ist Sophos Intercept X. Die App erreichte als einzige App im Test die Gesamtnote Sehr gut. Sie schützt hervorragend vor Schadsoftware und Phishing-Angriffen. Sie lässt sich einfach bedienen, belastet den Handy-Akku kaum und enthält zudem noch einen Passwortmanager. Das Beste: Die App ist gratis.
Ein weiterer Schutzfaktor sind Sie selbst. Sie können einiges gegen Phishing, Viren und andere Gefahren tun (siehe test.de/phishing).

Cloud-Dienste im Test

Experten empfehlen, ein Backup aller wichtigen Daten außerhalb der eigenen vier Wände aufzubewahren. Hier kommen Cloud-Dienste ins Spiel: Alles, was sich auf Computer, Handy oder Tablet ändert, übertragen sie automatisch als Kopie in den Onlinespeicher. So können Sie die Inhalte auch direkt per Link mit Familie und Freunden teilen. Unser Cloudspeicher-Vergleich zeigt, welche Dienste schnell und günstig sind.
Wir haben zwischen Juli und September 2023 neun Cloud-Speicherdienste geprüft, sowohl amerikanische als auch europäische, in der Bezahlvariante mit mindestens 1 Terabyte Speichervolumen. Das reicht für etwa 250 000 Fotos und dürfte den meisten genügen für ein Backup aller wichtigen Daten.
Testrelevant waren dabei die Handhabung, die Geschwindigkeit beim Up- sowie beim Download von Dateien, der Basisschutz persönlicher Daten sowie die Vielseitigkeit – ob sich etwa Dateien gemeinsam bearbeiten ließen.
Unser Fazit und Rat: Google schlägt die Konkurrenz – hat aber deutliche Mängel in der Datenschutzerklärung. Wer das nicht tolerieren will, findet in Strato und Telekom gute Alternativen. Unter den europäischen Anbietern ist Strato mit 7,50 Euro für 1 Terabyte pro Monat am günstigsten.

Hilfe

Stichwortverzeichnis

A

B

C, D

E

F

G

H

I

K

M

N

O, P

S

T

U, V

W, Y

Stefan Beiersmann beschäftigt sich bereits seit Anfang der Achtzigerjahre mit Computern. Seit 2006 verfolgt er als freier Journalist das Tagesgeschehen in der IT-Branche.

Die Stiftung Warentest wurde 1964 auf Beschluss des Deutschen Bundestages gegründet, um dem Verbraucher durch vergleichende Tests von Waren und Dienstleistungen eine unabhängige und objektive Unterstützung zu bieten. Mehr zu unserem Qualitätsanspruch und viele weitere Bücher finden Sie unter www.test.de.

Stiftung Warentest

11., aktualisierte Auflage

Stiftung Warentest
Lützowplatz 11–13, 10785 Berlin
www.test.de
email@stiftung-warentest.de
USt-IdNr.: DE136725570

Vorständin: Julia Bönisch

Autor: Stefan Beiersmann
Projektleitung: Johannes Tretau
Lektorat: Merit Niemeitz
Korrektorat: Dirk Drews, Mühlheim a. M.
Layout, Grafik, Satz: Anna Bakalovic, Berlin
Screenshots: Stefan Beiersmann
Bildnachweis: GettyImages, Ralph Kaiser (Titel); Samsung (S. 6, 7, 10, 11, 87)
Produktion: Anne-Katrin Körbi
Verlagsherstellung: Rita Brosius (Ltg.), Romy Alig, Susanne Beeh
Druck: MEO MEDIA, eine Marke der Meinders & Elstermann GmbH & Co. KG, Belm

ISBN: 978-3-7471-0926-7

Bei Fragen zur Sicherheit dieses Produkts wenden Sie sich bitte an:
gpsr@stiftung-warentest.de

Unser Umweltversprechen Wir haben für dieses Buch Recyclingpapier und mineralölfreie Druckfarben verwendet. Stiftung Warentest druckt ausschließlich in Deutschland, weil hier hohe Umweltstandards gelten und kurze Transportwege für geringe CO_2-Emissionen sorgen. Auch die Weiterverarbeitung erfolgt ausschließlich in Deutschland.

Gedruckt in Deutschland · Mineralölfreie Druckfarben